普通高等院校创新创业教育规划教材

创新创业基础

Foundations of Innovation and Entrepreneurship

郗婷婷 主 编

周 萍 曾 成
李金城 杨潇斌 副主编

清华大学出版社

北 京

内容简介

本书依据教育部《普通本科学校创业教育教学基本要求(试行)》，基于科学的认知学习理论，围绕大学生创新创业所需的基础知识、基本理论、基本方法和基本流程，强调知识、理论和能力三位一体的创业系统建构。全书共八章，包括创新创业导论、企业家精神与创新、设计思维原理与应用、创业项目的来源与选择、创业者与创业团队、资源整合与创业融资、商业模式与商业计划书、新企业的创办与管理。本书各章节设置了导入案例、课堂训练、拓展阅读等模块，力图采用轻松、多样的表达方式活跃课堂。附录中介绍了真实的创业案例，供读者参考。

本书适合作为高等院校创新创业类课程的核心教材，也可以作为开展各类创新创业培训的教材和相关人员自主学习的参考书。

图书在版编目(CIP)数据

创新创业基础 / 郗婷婷主编. —北京：清华大学出版社，2021.2
普通高等院校创新创业教育规划教材
ISBN 978-7-302-57132-2

Ⅰ. ①创… Ⅱ. ①郗… Ⅲ. ①大学生—创业—高等学校—教材 Ⅳ. ①G647.38

中国版本图书馆 CIP 数据核字(2020)第 260258 号

责任编辑：王　定
封面设计：周晓亮
版式设计：孔祥峰
责任校对：马遥遥
责任印制：宋　林

出版发行：清华大学出版社
网　址：http://www.tup.com.cn，http://www.wqbook.com
地　址：北京清华大学学研大厦 A 座　　**邮　编：**100084
社 总 机：010-62770175　　**邮　购：**010-62786544
投稿与读者服务：010-62776969，c-service@tup.tsinghua.edu.cn
质 量 反 馈：010-62772015，zhiliang@tup.tsinghua.edu.cn
印 装 者：三河市中晟雅豪印务有限公司
经　销：全国新华书店
开　本：185mm×260mm　　**印　张：**16.5　　**字　数：**359 千字
版　次：2021 年 2 月第 1 版　　**印　次：**2021 年 2 月第 1 次印刷
定　价：58.00 元

产品编号：090472-01

前　言

2015 年 5 月 4 日，国务院办公厅下发《关于深化高等学校创新创业教育改革的实施意见》，要求各高校面向全体学生开发创新创业基础方面的必修课和选修课，并纳入学分管理。这标志着中国的创新创业教育由精英教育向通识教育的转变。

作为全国首批获得斯坦福大学创新创业导师资格证书的教学团队，编写一本既符合中国创新创业教育实际情况和发展要求，又融合国外创新创业教育最新理念和成果的教材是我们的初心。为此，本书编写团队在四年多的时间内共参加了国内创新创业类培训 31 场，参加英国高等教育学会组织的“创新创业思维融入专业教育研修班”2 场，赴新加坡南洋理工大学参加“创新创业教学营”1 场，参加斯坦福大学创新创业课程相关培训 5 场。通过在创新创业领域的教学打磨和多次的教学培训，编写团队掌握了创新创业领域的理论前沿和实践应用。根据四年来讲授“创新创业基础”这门全校通识必修课的经验，编写团队对于“创新创业教什么”和“创新创业怎么教”等问题的认识逐渐清晰，并在此基础上进行了课程结构的不断优化和教学内容的不断迭代。在学院领导的关心下，在主编的统筹安排和大家的通力合作下，本书编写团队历经一年多的时间完成了本书的编写工作。

本书由郗婷婷担任主编，周萍、曾成、李金城、杨潇斌担任副主编。经编者反复讨论修改，最终由郗婷婷统筹并执行定稿。杨潇斌在统筹、定稿及与出版社沟通方面做出了大量工作。具体分工如下：第一章和第四章由郗婷婷编写，第二章由曾成编写，第三章由杨潇斌编写，第五章和第六章由周萍编写，第七章由李金城编写，第八章由郗婷婷编写，附录由小鹿萌妈项目团队编写。

本书免费提供如下教学资源，读者可扫描二维码获取。

课件　　　教学大纲　　　教案

本书以系统、专业、实用和创新为特色，做到了内容系统、形式活泼、资料丰富、体例新颖和可操作性强，适合作为高等院校创新创业类课程的核心教材，也可以作为开展各类创新创业培训的教材和相关人员自主学习的参考书。

创新创业是一个复杂系统，涉及的领域非常广泛。本书面向不同专业背景的学习者，其创业知识与经验也存在差异，这无疑增加了编写的难度。编写团队成员虽然从事创新创业教育教学多年，但学识与经验都非常有限。因此，本书难免存在不足之处，敬请专家和学者批评指正。

本书在编写过程中借鉴和参考了一些专家、学者的理论和材料，在此向他们致以衷心的感谢。在本书出版的过程中，清华大学出版社王定编辑给予了耐心的指导，在此表示衷心的感谢。

全体编者

2020 年 12 月 26 日

目　录

第一章 创新创业导论

创业革命对 21 世纪所产生的深远影响将相当于甚至超过工业革命对 19 世纪和 20 世纪所产生的影响。

——世界创业教育之父杰弗里·蒂蒙斯

本章目标

1. 了解创业的概念、要素及其对社会和个人发展的影响;
2. 能够从经济学角度理解创业的意义及原理;
3. 掌握创业的过程与类型;
4. 理解创新的概念、类型与过程;
5. 掌握创业与创新的区别与联系。

导入案例

想什么、怎么想、怎么干

——清华大学钱颖一老师在湖畔大学第二届开学典礼上的讲话

在刚过去的两个星期，我邀请了硅谷创业投资家、畅销书《从 0 到 1》的作者彼得·蒂尔(Peter Thiel)到清华大学经济管理学院讲授了一门 1 学分的课程：创业思维。他在两周内讲了 6

讲，其中第三讲的标题是“Anti-Management”，意思是“反管理”，主要内容就是创业与管理的种种不同。他是一个彻底的硅谷人：从小长在硅谷，在斯坦福大学读本科，在硅谷创建 PayPal，投资 Facebook，建立创投基金 Founders Fund(创始人基金)。他认为，按照通常的标准衡量硅谷的企业，这些企业的管理水平并不怎么样，但是硅谷是创新创业行为最集中、最成功的地方之一。他在课程中详细说明，创业和企业家精神内涵中有一系列不同于企业管理的元素。

在我看来，企业家精神的根本特征是企业家的创造力，而创造力可以进一步分解为三种创造性：创造性精神、创造性思维、创造性能力，我称之为创造力的三要素。创造性精神是一种创造性心态，或称心智模式，英文叫 mindset。创造性心态是一种永不满足于现状，总想与众不同的渴望。创造性思维不是通常的思考，而是一种超越现有框架的思考，英文叫 think out of box，就是跳出框子的思考。创造性能力是指能把创新事干成的能力，包括把创造性思维转换为创造性行动时必须应对的方法，比如面对失败的能力、不断学习的能力、调整自己的能力等。

下面具体讲一讲创造力三要素的内涵。

第一，创造性精神是一种心态，首先表现在“想什么”(what to think)。具有创造性心态的人总是想与众不同的问题。比如，一般人创业时就是想建公司。上个周末在北京举行的中国发展高层论坛上，马云和扎克伯格有一个对话专场。在这个专场上，他们两人不约而同地说创业时首先不是想建公司，而是想与众不同的使命是什么，需要解决的新问题是什么。想什么是一种选择，这个选择表明了一个人的心态。具有创造性精神的人，就是选择了想其他人不想的问题，通常是那些看上去太显而易见而不愿意去想的问题，或是那些看上去遥不可及而不敢去想的问题。马云想的是要让天下没有难做的生意，扎克伯格想的是要把地球上所有的人都连接起来，埃隆·马斯克想的是把人类送上火星，而且还要在火星上建城市。

去年 10 月，我在清华经管学院与马斯克对话。马斯克本科获得了商科和物理学双学位。让我印象非常深的是，他说在大学中学习的物理学原理让他在创新创业时最为受益，物理学第一原理，也就是“追究最原始假设”的思维方式，而不是人们通常的“类比”思维方式，帮助他做原始创新，包括去造火箭。这两种思维方式的差别就是所想的内容不同。一种是追根究底去寻找最基本的元素，另一种是寻找类似捷径的办法。原始创新和边际创新的差别就在这里。

第二，创造性思维是“怎么想”(how to think)。创造性思维与习惯性思维、常规性思维不同，创业家们有各种各样的表述。比如 IBM 的座右铭是“Think”(思考)；乔布斯为苹果设计的广告词是“think different”(不同的思维)；马斯克则从量子力学中受到启发，特别推崇“counter intuitive thinking”(反直觉思维)；蒂尔则非常强调“contrarian thinking”(逆向思维)，即与绝大多数人不一样的思维。这三种提法：不同思维、反直觉思维、逆向思维，虽然说法不同，但都是创造性思维。

蒂尔在斯坦福的本科专业是哲学。在《从 0 到 1》这本书开头第一段，他提出了他面试雇员时经常问的一个问题：“哪些重要的真理，是很少有人同意你的？”(What important truth do very few people agree with you on?)意思是要你举出你与绝大多数人看法不一样，但你的看法是真理的例子。两天前我同他在清华的对话中，他特别解释到，逆向思维不是在多数人想法的前面加一个“负号”，这种“反着说”并不是逆向思维，因为这是在同一个维度上的思考。逆向思维是指要思考别人没有思考过的另一个维度，要思考别人还没有想到的领域。他举例说，当别人都在讨论技术问题时，你要提出商业模式问题；当别人都在商业模式上纠缠的时候，你的思维应该更多地集中于技术创新方面。

第三，创造性能力是“怎么干”(how to do)。光有新的想法还不够，还要有把创造性的事干成的能力。干创造性的事不同于干常规的事，失败是常态。所以，面对失败的能力，从失败中学习的能力，在挫折中调整自己的能力，都是创业者必须具备的能力。创业者通常乐观，而且过于乐观。如果客观上只有10%成功的可能性，创业者则会认为自己成功的概率超过50%。这并不是说明他们的每一次尝试都有超过50%成功的概率，而是他们在失败后具有学习和调整的能力，最终成功的概率超过50%。这样才能提高把创新的事干成的可能性。

培育创造性能力是湖畔大学的巨大优势，因为同学们身处阿里巴巴，有机会直接聆听创业者们的实战经历，包括失败的经历。马云曾反复讲，商学院教的都是企业如何成功，而在湖畔大学主要从企业失败中学习。从失败中学习是一种能力，这是创业教育与管理教育的重要不同之处。创造性能力的学习还可以出自意想不到的地方。耶鲁大学校长彼得•沙洛维(Peter Solevey)在中国发展论坛上演讲，就举了阿里巴巴蔡崇信的例子。蔡总是耶鲁大学的法律专业毕业生，当问到耶鲁的哪一门课对他日后影响最大时，蔡总的回答是爵士音乐课。正是这门课启发他如何协调，如何把控。怎么干，既可以从失败中学，也可以从音乐和艺术课中学。

综上所述，用创新的方式回答“想什么”“怎么想”“怎么干” 这三个问题，就是培育创造性精神、创造性思维、创造性能力的过程，就是培育创造力、创业精神和企业家精神的核心。这是创业教育应该做的事。可惜的是，在传统教育中，教师以传授知识为教学责任，学生以掌握知识点为学习目标。这并不错，它们对管理企业也有用，但是这并非培育创造力、创业精神和企业家精神的精髓。

湖畔大学有别于传统的商学院和管理学院，它的主要任务不是进行管理教育，而是进行创业精神和企业家精神教育。来湖畔大学授课的人有创业家，湖畔大学的校董和保荐人也大都是创业家。我希望同学们在这里把培育创造力作为学习的主要内容，并特别重视创造性精神、创造性思维、创造性能力的培育。我并不是说企业管理不重要，而是说创业和企业家精神不完全等同于企业管理。我们的湖畔大学是以培育创业和企业家精神为使命，这正是这所新型教育机构的创造力所在。

(资料来源：http://www.360doc.com/content/16/0403/10/27040064_547492895.shtml，作者有修改)

思考：根据该案例谈谈你对创新创业的认识。

第一节　创业概述

本节重点论述创业的定义、要素与功能，创业意义的经济学诠释，创业的经济学解释以及创业的过程与类型。

一、创业的定义、要素与功能

(一) 创业的定义

创业的定义不唯一，不同学者从不同的角度对创业做出了不同的解释，比如创业过程的角度、机会识别的角度、企业家个性与心理的角度、创建新组织的角度等。综合不同学者的定义和教育部大纲的要求，本书认为，创业是指不拘泥于当前资源，寻求机会，进行价值创造的行为过程，可以从四个方面理解该定义。

(1) 创业是实现创造力的过程。创业要创造出某种有价值的新事物，是创业者创意加执行力的过程，集中体现为创业者的创造力。

(2) 机会是创业过程的起点。发现商机是创业过程的源动力，也是整个创业过程的核心和关键。

(3) 创业必须承担一定的风险。创业的过程是创业者的想象力、创造力和主动迎接不确定性的组合，在这个过程中，创业者随时可能遭遇各种各样的风险和挑战。

(4) 创业是一个实现价值增值的过程。创业的最终落脚点是创造出新的、有价值的事物。成功的创业可以丰富社会产品和服务，推动社会进步，同时会帮助创业者实现财富自由和精神富有。

(二) 创业的要素

创业的要素是指实现创业的过程所必不可少的组成部分。创业是一项艰苦而复杂的系统工程，需要很多前提、条件、资源和要素。美国百森商学院杰出教授杰弗里·蒂蒙斯(Jeffry Timmons)于 1974 年出版了《创业学》一书，该书被《成功》杂志和《华尔街日报》列为经典的创业学教材，蒂蒙斯本人也获得了“创业教育之父”的美誉。蒂蒙斯教授在长期研究的基础上提出了著名的创业要素模型——蒂蒙斯模型，如图 1-1 所示。

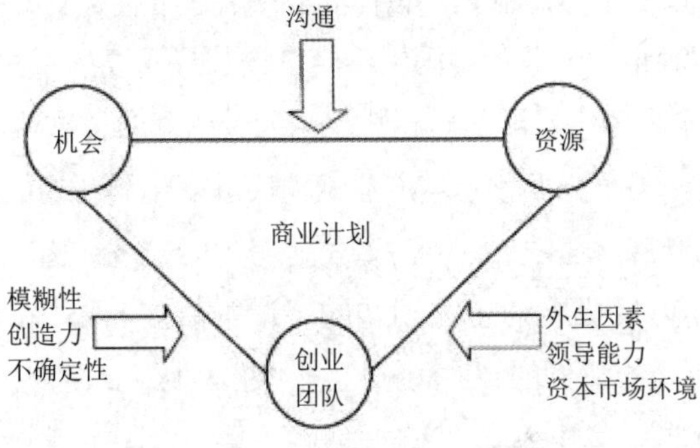

图1-1　蒂蒙斯模型

被视为创业学领域经典的蒂蒙斯模型的构建有着深远的意义。

首先，该模型开门见山地指出了创业的三个关键要素：机会、创业团队、资源。无论创业的类型如何，这三个要素都是不可或缺的。没有了机会，创业活动就变成了盲目的行动，而盲目的创业就是在制造竞争；机会的识别、开发和选择都需要创业者，说到底是“人”的因素主导整个创业过程，而创业的过程并不是创业者本人单枪匹马就可以完成的，需要团队的配合；创业者和创业团队不仅要发掘机会，还要有资源，正所谓“巧妇难为无米之炊”，成功的创业需要相应的资源支撑。

其次，蒂蒙斯模型强调了三要素之间“适配”的思想。蒂蒙斯强调，对于整个创业过程而言，三大要素没有优劣之分，重要的是匹配和平衡。换句话说，机会和创业团队应该是适配的，同一个机会，不是每个人都可以驾驭；机会与资源也应该是适配的，不同的机会需要不同的资源配置。三大要素之间的平衡与协调是保证创业实现从 0 到 1 的关键条件。机会、创业团队、资源之间的关系表述起来是容易理解的，但要想在实际的创业过程中实现三者真正的适配，并不是一件轻松的事情。

最后，该模型具有动态特征。蒂蒙斯模型的三要素不是静止不变的。在创业过程的不同阶段，三要素的权重也会相应地发生变化。创业过程实际上是创业的三个要素相互作用，由不平衡到平衡方向发展的过程。成功的创业活动即在机会、创业团队、资源三者之间做出最适当的搭配，使其在创业过程的动态发展变化中实现动态平衡。

(三) 创业的功能

(1) 创业可以促进经济增长。创业可以完成资源从低效率产业到高效率产业的转移，新的商业机会、新的资源和新的资源配置可以在创业的过程中得以实现。创业通过资源重新组合、配置可以使相同的资源获得更多的价值，其本身就能促进经济增长。有关经济增长的理论表明，经济增长是资本增值的过程。创业就是将个人积累的资本转化为社会资本的最直接活动。中国改革开放以来，正是无数的创业活动带来的资本化活动使得非国有企业从无到有、从小到大发展起来。创业的形式可以是个体户创业、集体创业或者企业内创业。因此，创业是市场活力的源泉和资本积累动力的源泉。创业是中国实现经济增长最重要的方式之一。

(2) 创业可以预示未来经济发展的新趋势。创业者的创新、创业活动一方面创造性地打破了原有产业结构的均衡，另一方面预示着产业结构演进变化的新趋势。例如20世纪30年代，美国的创业革命在推动经济高速发展的同时颠覆了美国的经济结构。在当今的美国，95%以上的财富都是由1980年以后成立的企业创造的，这类创业者以比尔·盖茨为代表，被称为E-Generation。目前美国税收总额的54%由小企业承担，因此政府大力鼓励和扶持创业，创业是美国经济发展的动力之源。在我国，全国政协经济委员会副主任刘世锦曾经总结：我国中小企业具有“五六七八九”的典型特征，即贡献了50%以上的税收，60%以上的GDP，70%以上的技术创新，80%以上的城镇劳动就业，90%以上的企业数量。

(3) 创业可以让创业者实现财富自由，进而实现精神富有。创业不仅对于推动经济社会发展有重大作用，而且对创业者个人发展也有重大影响。与其他的职业选择相比，成功的创业会给创业者创造较多的物质财富，有望让创业者在短期内获得较多的物质财富。不仅是物质财富，创业的过程让创业者的想象力和创造力有了充分施展的空间，使个人价值得以实现，进而实现创业者自身的精神富有。但是，风险总是和机会结伴而行。创业活动是一个充满挑战性的过程，必然存在着风险，而且创业活动的规模与所承受的风险成正比，与所需承受的心理压力成正比。因此，在决定是否创业之前要充分衡量可能带来的收益和需要承担的损失，不能仅凭一腔热血就贸然推开创业的大门。

二、从经济学角度看创业

(一) 创业意义的经济学诠释

从经济学角度来理解，可以认为生产函数的变化带来了社会的改变，否则很难理解相同的要素却产生了更多的产出这种现象。虽然规模的变化和边际效应的变化也会带来变革，但这种变化只能带来数量上的差异而不能带来本质上的改变。生产函数的新旧更替是带来社会本质变化的前提。

为了证明上述论点，有必要先说明一下生产函数。每个企业都是一个生产函数，意味着从生产要素到产品(服务)的转化。也就是说，每建立一个企业就建立了这样一个生产函数。但是，并非所有生产函数都能带来要素的增值，因为不是所有的企业都能创造出新的生产函数。大部分企业能够改变社会的程度较低，因为规模报酬是不变的，即投入要素数量增加的倍数与企业产出的倍数相同。不能创造新的生产函数的创业可以带动就业，产品随之增加，社会结构也会随之变化，但这类创业是一种“重复性创业”，即未能改变生产函数，社会生产方式也不会因此发生变化。这类创业活动会因为动力的缺失逐渐收敛。

真正能够改变社会的是那些创造出全新生产函数的创业活动。无锡尚德的总经理施正荣曾是福布斯排行榜中国内地个人财富榜单的第一名，他所创办的企业是中国新能源市场的领军者，并在纽约股票市场上市。作为一家太阳能企业，无锡尚德主要生产光伏电池，这是一种由半导体原料做成的器件，能够将太阳能转化为电能。世界能源价格的不断攀升导致了对太阳能电池需求量的不断增加，无锡尚德迎来了发展的黄金时期。导致无锡尚德成功的因素很多，但最重要的是创业者施正荣成功地将有可能用于其他方面的半导体材料锗开发成为市场价值不断增值的产品，从而建立了新的生产函数。

(二) 创业的经济学解释

1. 创业是为了获得未来收益而做出的一个决策

进行职业生涯规划的过程就是做决策的过程。创业的决策选择是在与就业进行比较的基础上做出的，只有创业的未来期望收益大于就业，创业者才会选择创业。创业活动意味着高投入，例如，创业者要预先进行采购，而一旦供大于求，一旦库存增加，就意味着损失。又如，创业者在租房时通常都要预付房租，还有采购办公设备等，都会产生很多的预付资金。一旦没有业务，这些投入的资金就都转化为创业者的压力。所以，创业是一个不断投入而期待未来有所回报的活动，而这种期望是带有主观色彩的，有的创业者达到甚至超越了预期，这与机遇以及个人努力都有密不可分的关系。面对创业，乐观者往往是行动多于思考，而悲观者则是思考重于行动，这两种情况都会导致创业期望与实际效果的偏离。

基于创业活动的特点，创业只能是事后验证经济规律的过程。也就是说，无论创业者的经济学、管理学基础如何深厚，无论对经济规律的把握如何娴熟，都不能确保创业的必然成功，都无法规避创业过程中存在的风险。但这并不意味着掌握经济规律不重要，轻视规律、盲目行动只能加速创业失败的过程。在市场中反复体会经济规律，更多地掌握经济理论并在市场中逐步验证经济规律，可以提高创业的成功率。

2. 创业是一个优化创业者的活动

优胜劣汰是市场经济环境中的必然规律。优秀的企业可以通过技术创新、管理创新等手段降低成本，使生产成本低于市场平均水平，这样很多企业不得不因面临生存压力而退出市场。例如，在相同的生产成本下，优秀的企业可以提供更好的产品和服务，顾客会自然而然选择更好品质的商品。在激烈的市场竞争中能够生存下来的企业都是优者，市场就是在不断的“优者驱逐劣者”的过程中进步的。

优秀的企业从何而来？优秀的企业并非天生的。一部分优秀企业来自企业内部的变革(企业内创业)，另一部分优秀企业则来自外部的变革(创业)。因此，创业往往是产生优者的重要的来源。

创业者不一定是优胜者，但是生存下来的创业者一定是优胜者，因而也必然是优秀者。从这个意义上说，创业是一种“优化”机制，它首先启发创业者认清自身的优势，产生“未来可期”的预期，进而通过市场经济的熔炉进行真正的修炼，用一次次尝试去验证自己是否足够的优秀。如果创业者真的优秀，创业过程本身就是推动社会进步的过程；如果失败了，创业者也会重新审视自己，汲取教训从头再来。但无论成败，创业者都要经过大浪淘沙的磨炼，因此，创业是一个优化创业者的活动。

3. 创业是实现要素结构最优配置的过程

创业者不能单枪匹马，因为每个人的能力都是有限的。通常来说，一般人突出的能力只有一两项，所拥有或可以支配的生产要素也很片面，如技术，而人力、资本等其他要素则要靠另一些人提供。此外，同类要素内部还存在结构的差异，例如人力资源。创业团队的成员需要具备充分的互补性，因为创业活动所必需的营销、生产、财会等不同领域需要不同的专业知识，创业者不可能是面面俱到的通才。不同资源与要素组合起来的目的在于追求“1+1>2”的效应，这种效应会实现要素价值增值，也会使要素投入者获得更大的收益。

在创业企业的起步阶段，创业者必须扮演多种角色，这是在有限资金条件下的必然选择。随着创业活动的开展，创业的过程就是一个不断解放创业者的过程，即将不同类型的资源集合起来，达到替代创业者的目的。因此，创业者需要提供其他资源来换取自己提供不了的资源，实现企业内部资源的最优配置。换句话说，当创业者能够用自身的资源交换到自己所需要的其他资源的时候，企业内部的专业化分工结构即已形成，创业的大幕便开启了。

三、创业的过程与类型

(一) 创业企业的生命周期

划分创业企业生命周期的方法很多，此处借鉴张耀辉等学者主编的《创业学导论》一书的观点，将一个创业企业的生命周期分为初创期、成长前期和成长后期。

企业想法酝酿与创业机会探索的过程称为初创期。有四种不确定性一直制约着企业的发展：技术、市场、生产、管理。初创期是不断消除这四种不确定性的过程。在这四种要素中，来自需求端的市场和来自供给端的技术之间的组合与对接是最大的不确定性。企业在初创期面临着三种可能性：一是连续增长，即企业各项关键性能指标呈现持续性增长；二是夭折，这是创业者最不希望看到的，但在现实中却是发生比例最大的，被称为创业成长的第一障碍，这种结果的直接表象是由于一系列不可控制的不确定性导致企业现金流中断；三是大量的创业公司都会面临的一种状态，即低水平重复状态，企业在运转，但只是低水平重复，忙忙碌碌却无法过破局点，这种状态也被称为创业企业成长的第一陷阱。

企业突破破局点呈现快速增长状态的阶段称为成长前期，这个阶段的标志是企业有了业务，产生了现金流，销售业绩、市占率、净利润等关键性能指标均呈现增长的态势，这时创业公司开始获得风险投资的关注，很多外部创业者开始进入这一领域。然而这一阶段也并非意味着一帆风顺，创业企业的商业模式可能存在问题，比如价值主张不明确、渠道通路不畅通等，使得商业模式的可复制性差，从而业绩虽然在增长，但增长曲线的斜度放缓。这种现象称为创业企业的增长受阻，也被称为创业企业成长的第二陷阱。

成长后期也称为成熟期，是指创业企业依靠开启新的业务板块保持企业成长态势的阶段。市场容量成长的速度以及进入者数量是企业在成长前期会遇到的两个限制性因素。任何增长长期看来都会遭遇极限点，在连续性增长的过程中市场容量成长的速度会逐渐变缓，业务量逐渐接近饱和或者进入饱和的状态，这被称为创业企业成长的第三陷阱。这时，创业企业想要进一步发展，有且仅有的一个办法就是从第一增长曲线跨越到第二增长曲线。跨越的方法是重新调整方向、采取成立独立小机构的方式，采取创业企业自我破坏式的创新，开始企业内部创业，找到新的业绩增长点，使企业继续保持连续性增长。

(二) 创业的一般过程

创业的过程即企业“从 0 到 1”的过程，包括产生创业动机、识别创业机会、整合创业资源和创建新企业四个阶段。

1. 产生创业动机

创业活动始于创业动机。作为创业活动主体的自然人是否有意愿成为创业者是创业过程的第一步。个人性格、受教育情况、家庭背景、机会等多种因素影响着一个人的创业动机。例如，很多人是因为看到了一个潜在的商机从而萌发了创业的意愿，也有的大学生是因为一节创业课程而产生了创业的动机。

2. 识别创业机会

在创业过程的四个阶段中，识别创业机会是核心步骤。创业者可以复制机会、发现机会或者创造机会，但无论哪一种方式都需要对机会进行评估进而判断机会的价值。在这个过程中，创业者应该能够清楚地回答以下问题：你的能力和机会匹配吗？这个“机会窗口”是否足够大？哪些人会买你的产品？你的产品满足了未被满足的需求吗？

3. 整合创业资源

最理想的创业是创业者自身拥有的或者可以驾驭的资源与创业机会相吻合。对于创业过程而言，资源整合会起到“无中生有”的效果，资源整合的过程在企业的发展中扮演着重要的角色，同时资源整合策略的选择会对企业发展产生深远的影响。在整合创业资源的过程中，应当遵循扬长避短、知己知彼、分类整合、内外结合、与时俱进等原则。

4. 创建新企业

新企业的创办与诞生是创业者完成创业过程“从 0 到 1”的直接标志。创建新企业有着规范化的操作。为了确保新创企业的健康、有序发展，创建新企业的过程中要确保企业经营、管理和文化实现动态平衡。对于新创企业而言，创业者首先思考的问题是“如何活下来”，即确保新创企业的生存。同时，创业者不能仅限于此，还应该具有战略性眼光，考虑企业“如何成长”，因为在竞争激烈的市场环境中，从长远来看不成长就无法生存。

(三) 创业的类型

1. 生存型创业

生存型创业是指创业者的职业生涯发展规划没有其他选择，或者对就业选择不满意而从事的创业活动。生存型创业的基本特征是获得利润与就业的薪酬相比，两者相当或者更低，生存型创业是在没有就业机会的前提下迫于无奈而做出的创业选择，是一种生存压力下的创业行为，所以又称压力型创业。

2. 机会型创业

机会型创业的起点是“机会”，即在机会的牵引下为追求利润和创造更大价值而选择创业的形态，是主动的、有准备的创业。机会型创业是政府和高校所鼓励的创业，因为这类创业可以优化资源配置和产业结构，实现以创业促就业，实现市场规模的扩张和税收的增加。在“大众创业、万众创新”的大潮下，机会型创业成为经济发展的重要推力。机会型创业的一个重要组成部分即大学生将专业所学转化为创业的优势。同时，机会型创业还包括企业内创业，即现有企业发现或者创造机会，从而实现市场规模的扩大和利润的增加。鉴于此，机会型创业又称发展型创业。需要注意的是，不同层级的创业者对机会的认识和把握是不同的，三流的创业者“复制”机会，二流的创业者“发现”机会，一流的创业者“制造”机会。

第二节　创新概述

“创新”不是一个高深莫测的词汇，在当下的时代，无论是对于社会、企业，还是对于个人，创新都是一件非常重要的事情。创新不是奢侈品，想更好的生存必须创新。

一、创新学观点

正确理解与把握创新的概念及本质，这是有效提升创新能力的前提和关键。本部分重点介绍熊彼特和克里斯坦森的创新学观点。

(一) 熊彼特的创新定义

奥地利经济学家约瑟夫·熊彼特在其 1912 年出版的巨著《经济发展理论》中首先提出了创新理论，轰动当时的西方经济学界，并享有盛名至今，被称为创新学的鼻祖或创新学之父。管理学大师德鲁克曾说："在两次世界大战之间，没有人比凯恩斯更有光彩和更聪明，但熊彼特则相反，似乎平平常常，但他更有智慧。聪明赢得一时，而智慧地久天长。"

熊彼特之所以被称为"创新学之父"，原因是他重新定义了创新。在此之前，创新被理解为天才特有的行为，一提到创新，"发明"、"创造"、"技术"这些概念就会浮现在脑海，而熊彼特认为，所谓创新就是要"建立一种新的生产函数"，就是要把一种从来没有的关于生产要素和生产条件的"新组合"引入生产体系中，以实现对生产要素或生产条件的"新组合"。因此可以看出熊彼特理解的创新不是从 0 到 1、无中生有，所谓的创新是"旧要素的新组合"。

所谓"旧要素的新组合"，不是旧要素的简单相加，不是"1+1=2"，而是一种创造性的组合，这种组合好比要素之间发生了化学反应，产生了某种意想不到的效果，是对既有要素重新组合的创意。比如，山东有位农民，他的爱好是画画，但他画画的颜料是五颜六色的粮食，这种"杂粮+绘画"的创意促成了山东省颇具特色的一款旅游纪念品的诞生。再比如，我们周围的书店大多数经营状态都不太好，而过去 30 多年间，日本茑屋书店在全世界开了 1400 多家店，占日本 90%的图书营业额，每月盈利上亿日元，其母公司 CCC 旗下的"T-Card"积分卡活跃用户更是占到了日本人口总数的 50%以上。日本茑屋书店为何能如此成功？原因之一在于它营造出了一处组合式的文化生活空间，书店除了有大约 15 万册藏书之外，还经营 DVD 和 CD 出租，设有宠物美容、照相机专门店与餐厅、咖啡厅等设施或场地，还开发了公园绿地，因此茑屋书店实现了书店和休闲区的组合。茑屋书店以"书+X"模式构建体验场景，用设计、服务、感知来营造亲切感，让人产生共鸣。"新零售"概念里的人、货、场重塑，在这里生动实现了。

(二) 克里斯坦森的创新学观点

克莱顿·克里斯坦森(Clayton M. Christensen)出生于美国，1979 年在哈佛商学院以优异成绩获得 MBA 学位，1992 年重返哈佛商学院获得 DBA 学位之后并任哈佛商学院教授，担任哈佛商学院总经理，负责技术与运营管理，1995 年度获得麦肯锡奖。克里斯坦森是"颠覆性技术"这一理念的首创者。他的研究和教学领域集中在新产品和技术开发管理，以及如何为新技术开拓市场等方面，其代表作为《创新者的窘境》和《创新者的解答》。

保持持续且高速的增长是企业的首要目标，但是任何企业的增长曲线都不是无止境的，都会遭遇极限点的挑战。这时企业唯一的解决路径就是开辟新的增长曲线，从第一增长曲线转换到第二增长曲线。然而现实的情况是企业在发展过程中会被一股巨大的力量禁锢住，企业在第一增长曲线做得越好则越难以跨越到第二增长曲线。《创新：进攻者的优势》一书的作者福斯特在书中提到，"一旦遭遇非连续性，原来的领军企业 10 个大概有 7 个要被取代"。这一奇怪的现象被克里斯坦森称为“创新者的窘境”。例如，早在1975年柯达公司已经掌握了数码相机的技术，但被束之高阁，被数码相机颠覆的柯达在已经掌握新兴技术的条件下都没能跨越到第二增长曲线。再比如，摩托罗拉是曾经的模拟手机之王，在模拟技术向蜂窝技术转型的时候，已经拥有了蜂窝技术的摩托罗拉没能跨越到新的增长曲线。同样，诺基亚在2002年已经生产出了智能手机，曾经占据智能手机市场一半的份额，但同样的历史轨迹让诺基亚没能跨越到智能手机的增长曲线。曾经在功能手机时代连续领先14年的诺基亚于2013年9月将手机业务以区区72亿美元卖给了微软。

导致企业面临“创新者的窘境”的原因有两点：外在的不连续性和内在的心智模式。创新代表着非主流，代表着从0到1，存在着巨大的非连续性，需要一个组织进行系统性的跃迁。克里斯坦森在《创新者的窘境》一书中说：“事实上，很多公司都以管理卓越而著称，良好的管理恰恰是它们未能保持领先地位的最主要原因。”在企业遭遇非连续性的时候，管理越是完美无瑕，企业便越是难以跃迁。导致企业面临“创新者的窘境”的第二个原因是企业的心智模式。心智模式是指深植人们心中关于自己、别人、组织及周围世界每个层面的假设、形象和故事，并深受习惯思维、定式思维、已有知识的局限，也通常指人们的一种习以为常、理所当然的认知。无论是对于个人还是对于企业而言，心智模式一旦形成很难改变，往往成为企业开展新业务时遭遇窘境的原因。

拓展阅读1-1

创造：只给勤奋者的创新书

2016年，华夏出版社出版了《创造：只给勤奋者的创新书》(*How to fly a horse: The secret history of creation, invention and discovery*)，该书是物联网之父凯文•阿什顿(Kevin Ashton)酝酿20年的心血之作。它不但讲述了创造在人类历史上的发展，而且用历史人物来举例告诉读者有关创造的观点。作者以创造力概念最早的形成作为切入点，不但一开始就向读者灌输“创造是全民性的运动，是任何人在任何地方都可以完成”的观点，而且批判了过去上百年来一直留存的“创造只有天才可以完成”的观点。

《创造：只给勤奋者的创新书》这本书明确了28个观点。

1. 创造是一项全民活动，成千上万的人做出过贡献。
2. 创造力是人类天生就有的能力。
3. 创造力并不罕见，它分布在所有人身上。
4. 人不是要从事创造，人本身就是创造。
5. 不断改良的强烈欲望使人类大大优于其他物种。
6. 工作是创新的灵魂。

7. 唯一不好的草案是不去开始写草案。

8. “如何去做”和“做什么”紧密相关，一个会推导出另一个。

9. 旧观念会阻碍新的观念。

10. 发现问题，解决它，然后重复，步骤最多的人胜出。

11. 决定创新是否成功的不是步伐大小，而是你迈出了多少步。创新要采取步骤，而不是飞跃。

12. 创新的最佳方法是独自工作，并且在想出对策的时候立刻评估。

13. 创意源于有意识的思考。

14. 创造是执行，而不是灵感。

15. 创新失败不是浪费时间，而是在做有用的积累。

16. 创造真正的秘诀是要永远当一个初学者，有能力看到意料之外的事情。

17. 创造的自信是一块必须每天强化的肌肉，依靠循环达到提升。

18. 人类看得更远不是因为巨人，而是世世代代人的工作。

19. 一个通过创造才存活下来的物种，绝不可能限制有创造力的人。

20. 创造过程中的挫败感，多半源于担心别人会怎么想。

21. 激情比奖励更能推动创造。

22. 第一次创造出来的东西几乎没有多少是好的，但第一张草图的价值是它打破了空白页。

23. “新”就是“不同”，所以“不同”能够成为“新”。

24. 对于创造来说，最宝贵的资源是时间。

25. 成人在行动之前思考，孩子们靠行动来思考。

26. 最有创意的组织优先考虑行动的仪式，最缺创造的组织优先考虑说话的仪式。

27. 我们用变化击败变化。

28. 再见了，天才！

(资源来源：https://book.douban.com/review/7749156/，作者有删减)

二、重要概念

(一) 第一增长曲线

学习创新有一个基础模型或者元模型，叫作第一增长曲线，又叫S曲线，任何一个领域，无论是微观、中观还是宏观发展终将经历第一增长曲线，如图1-2所示。第一增长曲线描述了企业从缓慢发展的起步期，到突破破局点实现快速增长，到达成熟期，再经历极限点开始进入衰退期的全过程。

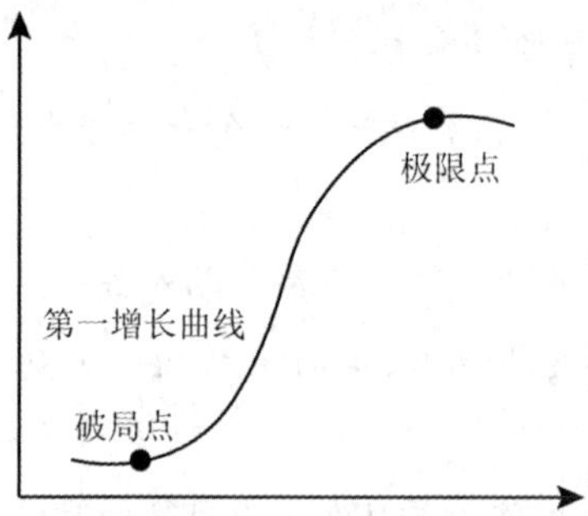

图1-2 第一增长曲线

(二) 破局点[①]

如图 1-2 所示，破局点是第一增长曲线经历的第一个拐点。在破局点之前，发展可视为一种简单的重复。在破局点之后，企业能够进行正循环、产生自增长，这个体系运转起来了，不需要总是给它输入外力了。跨越破局点需要付出极大的努力，也存在极大的失败的风险。如果没有跨越破局点，忙忙碌碌但却碌碌无为，跨越破局点之后，一花一世界。

跨越破局点分为两个步骤：识别破局点、单点突破。《只有偏执狂才能生存》一书的作者英特尔前任 CEO 格鲁夫曾说："任何一个企业都可能遭遇拐点，在拐点之后要么你继续昂扬向上，要么下滑，这个点叫作战略决策点。每个战略转折点都表现出某种要素的 10 倍速变化，而每一个 10 倍速变化都会导致战略转折点，只要一个企业在某个时点遇到了一次 10 倍速的变化，一定会导致这个企业发生战略转折。"因此，但凡出现 10 倍速变化的时候都是一个重要的机遇点，很可能就是破局点。例如，2012 年智能手机的出货量发生了 10 倍速的变化。张一鸣辞职创业的直接动力是他发现那一年智能手机的出货量是前三年的总和。张一鸣曾经说过这样一句话："2012 年是移动互联网的开端，这一次我恰好站在了时间窗口。" 因此，识别快速变化的 10 倍速要素是识别破局点的方法论。这里需要强调的是，这里的 10 倍速指的是单一要素的 10 倍速，当整体出现 10 倍速变化且大家都看清楚的时候，机会早已消失殆尽了。

《精益创业》一书的作者埃里克·莱斯说："重新聚焦在以前产品的一个功能上，把其放大为一个整体，这就叫创新。"因此，跨越破局点并非意味着将现有的一切推倒重来，而是从现有的技术、功能、市场等方向中战略性地选择一个方向，然后注入 10 倍的资源，深挖下去，单点突破。例如，索尼公司曾经集自己 50 年的研发实力生产出一个产品叫 Sony Clie，以此来对标苹果的 iPod。Sony Clie 的功能十分强大，可以当计算机使用，还可以照相、录像、听歌、编辑歌曲等，功能特别多，甚至有人专门写了一本书来介绍如何使用这款产品，书名叫作 *How to do everything with your Sony Clie*。和这款产品比较，iPod 的功能非常单一，iPod 只能听歌，但奇怪的是 iPod 成功了，而 Sony Clie 投入市场 3 年之后整个产品线关闭了。人们通常认为功能越多、越全才好，而事实证明，垂直用力是更重要的事情，把一个点做到极致才是最重要的

---

① 引用混沌大学创始人李善友教授的观点。

事情，iPod 的成功在于最大化了音乐播放器这个单一功能。类似的案例还有“唱吧”，都是单一要素最大化的创新。

(三) 极限点

任何企业发展的第一要务都是增长，而无论是上市公司还是初创企业，增长持续上扬之后都会遭遇极限点。克里斯坦森在《创新者的窘境》中说：“每 10 家企业中，大约只有一家能够维持长期增长势头。”《失速点》(*STALL POINTS*)一书的作者说：“一旦企业到达失速点，只有 4%的企业能够重启增长引擎。”《福布斯》于 1917 年首次提出“福布斯百强企业”，到 1987 年，当年的 61 家已经销声匿迹，另外 39 家只有 18 家仍是百强企业，如柯达、杜邦、通用电气、福特汽车、宝洁等。但是，1917—1987 年的 70 年间，这 18 家长青企业的投资回报居然比整个市场的平均投资回报还要低 20%，只有两家企业高于平均值。再引用标准普尔指数，500 家最初于 1957 年组成标准普尔 500 指数的企业中，40 年之后，到 1997 年就只剩下 74 家了，目前只有 12 家企业，即只有 2.4%跑赢基本盘。以上数据充分证明了福斯特在《创新：进攻者的优势》一书中表达的一个观点：永远超越市值表现的黄金企业，基本上就是海市蜃楼、神话传说。因此，如果企业仅仅以增长速度为关键绩效指标的话，那么这件事情不会持久。①

拓展阅读 1-2

洗碗工与她的“神洁巾”

崔薇出生在广东省云浮市一个农民的家庭里，因家里兄弟姐妹多，她 18 岁就出来打工了。因为年龄小，再加上个子不高，很多工厂都将其拒之门外。后来，靠着同乡工友的介绍，一个手袋加工厂勉强接受了她。但因为一次工作上的疏忽，崔薇当场就被老板“炒”掉了。

洗碗“洗”出创业灵感

从工厂出来后，她不知道能找什么样的工作。无奈之下，做了饭店服务员，服务员不但工作时间比较长，而且非常辛苦。一天，饭店的洗碗工请假了，老板就把这份工作交给她来做，并给了她一个洗碗用的菜瓜瓤。

在洗碗过程中，她发现晒干的菜瓜瓤虽然排油污性很好，但是很硬、很扎手。“菜瓜是纯绿色健康食品，菜瓜瓤的去污作用绝非一般化工产品可比。如果把它压缩制作成一块布，洗碗不用洗洁精，那这个产品的市场岂不是很大。”扎手的菜瓜瓤让崔薇在工作中产生了这个想法。

大胆尝试做“神洁巾”

有了这个想法之后，崔薇一下班便跑去一些超市做调查，她发现超市里还没有不用洗洁精

① 根据混沌大学创始人李善友教授课程实录整理。

的洗碗布，只是有一些菜瓜瓤在那里销售。见到这种情况，她更有信心了，她觉得自己不可能一辈子打工，何不抓住这个机会创业呢，于是她毅然辞职。

首先，她在网上搜集这方面的消息，并找到一家日用品生产厂家。她把这个想法告诉了厂商，并要求制作样品出来。几天后样品出来了，可她感到不太满意。厂家虽然把菜瓜瓤压成了一块布，可柔软性还是不够。

后来经过一系列的改进，最终的产品不仅柔软，而且还具有不粘油、抗菌、易清洁、超强吸水、去污能力强等作用；不仅能洗锅、碗，还能洗家用电器、家具地板、机械油污等。崔薇兴奋地给它取名为“神洁巾”。

摆摊验证大市场

为了验证产品的市场，她把自己的全部积蓄拿了出来，加上从亲戚朋友那里借来的钱，让厂家生产了 1000 包产品，每包三片。为了把新产品推入市场，她还想出了买一包送一个洗锅刷的促销办法。

第二天一大早，她来到菜市场摆摊看市场的反映。普通家庭装过菜的碟子一般都是花生油、酱油，她把花生油、酱油倒在碟子里，用神洁巾轻轻擦一擦，碟子就干净了。然后再倒一杯水在神洁巾上，不用搓不用洗，神洁巾就干净了，再拧一下，神洁巾就干了。

看到她的演示，很多人围过来，对这种神奇的产品感到好奇，这时她就大声吆喝事先编好的宣传顺口溜。“洗碗不用洗洁精，碟子环保又卫生……”两个小时下来，竟卖出 40 多包。亲自上阵试验的结果，让她对自己的产品和以后的路充满了信心。

生意做大不能单靠自己

崔薇知道生意做大不能单靠自己，因为自己是打工出身，她决心让自己的事业为打工者创业服务。为了让更多想创业的小本经营者多一次成功的机会，她制定了优惠的产品代理政策：最低拿货一箱就可以成为产品经销商，拿货 6 箱可以成为区域代理，且不收任何代理费及保证金。

崔薇相信神洁巾这个好产品一定会让投资者赚钱！为此她承诺如果产品质量不合格，可以无条件退款退货。做生意不但要有可靠的产品，还要有成熟的操作方法。所以，产品批发、铺点、销售等，她都亲自去做，并在此基础上帮助代理商制定切实可行的销售方案。她坚信，只有客户赚到钱，事业才能做大。

(资料来源：http://www.xuexila.com/gushi/lizhi/377506.html)

三、创新的类型

创新意味着一场变革，这场变革有多种类型，可以按照创新的内容和创新的强度进行划分。

(一) 按照内容划分

1. 产品创新

产品创新是指推出一款能够满足客户新需求或能够解决客户痛点的产品。例如苹果公司推出的 iPhone 手机，戴森公司推出的“旋风”技术吸尘器(无尘袋吸尘器)等，都是产品创新的例子。产品创新的技术和方法将在本书第四章第一节创业项目的来源中详细介绍。只要抱着同理心观察用户、成为用户、超越用户、回归用户，人人都可以成为产品经理！

拓展阅读1-3

3M公司的产品创新

3M 公司是世界著名的产品多元化跨国企业，著名的《财富》杂志每年都发布一份美国企业排行榜，其中有 10 年时间，3M 公司均名列前 10 名。但 3M 公司为世人瞩目并不仅仅因为它的规模，和 IBM、微软等美国大公司相比，其不足 200 亿美元的销售额不会给人留下太深的印象，3M 公司最引人注目之处是它在创新方面的非凡成就。3M 公司以其为员工提供创新的环境而著称，视革新为其成长的方式，视新产品为生命。在过去的 100 多年间，3M 为至少 30 多个技术平台开发出 6 万多种各类高品质产品，涉及工业、化工、电子、医疗、文教办公等十几个领域。目前，3M 公司每年都有数以千计的新产品问世。据测算，在现代社会中，世界上有 50%的人每天直接或间接地接触 3M 产品。公司的目标是：每年销售额的 30%从前 4 年研制的产品中取得。3M 公司传奇般的注重创新的精神已使该公司连续多年成为最令人羡慕的企业之一。

(资料来源：黄远征，陈劲，张有明.创新与创业基础教程[M].北京：清华大学出版社，2019.)

2. 工艺创新

工艺创新是指企业采用了全新的或有重大改进的生产方法，对产品(服务)的加工过程、工艺路线及设备进行的创新。例如，海尔公司推出的可以用来洗土豆的洗衣机就是生产过程中对生产工艺和设备的调整。再如，现在银行已经普遍采用的“智慧银行”，改变了以往人工办理所有业务的现状。工艺创新的“新”要体现在技术、设备或流程上，它对本企业而言必须是新的，但对于其他企业或整个市场而言不一定是新的。工艺创新以降低成本、提高质量、改善环境为目的。需要注意的是，工艺创新与产品创新并不是孤立的，而是存在密切的联系，甚至是合二为一的。例如，特斯拉汽车既是产品创新又是工艺创新。工艺创新侧重于活动的过程；产品创新的成果主要体现在物质形态的产品上，而工艺创新的成果既可以渗透到劳动者、劳动资料和劳动对象之中，还可以渗透到各种生产力要素的结合方式上。产品创新的生产者主要是为用户提供新产品，而工艺创新的生产者也是创新的使用者。

3. 服务创新

服务业在国民经济中所占比重的提升是现代经济发展过程中的一个显著特征。当前，世界经济发展的核心、世界经济一体化的重要推动力都是服务业。服务创新就是使潜在用户感受到不同于从前的崭新内容。服务创新为用户提供以前没有能实现的新颖服务，这种服务在以前由于技术等限制因素不能提供，现在因为突破了限制而能提供。服务创新是对服务系统进行的有组织、有目的的动态改变过程，目的是提高服务质量和创造新的市场价值。

服务创新可分为四种类型：服务产品创新、服务流程创新、服务技术创新、服务管理创新。

(1) 服务产品创新。服务内容或者服务产品的变革构成了服务产品创新。该类创新的重点是产品设计的创新。创新并不一定是全新，更新和改变也属于创新。比如英国一位大叔发明的反向折叠伞，在设计上仅仅改变了雨伞打开的方向，但却规避了很多原来雨伞的缺陷，例如总是把地面弄得湿漉漉的、在强风中很难打开、进出汽车不方便……

(2) 服务流程创新。服务产品生产和交付流程的更新构成服务流程创新。需要注意的是，流程创新与产品创新的区分是模糊的，有时甚至是合二为一的。以旅拍为例，顾客要全程参与产品的制作过程，供应商和顾客的关系非常紧密，最终的服务产品由供应商和顾客共同完成，这时候产品与流程就是合为一体的，所以在这类企业中，很难区分服务产品创新和服务流程创新。

(3) 服务技术创新。服务技术创新是指基于技术手段的服务领域的新变革。在当今社会，服务技术创新的例子不胜枚举，例如无人超市的出现、航空公司推出的自助选座值机服务等。

(4) 服务管理创新。服务管理创新是指以创新管理模式而实现的服务质量的全面升级。例如服务企业导入全面质量管理(TQM)。

4. 商业模式创新

管理学大师彼得•德鲁克曾经说过，“当今企业之间的竞争，不是产品之间的竞争，而是商业模式之间的竞争”。可见，商业模式的重要性。商业模式是企业创造价值、传递价值、获取价值的基本原理。商业模式创新就是对传统的“创造价值、传递价值、获取价值”的方式提出挑战，开展变革，力求满足客户的新需求。例如，无人机以前主要是应用在军事方面，而大疆是第一个将无人机应用在商业领域并获得成功的企业。大疆无人机如今已被应用在军事、农业、记者报道等方面，是可以“飞行的照相机”。再比如，拼多多采用拼团的模式进行创新。

(二) 按照强度划分

依据创新强度的不同，技术创新可以分为连续性创新和颠覆式创新。

1. 连续性创新

连续性创新也可以称为渐进性创新，是企业基于经济周期本身、技术的发展以及产品特性本身的S曲线，自然而然发生的渐进式进步。连续性创新非常重要，实际上企业创造的大部分利润都来自常规性的连续性创新。虽然单个连续性创新带来的变化是有限的，但多个连续性创新的累积效果是惊人的。例如微软自 1993 年推出 Windows NT 以来，微软通过 Windows 获得 3030 亿美元的营业收入，也是依靠每隔几年的升级。苹果公司从 2007 年推出 iPhone 手机至今，成为连续性创新的典范。2021 年是微信推出 10 周年，截至 2021 年 1 月，微信用户规模已经突破 10.9 亿。微信是 2011 年 1 月问世的，微信在问世的第一年共更新了 11 个版本，几乎每个月迭代一次：1.0 版本仅有聊天功能，1.1 版本增加对手机通讯录的读取，1.2 版本打通腾讯微博，1.3 版本加入多人会话，2.0 版本加入语音对讲功能……腾讯基于连续性创新完成了对竞争对手的模仿和追赶，开始了自主创新的道路。

连续性创新有两个特点[①]：一是沿着 S 曲线持续改进产品性能，比之前做得更好，持续改善性能指标；二是在既定的标准下，使一个给定的关键性能指标变得更好，定位于主流市场的主流消费者。

2. 颠覆式创新

就像无论把多少驾马车连续相加都无法代替一辆火车一样，仅依靠连续性创新的企业会遭遇极限点，按照熊彼特的理论，当企业遭遇极限点的时候只有跃迁到第二曲线才能跨越极限点。IBM、惠普、西门子、飞利浦、3M、杜邦等这些能够生存数十年的大公司成功的秘诀都是懂得有规律地使用颠覆式创新来打破正在进行的连续性创新，即实现公司的“自我蜕变”。

这是在克里斯坦森教授之前，学术界对颠覆式创新的理解。颠覆式创新往往以改变产品的主要性能指标为标志，会对市场竞争、市场规则、产业版图产生颠覆性的影响，甚至改变原有产业的游戏规则，使现有企业重新洗牌。这种理解默认颠覆式创新是正向非连续性的。

克里斯坦森教授的重要贡献是定义了另外一种颠覆式创新，这种颠覆式创新的技术指标比主流技术的性能指标还要差，但是已经能够满足大众需要了，这种颠覆式创新是反向非连续的。

哪种创新才更具有颠覆性呢？通常的观点会认为正向非连续性创新更具有颠覆性，但克里斯坦森的研究恰恰相反：成熟企业在进行正向非连续性创新时似乎总是能够引领行业潮流，抓住机会，延续自己的辉煌，基于发现缺陷从而挑战巨头企业的行为往往以失败告终；但成熟企业在进行反向非连续性创新时却往往丧失其行业垄断地位。换句话说，反向非连续性创新才更具有颠覆性。原因在于东北角迁移力。所谓的东北角迁移力，就是企业随着时间的推移，各项关键性能指标会变得更好，比如产品性能越来越好，技术进步曲线的斜率越来越大，克里斯坦森发现一个非常重要的现象，有一股莫名其妙的力量驱使成熟企业向时间、性能坐标的东北角迁移。这时，用户曲线和技术曲线之间会产生一个市场空白，这个市场空白的目标用户是低端大众用户，高端技术和高端产品对这部分用户而言存在性能过度，这个时候就给了创业企业进行反向非连续性创新以颠覆成熟企业的空间。

虽然很难用投入多少资金、花费多少精力来衡量正向非连续性创新的“颠覆程度”，但由

[①] 引用混沌大学创始人李善友教授的观点。

于此类颠覆创新往往伴随重大的技术突破，因而往往需要投入大量优秀的科研攻关人员和大量的资金，历时较长。不容忽视的事实是，正向非连续性颠覆式创新绝非易事，失败往往多于成功。谷歌、微软等这些从美国硅谷走出来的，依靠正向非连续性颠覆式创新取得成功的创业型企业有着闪耀的光环，但同时，硅谷有太多正在进行正向非连续性颠覆式创新的企业是失败的，只是因为失败所以没进入大众视野而已。借鉴发达国家的经验和教训，对于发展中国家而言，掌握反向非连续性颠覆式创新的原理和本质，并用变通的办法来实施是非常重要的。中国改革开放以来的发展更多的是反向非连续性颠覆式创新的过程。由于制造业的用工成本高、毛利润率低，欧美把制造业转移到中国，中国一步一步成为世界制造业中心。目前，中国制造正逐渐成为消费升级的代名词，众多的国民品牌迅速崛起。

此处需要注意两点：首先，蒸汽机、汽车、互联网等具有变革意义的正向非连续性颠覆式创新是企业和社会进步的重要推动力，人类就是在重大发明创造的序列里一步一步走到今天的。本书重点阐释反向非连续性创新是因为此类创新更容易被忽视。其次，本书中，颠覆式创新是一个时间性概念，仅指两条曲线交替和转换的时期，一旦转换完成，必须采取连续性创新。重点讲解颠覆式创新并不代表连续性创新不重要。

拓展阅读 1-4

未来趋势：颠覆式创新

趋势是指事物自身发展运行的自然规律，具有重复、持续、有序、有向的特点。趋势一旦爆发，就不会是一种线性的发展，它会积蓄力量于无形，最后突然爆发出雪崩效应。任何不愿意改变的力量都会在“雪崩”面前被毁灭，被边缘化，而颠覆式创新正是这样一种代表未来趋势的信号。

创新有三种形式：第一种很难发生，那就是发明；第二种是商业模式上的创新，就是把贵的东西做成便宜的，把收费的做成免费的；第三种是从体验上创新，就是使复杂、难用的东西简单易用，使笨重的东西操作便捷。我们可以发现，商业史上对市场格局的颠覆，绝大多数都是商业模式上的创新和用户体验上的创新，而不是像发现了可口可乐那样的秘方，或是像发明了电灯一样轰动世界。

商业模式创新中，“免费”模式具有一种颠覆性力量。它会破坏传统的商业模式，同时又建立新的价值体系。互联网发展多年，许多互联网公司的实践已经证明了一点：如果一个公司能把免费服务做得很好，比如谷歌把搜索做得很好，腾讯把聊天做得很好，那么在通过这种免费服务汇聚了巨大的用户量之后，总有办法在海量用户的基础上构建一种新的商业模式。可以说，“免费”既是商业模式，也是一种营销手段，更是互联网的一种精神。

从体验上创新，就是要尊重用户体验。用户体验其实就是一种心理感觉，但这种体验肯定是特殊的，在用户的预期之外。颠覆式创新来自对用户体验的不懈追求。例如，苹果公司为什么会有那么多忠实用户？很大程度在于苹果公司始终将对用户体验的追求贯穿到每一种产品之中。苹果公司的成长正是一步一个脚印从用户角度出发不断改进的过程。

颠覆式创新强调打破原有的平衡，建立新秩序。它就像自然界的新陈代谢一样，不断把老的、旧的公司从行业中淘汰出去。颠覆式创新刚问世时不一定是完美的，更不一定是先进的，但它一定在某个点上做到了极致。

今天，几乎人人都能感受到互联网的革命性力量，每个人都在谈论互联网思维。但是，今天互联网排山倒海的力量是一夜之间发生的吗？不是。颠覆式创新虽然是代表未来趋势的一个信号，但却常让人看不到、看不懂、看不清。所以，绝不能以蔑视的态度看待新生事物。也许它不是十项全能，甚至是满身缺点，但只要在一个点上有所突破，就足够了。

(资料来源：http://scitech.people.com.cn/n/2014/1030/c1007-25934764.html)

四、创业与创新的关系

(一) 没有创新的创业就是在制造竞争

狭义的创业关注的是财富的创造、市场的开拓、用户的数量，从本质上说，创业是把创意商业化的过程，但创业者自身能力的差别导致把创意商业化的途径也有差别。有的创业者主要是在模仿甚至是复制别人的产品或商业模式，自身并没有创新行为，虽然也是在创业，但没有创新的创业就是在制造竞争；而有的创业者是在进行技术的创新、产品的创新、服务的创新、工艺流程的创新、商业模式的创新等，这类创业能够满足顾客的新需求，创造出新的价值，也能在短时间内形成独特的竞争优势。总之，创新强调的是创造力，创业强调的是把机会转变为商业模式。当下高校鼓励的是基于创新的创业。

(二) 成功的创业离不开创新

铁路 12306 App 的出现极大改善了人们乘坐轨道交通出行的体验；万维网的开发让全世界有了联系；移动支付的出现让越来越多的人告别了钱包。创新是企业发展的动力和源泉，每个成功的创业者都注重创新，成功的创业离不开创新，包括产品创新、技术创新、服务创新、工艺流程创新、商业模式创新等。

本章小结

本单元包含两节内容，分别是创业概述与创新概述。在创业概述一节，介绍了创业的定义，蒂蒙斯模型，创业过程包含的要素，创业的功能、过程与类型，以及如何从经济学角度看待创业。创业是一个创造新事物，实现价值增值的过程，需要付出极大的努力，也必须承担一定的风险。从创业的定义、要素、过程、类型可以看出，创业离不开创新。在创新概述一节，重点介绍了创新的概念、创新的类型与过程、创业与创新的关系。创新的类型、连续性创新与颠覆式创新的逻辑关系是本节的重点。

拓展研读

1. 什么是“企业家精神”。网址链接：https://hbr.org/2013/01/what-is-entrepreneurship

2. 什么才是真正的企业家精神？听听“大佬”们怎么说。网址链接：https://finance.qq.com/a/20170925/116645.htm。

回顾与思考

1. 为什么要研究和学习创业？创业和创新之间的关系是什么？

2. 创业有哪些类型？创业的一般过程有哪些？

3. 渐进性创新和颠覆式创新的区别和联系是什么？

课后训练

1. 九宫格破冰。

步骤一：每位学生发一张A4白纸。

步骤二：让大家在白纸上画出九宫格，并在格子中写出对本门课程的期待(共9个)。

步骤三：让大家寻找与自己有相同(或相似)期待的同学，并相互在此格中签名。

步骤四：最先在9个格子中完成签名的同学大声喊出“BINGO”，本活动结束。

2. 分享你的创新故事。

老师提出问题：“你有过创新行为吗？”认为自己有过创新行为的同学向大家分享自己的创新故事。

3. 去改变一个产品或一项服务。

选择一个产品(如手机、书、文具)或服务(如学校食堂、图书馆、公交车)，询问并记录15个消费者对它的感受，特别是对该产品或服务特别满意和特别不满意的地方，然后根据消费者的需求提出对产品或服务的改进意见。

第二章
企业家精神与创新

了解企业家精神并不能让你拥有企业家特质，行动与实践性学习才是问题的关键，因为创业的本质不是由因而果的逻辑决策，而是由果创因的设计与实验行为。

——JA 提蒙斯创业教育荣誉教授 Heidi Neck

本章目标

1. 初步认识企业家精神的重要性和明确企业家精神的概念；
2. 批判性回顾西方在个人和组织层面对企业家精神的认知，以及企业家精神在社会层面上的中国特色内涵；
3. 了解中国特色社会主义企业家精神的 DROPI 模型；
4. 探讨大学生培养自身企业家精神的个性化策略体系 RADAR 的应用。

导入案例

Z老师的双创课问答实录

“创新创业基础”课上，一开始 Z 老师就请求和同学们玩一个“快问快答”的互动游戏，要求双方围绕本章主题“企业家精神与创新”轮流进行此问彼答——若有同学能尝试回答老师的提问，就可以要求老师回答一个相关问题。

看到大家以微笑、点头回应后，Z 老师“先发制人”地问道：“你认为，‘创新创业’是西方资本主义经济发达的不传之秘，还是中国特色社会主义必经的强国之路呢？”同学们面面相觑、交头接耳之声不绝于耳。此刻读者或许能一眼看穿这个问题设下的“陷阱”，可惜那堂课上没有人当场回答这个问题。于是Z老师接着问：“企业家精神是什么？是个人的精神吗？是集体的精神吗？它会受国家文化、社会共同心理的影响吗？会反过来影响国家文化和社会共同心理吗？中国主张的企业家精神是否应和西方普遍认可的企业家精神一致？”

一些同学似乎有些发懵，而一些对不同国家的文化感兴趣的同学眼睛开始发亮。既然无人回应，Z老师转而问道：“企业家精神本质上是雇员‘要自己当老板’这一愿望的学术化表达，对吗？”一些同学对“要自己当老板”这个提法不由自主地点起头来，似乎想扭转这种答不出老师问题的局面的愿望越来越强烈。

最后，老师问：“企业家精神是帮助白手起家的小企业主做大做强自己企业的必备心理条件，还是包括摆地摊小贩在内的所有自由职业者固有的心态？还是说，企业家精神不过是其中一小部分创业者幸运地将企业做大之后，自然使其身份蜕变的一种社会认可和褒扬？”老师最后掷地有声，“企业家精神是因还是果？如果是因，什么是果？成功的企业吗？如果是果，什么是因？”

这一连串问题显然有点“烧脑”，部分同学愈加困惑，课室里很安静，但大部分同学的眼眸亮了起来，交头接耳、窃窃私语之声不绝。

轮到同学们提问，气氛一下子活跃起来。A同学首先侃侃而谈：“我没有成为企业家的理想和现实家庭条件，所以只想找一份感兴趣又安稳的工作，过美满、安逸的生活。我最向往的就是‘富二代’的生活方式——金钱、萌宠、环游世界、游戏人生。”这个说法的确好懂，得到老师“这是一句肺腑之言”的表扬后，A同学兴奋起来，接着发出“灵魂拷问”：“这种生活，老师您难道不向往吗？”

课室里笑闹一片，掌声热烈。其实同学们都能理解，在A同学提问的背后，他可能对“企业家精神”有这样的假设：企业家精神意味着要当企业家，这既需要大部分人没有的优越家庭条件，也需要承受创业艰苦，无法过安逸的生活，因而意味着选择有福不享，是为不智也。

接下来，B同学认真地提问：“我喜欢购买创新的商品和服务，但社会并不需要每个人都是创新者吧？也不可能每个人都有成为创新者的天赋！我既不是商科专业的学生，也不是科学、工程或艺术专业的学生。作为外语和文学类专业的文科生，我们毕业后从事的工作，比如在培训机构当老师，会需要创新创业吗？”B同学的提问也引发了很多同学的共鸣，得到了掌声响应。

最后还有一位“学霸”C同学决定从逻辑上问出新意，她问道：“企业家精神和创新都很重要，但为什么要把这两者结合在一起强调？企业家就必须创新吗？不能复制别人的成功吗？拼多多就是复制了淘宝模式而获得更快速的成功。反过来说，必须为了体现企业家精神而创新吗？统计表明，超过90%的新产品会被市场淘汰，不成功的创新会挫伤企业财务健康，难道我们不应该谨慎对待两者的关联吗？所以请问老师，本章主题中企业家精神和创新两者之间有什么必然的关联吗？还是仅为了表明对创业来说都很重要而并列呢？”

Z老师不禁莞尔，他想：“新一代的大学生能够有这样活跃的思维和勇于表达的精神，成长为栋梁指日可待，我可得尽力‘解惑’一番。”

(资料来源：改自本章编者课堂教学实录)

思考：案例中，师生所交流的各个问题焦点可以被归纳为以下4点，亦是本章讨论的重点。

(1) 企业家精神是个人、集体还是社会层面的概念？其内涵是否中西有别？

(2) 个人层面的企业家精神和企业家身份有怎样的关联？

(3) 企业家精神是先天个人禀赋还是后天习得的技能？你的大学所学专业与它有关吗？

(4) 企业家与创新精神有何不可分的内在关联？

第一节　概念起源与当代启示

本节对企业家精神概念的重要性、来源进行了简要阐述。我们每个人都生活在“地球村”中，都希望通过助力“人类命运共同体”的实现来实现自身价值，所以探索企业家精神的中西概念起源是必要的。

一、企业家精神概念的重要性和词源

在科技进步助力社会文明发展、经济全球化持续深入的今天，创业和企业家精神的重要性得到了全球各国政治领袖、社会学家、经济学家、管理学者和创业者们的认同。《全球创业监测报告》显示，在69个经济体中，有72%的公民认为企业家的地位很高，而68%的人认为创业是一个不错的职业选择。企业家精神的重要性通过一些名人论述可窥一斑。

Whatever you do, act when the opportunity presents itself, that’s entrepreneurship defined.

无论您从事什么，都应在机会出现时行动，这就是创业的定义。

——TWLC战略与创业精神荣誉教授　佐勒

Consumption is not done by government. Consumption is done by entrepreneurship and market economy.

消费不是由政府搞定的，是由企业家精神和市场经济形态来解决的。

——阿里巴巴创始人　马云

The entrepreneur always searches for change, responds to it, and exploits it as an opportunity.

企业家总是寻找变化、应对变化和利用变化之机。

——现代管理学之父　德鲁克

……we believe that entrepreneurship is a powerful force for global good.

我们相信创业是造福全球的强大力量。

——印度著名企业家 Puneet Agarwal

Entrepreneurship is the courage to take responsibility for at least one other person's life.

创业精神是承担至少另外一人生活之责任的勇气。

——贝森商学院最佳 MBA 学员、创业者 Siddharth Astir

Social entrepreneurship is about disrupting existing markets that aren't working, and creating new ones to improve the status quo.

社会型创业旨在颠覆当下已失效的市场，并创造改善现状的新市场。

——社会企业家、风投人、作家 Oscar Auliq-Ice

如同理解雨滴、溪流与江河湖海之间的差异会对我们如何理解“水”有重大影响一样，我们需要更为清晰地理解各种类似概念所对应的现象和特征，才能更好地了解事物的本质，并使用这些概念来进行交流与进一步探索。企业家精神这一概念并不完全等同于创业者的共同精神特征。首先，成为创业者和成为所谓企业家之间存在方方面面的区别；其次，创业者个体的各种行为及其背后的各种思维动机或精神面貌，并不总能代表创业群体被全社会特别珍视的某些独特精神属性。

创业和创业者对促进国民经济、改善就业的重要性众所周知、毋庸赘言。而对于企业家精神重要性的理解，则不仅仅涉及创业者个体和群体，还涉及包括普通大学生在内的非创业人群，乃至整个社会的发展面貌、格局与趋势。希望下面的学习会让同学们对此有更深的感受。

拓展阅读2-1

请同学们尝试对“企业家精神”一词进行词云检索：

1. 打开网页浏览器搜索“百度指数”[①]，进入主页后输入关键词“企业家精神”，单击“需求图谱”，看看你能发现什么？请与同学们分享自己印象深刻之处(比如处于上升趋势的词条)与企业家精神的关联。

2. 用类似百度指数中关键词云分布图的形式，重新绘制一个你所理解的“创业心智”的近义词，以及关联概念或事物构成的思维导图[②]。用词汇间距离的远近(比如连接线条的长短)来表示你认为它们关联的紧密程度。完成后，和同学们对比一下各自创作中的异同，并说明自己采

① 百度指数是以百度海量网民的行为数据为基础的数据分享平台，可以用于研究关键词搜索趋势、洞察网民需求变化、检测媒体舆情趋势、定位数字消费者特征等。

② 思维导图是指表明你的想法中一些概念或事物之间的逻辑关联的可视化简图。

用的独特词汇或其关联方式的原因。

3. 尝试从更多途径获取不同人群对此概念的理解。哪种途径你感觉最熟悉？你觉得哪种途径最能给你关于企业家精神的概念和内涵的启发？你会首先尝试从最不熟悉的途径获得启发吗？比如，除了留意“企业家精神”这一概念在各人群的日常谈话和各种大众媒体报道中的使用外，还可以查阅专业辞典、专业网站或科研文献，采访领域内的专家、学者、创业亲友、达人或著名企业家，模拟创业电子游戏，甚至加入创业大赛或创业团队等活动，从交谈互动中不断了解他人对这一概念的理解。在上述调研过程中，请随时用受访者的描述、行为、评价和感受这四个象限来分类记录你捕获到的有意思的信息[①]。

企业家精神是我国改革开放之后才通过翻译而被大家逐渐熟悉的词语。通过开放性经济和经济全球化，我国语境中，“企业家精神”一词已经和谐地融入了大家的日常对话。然而，企业家精神作为学术研究和指导实践的概念，有着比日常对话层次更丰富的内涵，也一直在发展之中，可能因此带来(跨文化、跨界)沟通中的理解歧义，所以让我们先了解该词的历史渊源，以便根据沟通对象和场景的不同，更准确地讲述中国的创新创业故事。

拓展阅读2-2

企业家精神的英文词源

西方文献普遍认为，现在多用来描述创业和企业管理问题的 entrepreneur(开创者、创业者、企业家)、enterprise(企业，事业心、进取心)和 entrepreneurship 三个词都源自 12 世纪出现的古法语 entreprendre(从事)。entreprendre 在 15 世纪晚期欧洲进入大航海时代[②]起具有了探险性的尝试、接受挑战的准备、冒险的精神(adventurous disposition, readiness to undertake challenges, spirit of daring)的含义。

1730 年左右，理查德 • 坎蒂隆(Richard Cantillon)用法语 entrepreneur(直译为“承办人”)指那些既从事自营职业又接受不确定回报的人。最晚从 18 世纪中叶开始，英语就开始用 entrepreneur 特指一种帮助国家实现特殊资源获取的商人，出现在当时普鲁士国王给将军的指示文书的英文版译文中。到了 19 世纪，entrepreneur 被用作指中间人或从事任何类型的活动的人，而不仅仅指企业。20 世纪初，entrepreneur 在应用于独立企业主时，已具备了“go-getter”(敢抓机会)的含义，这种含义也可以在大约同时开始使用的“entrepreneurial spirit”(企业家精神)一词中找到。

① 这是同理心地图访谈法的四个象限，分别记录与他人对话时捕捉到的不同表现类型的关键信息，它有助于提升换位思考能力和对需求的洞察力。

② 大航海时代又称地理大发现，是指 15 世纪末到 16 世纪初，欧洲人开辟了横渡大西洋到达美洲，绕道非洲南端到达印度的新航线，成功进行了第一次环球航行，是人类文明进程中最重要的历史之一。

在美国，地位相当于英国的牛津词典或中国的新华字典的韦氏词典(*Merriam-Webster English Dictionary*)将entrepreneur定义为one who assumes the risk and management of business or enterprise(承担生意或企业的风险以及管理的人)，并注解道：“若问entrepreneur是仅仅意味着‘一个创业并且愿意为赚钱而冒亏损风险的人’，还是指具有远见和敢于创新等其他含义，答案并不令人满意——因为两者皆可。”[①]

美国知名小企业创业知识库INC.com网站主编认为，enterprise(事业心)与entrepreneur(创业者)的定义相关，将enterprise解释为the character or disposition that leads one to attempt the difficult, the untried, etc.(导致人们尝试有难度的、新颖的这类事物的品质)，并评论道：“……从基本定义开始讨论很有用，因为创业在美国文化中得到了重视，被广泛应用到所有类型的商业活动中，包括那些大公司的经营中没有真正冒险，无须创建新企业，而只是负责运营的经理们的工作中，其风险仅仅在于任务是否达成，而与企业总资产存亡无关。”[②] INC.com网站关于entrepreneurship的内容强调entrepreneurship这个词适用于所有类型组织。

二、对创业本质的科学探讨

创业本质的科学探索结论总是能够给我们带来关于企业家精神内涵的启发。从研究方向上看，创业本质经历了人格特质论、管理过程论和认知论三个阶段，即从最初侧重于成功企业家的人格特质，转向将企业家的创业经历视为一个成就自身的过程，到近年来转移到探索创业者的认知模式上。下面逐一了解各个阶段的核心结论及其企业家精神启示。

(一) 人格特质论

早期的西方研究集中于初代企业主的人格特征，即创业者区别于非创业者的一组心理特征或特质，也就是探究为什么某些个人会成为企业家？是否有哪些个人的特质使其不同于其他人而成为创业者呢？这些早期被叫作企业家特质学派的研究成果现在仍出现在大多数创业相关教材的开篇章节，比如讨论谁是企业家？以及企业家具有什么性格特征？回顾大量这类关于不同特质分类的理论文献可发现，四个重要人格特质与创业者角色或企业家行为有密切关联，曾经被西方创业研究者们所认同。这四个重要人格特质分别是成就感的需要、内在控制感、较高的冒险倾向和对模糊性的容忍。

但创业者特质理论的实践指导价值深受怀疑。因为，如果存在某些稳定的企业家的特征，那么它们是天生的还是后天培养的？如果是前者，即企业家精神是指一种先天形成的、稳定的创业人格，那么是否已经具备它们的人无须学习创业也具有创业优势，而不具备它们的人可能学不会创业？一来由于这类观点缺乏充足、确凿的科学实验证据，二来由于这四个特质属于先

① 在线韦氏词典词条“entrepreneurship”。
② 小企业创业知识库INC.com。

天还是后天形成难以判定，所以早在 30 多年前，学者们就已经对这一人格特质论提出了严肃的批判，如 Low 和 MacMillan 就认为，任何描绘典型企业家的尝试本质上都是徒劳的，因为“从人口生态学的角度来看，创业者们只是和其他社会群体一样，具有人格多样性，只不过其中极端的例子包括了创新行为”。也就是说，西方大部分学者已经否定了特定创业者人格的存在，认为应将企业家群体看作具有普适性的精神特征，而非某种特定人格类型。

尽管如此，我们仍然能看到人格特质的创业研究反映了某些值得珍视的企业家群体的思维特征，这四种特质及其受到的批判总结于表 2-1，供同学们思考。

表2-1　企业家/创业者特质学说及其受到的批判

企业家/创业者特质	定义与内涵	批判性观点
成就感的需要	成就需要感高的人具有三个相关心理特征：①对决策负有个人责任；②设定目标并通过自身的努力实现目标；③渴望获得反馈	首先，该理论既适用于销售人员、专业人员和经理，也适用于创业者或企业家；其次，随后的研究并未证实高成就需求与决定开始行动之间的关联。和其他人格特征(如主动性、积极性、效率取向、系统性计划和对工作合同的承诺)一样，这些都不是企业家独有，但成功人士共有的特征
内在控制感	所谓内在控制，不是自制或自控，而是指自主掌控自身命运，是个人可以通过自身行为决定自己命运的一种信念	和成就感的需要一样，实证结果不能有效区别企业家与非企业家群体，但有助于区分成功的企业家和不成功的企业家，或者区分成功的经理人和不成功的经理人
较高的冒险倾向	冒险倾向高是企业家通常具有的心理特征之一	总体证据表明，企业家是中等冒险者，与管理者甚至普通人群没有显著差异，只是更擅长避免风险。更有洞察力的理解是，企业家们是更有能力化解他人认为的高风险的管理者，因此更多地承担了风险
对模糊性的容忍	对模糊性和歧义的容忍是成功的企业家群体的心理倾向性	企业家比经理人具有更大的容忍模糊性和歧义的能力

表 2-1 中，第一类特质成就感的需要与汉语“企业”的词源含义(心愿的结果)能产成一定共鸣，可以丰富企业家精神问题对话的基础。前三类特质都不能体现企业家或创业者与非创业的受雇经理人群体在精神需求、思维特征乃至行动上的区别，而第四类心理特质(对模糊性的容忍)却存在有一定说服力的实验证据。结合起来看，似乎可以做出下面这种合理的假设：**创业者或企业家往往在具有较高的独立自主和成就需求的同时，能够比其他人群更能接受未来的不确定性，因此体现出他们比其他群体有更强的承担风险倾向。**

(二) 管理过程论

随着大企业管理的复杂化和全球化经济带来的多元化，组织流程得到了广泛的研究和MBA教育的关注，这启发了管理学界呼吁创业研究从企业家特质转向企业家行为，即研究企业家在缔造企业的过程中开展的特殊活动。也就是说，要发掘企业家精神的本质，应该关注企业家的行为，而不是关注他或她是谁。由于这一逻辑和其他管理学科的影响，创业教育也一度从对特殊人格类型的关注，转向了将创业本质视为一个特殊的管理过程的关注。第一章也回顾了比较典型的创业定义，即企业是一种连续性活动，包括发现机会、发展概念、理解资源需求、获取资源、制订业务计划、实施计划、管理企业以及退出。

贝森商学院的创业教育研究人员也发现，过程导向在企业家精神教育中占有重要地位，当前国际市场上的企业家精神教科书的检索表明，其中大约80%在强调创业过程，包括机会评估、业务计划、营销计划、资源获取、业务管理和退出机制等主题。但是20世纪以后，大量学者认为，过程视角的创业研究只是一般管理流程，即领导、控制、规划和评估的过程被选择性地用在了分析新创组织，而并没有对创业或企业家精神的本质进行揭示。事实上，新创企业的企业家行为研究的大样本分析表明企业家们的行为具有较大的异质性，也就是几乎无规律可循，但显然该群体和在既定的企业规划中一般经理们相对按部就班的行为逻辑有明显不同。主张过程视角的战略管理学者和创业学者经过大量学术论证后承认，尽管十分有必要将对创业(者)本质的理解及创业者对企业的独特贡献与战略管理等学科真正地区分开来，但目前仍然没有找到具有普适性的创业过程理论，可用于推广到创业教育中。

这或许说明，若排除了企业家个人特殊价值，创业管理过程论是无法解释创业行为的异质性的，除非证实各类独特的创业管理过程中具有无视企业家本人的组织过程共性，那么对企业家精神共性的探索依然关键！

(三) 认知论

21世纪以后，这些人格论和行为论的学术争辩与纠结，使思维模式决定行为模式的创业理论的假设逐渐清晰起来，它支持越来越多的研究者聚焦于了解企业家的思维方式与创业行为之间的关系。到目前为止，有关结论一般能够认同：正是创业者思维层面的差异导致了其创业行动决定(即与非创业群体的区别)和创业过程的行为(即创业成效)与一般经理人存在的显著差别。读者可能会问，个人特质视角和认知视角都是对无形因素的探究，那么两者有何不同？编者认为，两者的不同在于对结论的普适性教育价值上的差异。个人特质论认为个人特质决定创业行为差异，是先天形成，不可复制；而认知视角拒绝了这一先天决定论和不可复制性，探求具有普适性教育和人才培养意义的客观思维规律。换言之，认知论视角的西方创业研究者重点聚焦的“不再是个人是否可以成为企业家，而是个人如何变成企业家，成为采取行动创造机会的人”。

部分认知论学者聚焦于成功企业家思维模式与他人的对比，假设其特定的思维方式是竞争优势和个体差异的来源。而大多数认知论学者的研究工作都着眼于个人为何做出与企业家行为有关的决策，并假设这种决策与创业者们根深蒂固的知识结构和信念相关联。比如 Mitchell 等把创业认知定义为“人们用来对新创组织的机会、风险和成长进行评估、判断或决策的知识结构”。除此以外，最近 10 年来涌现出另一种基于认知的研究，旨在解决创业障碍，尤其是聚焦于潜在创业者如何起步的问题。在这个方向下，讨论中主要针对的是“考虑初始资源优势的起源，以及它们如何促进或确定创造价值的活动”这一问题。前文提到的斯坦福大学的定义和哈佛大学创业教授的经典定义，也都符合认知论的观点，认为创业行为或事件的本质，就是创业者对抓住机会目标存在一种不顾资源条件的制约而不懈追求的心态，由此带来工作方式和管理风格与非创业者的显著不同。从这个角度来看，企业家精神对创业绩效的提升有重要作用，并再一次将研究目标圈定在了个人(心理-行为交互)的层面。

总而言之，从创业教育的价值这一角度来看，认知论的创业研究发现显然是个好消息，因为这不但吻合了人格难改但思维可学的成人教育理论的假设，而且符合创业教育的终极理想，即不是发现一种需通过基因工程来改变的性格或人格特质，或者企图发现一种冷冰冰、千篇一律的创业活动流程，而是通过找到一个能被每一位学习者学会的成功创业所需的思维模式和行为特征，从而创造独特的人生价值和重大的社会价值。

为了更好地帮助大家了解认知论视角下的企业家精神的研究成果，下面拓展学习当下认知论的创业前沿理论的核心视角之一——效果逻辑理论(或称效用实现理论)。该理论奠基者萨拉斯瓦西(Saras Sarasvathy)对多位实用主义哲学大师(詹姆斯、杜威、古德曼等)的经典思想进行了创业应用研究，通过对企业家群体在不确定的情况下所共同采用的决策和行动方式的观察，实证发现了高效创业者们特有的思维方式。效果逻辑理论认为，企业家或高效创业者们在面对实现目标的不确定性环境时，突出地体现出一种与经理人相反的决策逻辑，即不是根据已知因果关系来决定行为，而是围绕采取先导行为来创造与环境的互动，从行动或互动效果中发现机会和获得较为满意的后续决策依据，最终实现愿望。

学者方世建认为，效果逻辑理论这样的国际前沿理论值得我们跟踪研究，该理论所讨论的问题关乎中国当下持续推进改革开放的伟大事业，对于解决未知问题具有极大的参考价值。编者赞同这样的判断，并认为这与中国特色的实用主义哲学底色密切相关。诚然，中国创业实践丰富、复杂，具有自己的特点，取得了显著的成效，但与国际理论研究相比却相对滞后，相信效果逻辑理论能作为研究中国特色企业家精神和创业的理论对话范式之一。效果逻辑创业过程如图 2-1 所示。

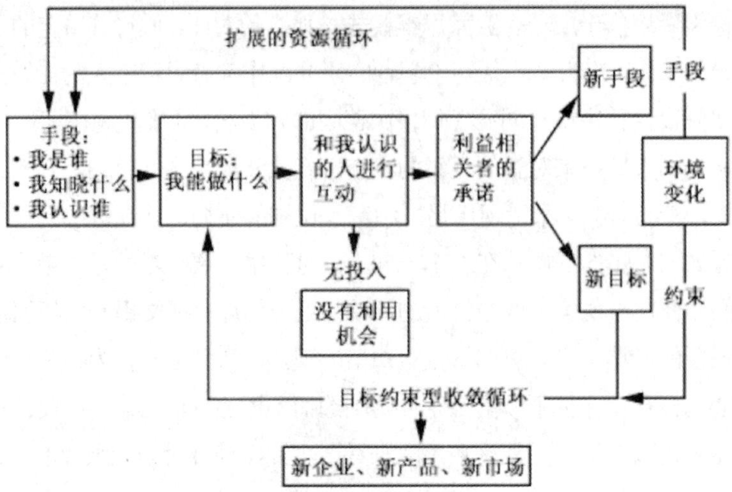

图2-1　效果逻辑创业过程

拓展阅读2-3

效果逻辑的创业决策理论

萨拉斯瓦西是诺贝尔经济学奖、图灵奖获得者，是经济决策管理大师、中国科学院外籍院士赫伯特•西蒙(Herbert Simon)的学生，她的工作聚焦研究面对不确定性情景时，企业家们的思维状态。首先，通过实证研究，她和同事们发现高效、成功的企业家们都认同下面这种说法："世界开放于无限多可能性，(因而)我们能认知也致力于制造新机遇，去创造而不是寻找市场，去接受也利用失败，以及与各种利益相关者互动等，而这一切都是为了创造未来而不是试图预测未来"①。这种青睐开放性结果的思维方式就是效果逻辑理论的核心心理机制。

萨拉斯瓦西的实证研究是这样的，她要求被试的45名创业专家(如连续创业者)大声描绘出自己内心的想法，通过记录他们面对和解决匿名创业公司10个典型挑战时的思维反应，由此得到的统计结果和洞察构成了现在具有争议性的效果逻辑理论的基础。这一理论引发了不断的关注和争议，由于它所表明的创业者的行为逻辑颠覆了传统管理理论对创业过程的解释，尤其是主张创业者也像经理人一样，遵循由因致果的基本组织决策逻辑和管理原则。而效果逻辑发现，相对于经理人遵循在各种方法或策略选项之间进行理性选择的因果决策逻辑，创业者的心理期望恰恰相反，他们是以给定的条件、方法、资源作为起点，来创造新的、并未预测的、开放的目标或结果。创业者们往往不甘于做选择题，而是愿意创造新的选项，通过新的方法，来尝试实现自己预设的组织目标或达到明确的效果。

① Effective entrepreneurs see the world as open to a host of possibilities, fabricate as well as recognize new opportunities, make rather than find markets, accept and leverage failure, and interact with a variety of stakeholders—all for the purposes of creating the future rather than trying to predict the future(Sarasvathy，2008)。

对于创业事务而言，传统的目标导向逻辑意味着先设定一个明确的理想创业形态和结果，然后充分权衡与比较各种条件和机遇，企图找到实现原定理想目标的最佳路径；而效果逻辑则是依照内心感觉先行动起来再说，把手边的任何条件和资源充分利用，同时寻求创新地组合成果、条件、资源，最后实现比较理想的结果的过程，哪怕这个过程充满遗憾和错误。简而言之，经理人的因果逻辑思维是根据既定的明确目标去寻找最合适的实现手段，而创业者的效果逻辑是根据手上的现实条件和自己的喜好来创造不可预计的结果。

打个比方，传统经理人的因果决策逻辑就像小学老师给同学们展示出一个完成的积木模型图(既定目标)，要求大家用桌面零散的积木限时搭建(目标导向的过程)出完全一样的模型(结果)。而创业者在效果逻辑指导下，则会像幼儿园大部分孩子们第一次玩积木的情况，直接冲向游戏桌上摆满的零散积木堆，开始看似“漫无目的”地，实则由模糊的梦想即建造一个“了不起”的模型所驱动着，根据积木是否趁手，以及自身对积木造型、颜色的喜好直觉，来选择积木并尝试拼凑(过程)，直到慢慢地有了更明确但随时可能改变的搭建“灵感”(基于单纯喜好的想象力目标)，直到最后建成被自己称为房子、汽车、武器或什么都不像的“杰作”(结果)。从这个角度来说，幼儿玩积木的本质和创业的效果逻辑理论假设是一致的，是孩子们在好奇心、想象力和探索性实验中进行的。他们无法违背物理重力和摩擦力基本原理，也无法获得比老师能够提供的更多的积木块，只能在眼前的积木块中，进行本质上和创业一样的资源创造性组合的实践活动。

虽然大家常常认为建筑是一门具有严格精密数理结构的学科，而音乐是艺术家们随性的灵感，但想必大家也都听说过“建筑是凝固的音乐，音乐是流动的建筑”这句名言。这是著名文豪和音乐家们(豪普德曼、歌德、雨果、贝多芬)常用的比喻，侧面阐述了伟大作品中包含着科学思维和艺术思维的交互。其实，早在 17 世纪，德国大科学家、哲学家莱布尼茨所描述的名言——音乐是数学在灵魂中无意识的运算——恰能说明，人类可以用非理性的、不可预测的方式，构建美好的、符合严密逻辑的创造性结果。也就是说，效果逻辑是在梦想驱使下，在看似混乱的竞争情形中，通过不设限的组合的创新尝试，最终实现了对过程、目标和结果这三者艺术性的有机统一。诚然，混乱、不确定性、变化、竞争，恰好也是我们所处的这个激发创业创新的大时代(“VUCA 时代”)的关键词。

上述萨拉斯瓦西基于效果逻辑假设对创业者的实证研究包括以下 6 个结论要点。

(1) 经验丰富的创业者和初次创业者在制定创业市场营销策略的决策过程中存在显著的差异，前者更倾向采用效果逻辑进行决策，而后者则更倾向采用因果逻辑进行决策。

(2) 经验丰富的创业者一般会根据自身的个人特质、能力、知识基础和社会关系来决定是否创业，他们的创业行为受手段驱使而不是受目标驱动。

(3) 在对机会进行评估时，经验丰富的创业者一般会根据自己可承受的潜在损失而非创业机会本身所具有的吸引力来决定是否实施创业。

(4) 经验丰富的创业者很少依赖市场调研，他们一般不会去分析竞争对手，而是倾向与具有承诺意愿的合作伙伴甚至顾客共同开发新产品或新机会，从而实现双赢。

(5) 当发生意外事件时，经验丰富的创业者通常会采取权变手法，并把权变因素作为新出现的机会善加利用。

(6) 经验丰富的创业者不会去预测结果，而是奉行控制逻辑，认为凭借个人的主观能动性可以在一定程度上改变环境并取得创业成功。

不过，同学们读到这里可能会感到疑惑：创业的效果逻辑理论如果以手段为驱动或导向，那么是否认为创业的结果或具体目标在创业者看来并不重要呢？其实不然，效果逻辑所发现的创业者独特思维模式，并不是指创业者没有远大梦想或不受远期愿景的影响，而是指在解决创业问题的过程中，创业者不会因梦想而给自己的短期事务设置过于具体、奉为圭臬或绝对行动纲领的目标。这一潜在理解偏差可能与中英文用词习惯差异有关。效果逻辑所说的手段和目标，是英文 means 和 ends/effects 的直译，它们专指明确而短期的做法和具体效果；而中文的“目标”一词在时间和所指事务的类型上比英文更加灵活。商务英语中，长期目标和大目标都有其惯用名词，如表达宏伟目标的 mission(使命)、dreams(梦想)、purpose(意图)和表示具体目标的 objectives(长期明确目标)、goals(短期分解目标)和 effects(行动的效果)，等等。

总之，经验丰富的成功创业者们会专注于通过在具体资源基础上的各种手段的尝试甚至实验，来逐步明确重大战略问题，企业发展起来后，优秀企业家们也会在保持战略定力的基础上，保持具体运营战术的灵活性。这正如我国著名企业家、联想创始人柳传志所主张的：“战略上偏执，战术上灵活。”

效果逻辑理论和研究肯定了创业教育的作用，认为创业领域和其他专家领域一样可以满足“针对性练习”标准。在特定的创业情境中，大部分创业者通过不断的、充分的创业历练都能够提高自己的素质，进而成长为专家创业者。也就是说，专家创业者是可以在一定条件下通过历练来造就的，而不是天生的。因此基于上述 6 点结论，萨拉斯瓦西提炼出 5 项行动原则：手中鸟原则、可承受损失原则、百纳被单原则、柠檬原则和飞行员控制原则。这 5 项原则现在成为今天西方企业家精神和创业方法培训中的流行模块，并且常常能取得比其他理论指导更好的培训效果。

其实，效果逻辑理论有关研究除比较了创业家和创业新手对于手段与目的、以及预测与可控结果之间关系的不同认知以外，还重新界定了许多其他传统管理理论阐述的关系，例如生命个体与环境之间，部分与整体之间，主观与客观之间，个人与社会之间的传统关系。但最重要的是，采用效果逻辑的创业者/企业家们认为，所有这些关系体现的认知本质都体现出创业者在有意识地对解决方案进行设计，而不是关注任何抽象的最优决策。“设计科学”的概念是由萨拉斯瓦西的老师西蒙教授最先提出的，他将设计科学定义为研究人工物的科学，是独立于科学与技术以外的第三类知识体系。科学研究旨在揭示、发现世界的规律“是什么”，关注事物的本质如何；技术手段告诉人们“可以怎样”；而设计则是综合这些知识去改造世界、造福人类，关注事物“应当如何”的问题，充满了人类的理想和愿望，体现了人类的创造性。萨拉斯瓦西强调创业学是一种人工科学，效果逻辑创业者在既有手段的基础上，面对所想象的愿望，理性设计其行动，经过试错来检验行动的效果，并且在学习、反馈机制的作用下，依据近可分解原理来修正或调整先前设计的行动方案，以实现非预测性控制。

学习创业创新就不可避免地会经常接触到“设计”一词的使用。本书第三章会专门带领大家走入设计思维学习的妙境，帮助大家逐步理解设计思维所代表的认知和思维模式，以及行为过程对高效创新创业的重要性。

(资料来源：①http://www.effectuation.nl；②方世建，试析效果逻辑的理论渊源、核心内容与发展走向)

思考：

1. 中文有一个成语，对调转因果逻辑的效果逻辑主导下的行为模式有着形象的描述，你能想到这个成语吗？这个成语原意是带有贬义的，指做法不谨慎，反使对方有所戒备的鲁莽行为。你认为它是否反映了中国传统文化与企业家精神相悖的地方？

2. 你是否能试将效果逻辑的创业理论和人格特质论的第四点(成功企业家们对模糊性的高忍耐度)联系起来？

3. 你是否能将效果逻辑用于描述或设计大学四年的不同职业规划策略？

(四) 心理需求理论视角的企业家精神

心理学的需求理论是前面所述的企业家人格特质论的重要理论内核。特质之一的“成就感的需要”这个变量表述的，正是创业者群体要求“自我价值”实现的需求，也是创业者们不受现有(不合理)规则或条件拘束，而要求掌控命运自主、自我解放的意愿的概括。有意思的是，它和著名心理学家马斯洛所创建的需求层级模型经典理论中所表述的人类最高层级需求——自我价值实现的需求是完全一致的。

马斯洛需求层级理论①是最为广为人知的 21 世纪心理学理论假设之一，它在马斯洛去世以前就得到了广泛的认可，被认为是人本主义科学的核心理论之一，如图 2-2 所示。它不仅是动机理论，同时也是一种人性论和价值论，是多种管理心理学的支柱性理论。马斯洛认为，人的需求可以分成多个层次，包括生存需求、安全需求、社会需求、尊重需求，以及自我价值实现的需求。这些需求在不同的时期表现出来的迫切程度是不同的，人的最迫切的需求才是激励人行动的主要原因和动力，而且逐渐从外部获得转为向内在获得。也就是说，各个层次依次反映了大众对需求满足的主次顺序，即人们先需要满足生存和安全的需求，再进一步需要满足社会需求和尊重需求，最后的终极需求是感受到自我价值实现。过去对于创业研究者而言，马斯洛理论主要用来分析创业机会，被广泛应用于分析创业成功所需要满足的市场消费需求类型，而

① 马斯洛于 1943 年发表人类的需求层级理论，认为没有满足的需求驱动着人的行为，所以从激励心理的内容而非过程的角度，他提出了人类需求满足的 5 个层级，也就是我们今天熟知的马斯洛需求层级理论。

很少被用来讨论创业者本身的需求。从基于马斯洛需求层级理论设定的问卷发现，国内大学生创业动机涵盖了从基本生存需求的满足到自我价值实现需求的满足①。

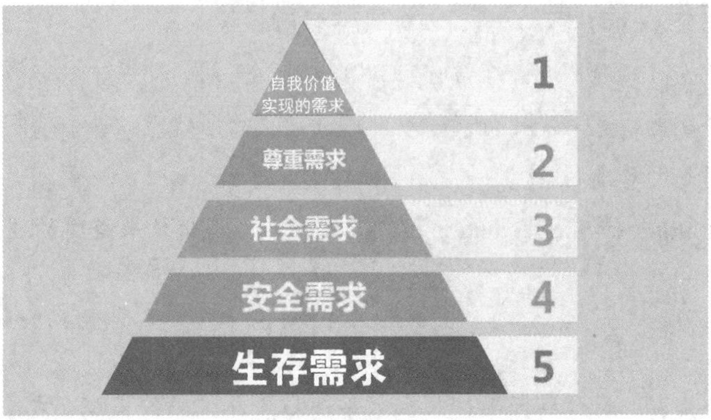

图2-2　马斯洛的需求层级模型

然而从心理需求角度对企业家精神探讨时，似乎回避了两个与传统马斯洛需求层级理论假设相悖的问题，一是如果较高需求层级“自我价值实现的需求”以较低层需求的满足为条件，那么如何解释在大量实现个人梦想的创业案例中，具有公认强烈企业家精神的创业者在低层级的生存和安全需求依然很强烈的时候，就选择了针对更高层级需求满足的行动，甚至用这些高层级需求作为自己克服各种创业障碍的主要动力？二是如果创业者都是以满足自身个体需求为导向，如何解释优秀企业家的成功创业项目往往一开始就与其他小摊贩自由职业者的创业项目有所区别，体现着显著的、超越自身需要的、利他主义的行动需求？例如相比其他同时期互联网创业者而言，阿里巴巴创始人马云在缔造阿里巴巴、蚂蚁金服等一系列巨无霸级企业之初，就凸显了强烈的利他主义情怀，并由此获得了撑过瓶颈期的关键——团队信心，以及克服后续优质人才和资本支持的机会。

在上述两种情况中，一方面，低层级需求满足的极大缺失，在变为创业者对困境和无情命运的极大不甘之余，并没有使创业者如大多数人一样沉沦，反而使他们形成强烈的改变命运的志向。这一强烈愿望支撑着他们去持之以恒地采取一开始看似微不足道，但通过积少成多从而使量变到质变的行动，他们成功颠覆现有规则，实现了独特的自我价值。这意味着，当底层需求未满足的人却拥有改变外部环境的强大精神拉力时，他就有不同于他人的改变命运路径的原始动能，即需求层级的跨越式自我实现成为白手起家的企业家们的源动力之一。没有这样的越级需求，人们很可能更多地停留在低层尚未满足的需求上过着浑浑噩噩、饱口腹之欲的小日子，或者当这样的越级需求不够强烈，就会畏畏缩缩、随波逐流，终生生活在对他人的幻想与抱怨之中，而不会使出洪荒之力与命运抗争。

另一方面，令人尊敬的企业家创业者们往往还有一种典型性，即对于他们而言，超越个人私欲的利他性目标往往成为引领个人需求层级实现的终极梦想。即在最开始底层需求满足极度

① 郭梓芳. 基于马斯洛需要层次理论的大学生创业动机研究——以江苏大学为例[J]. 中国高新技术企业，2016(23)：189-190。

缺失的困顿阶段，某些创业者对于事务、道德、行为准则等方面某些标准或原则的偏执性坚持，远远超过了其他同样挣扎在生存线上的人(比如海尔张瑞敏在艰难的创业初期，在其他员工面前砸掉有质量瑕疵的新冰箱)。也就是说，在事业最早期低层次需求远未得到满足时，这样的企业家们在内心就坚守着一些对自己而言难以放弃的高层次心理诉求，这何尝不是最为令人震撼、受启发的典型的企业家精神？这些诉求是与社会普遍水平或大众一般状态相冲突的，却恰恰是高水平动机创业者所依赖的心理根基。此类创业者们对跨越层次需求的渴望如此强烈而持久，使得成长道路上的困难被一个个克服，直至成功创造满足这一需求的方案，从而成为独特角色，实现了独特的自我价值。

从这个角度来看，似乎企业家精神可以颠覆马斯洛原来需求层级理论对“人的需求都围绕满足各种私欲”的假设[①]。然而不为大众所熟知的是，马斯洛一直不愿承认这一假设，而在经典模型中的最上层自我价值实现需求往往用“更高”层级而不是“最高”层级来描述。马斯洛在生前最后几年终于找到了答案，并于他逝世前一年发表的论文集[②]中修改了这一模型，提出人性在原来多个以自我为中心的激励层次之上，还有一个超越自我、关怀外部世界的终极需求[③]，如图 2-3 所示，超越了五类围绕个人私欲满足的需求。有意思的是，在马斯洛逝世后第二年，他的家人整理并出版了遗著 *Farther Reaches of Human Nature*(《人性触及之远方》)，书中，马斯洛回顾他这一新理论模型的来源时，提到他非常认同中国古代道家天人合一的哲学思想，表明东方哲学思想是他最终理论模型的灵感来源。

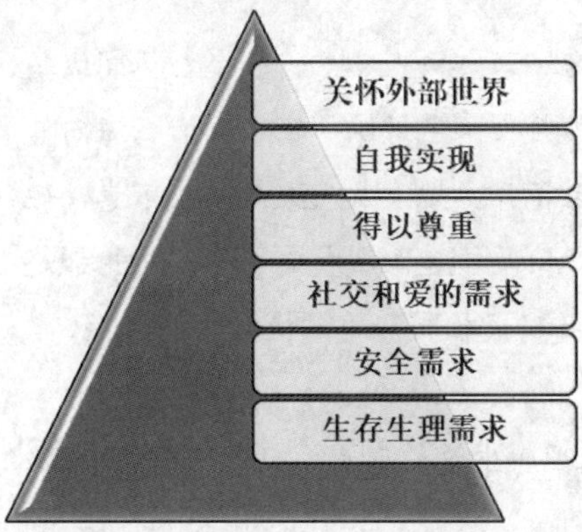

图2-3 马斯洛超越自我的需求层次理论

时任纽约大学应用心理系教授的 Koltko-Rivera 研究了马斯洛晚年的需求层级理论中关怀外部世界这一层次不被西方广泛认可，甚至被忽略的现象，提到最重要的原因可能是，一方面，新模型中超越自我层次的超验性体验(transcending experiences)对于当时的心理学界而言，难以获得足够的实证证据，过于超前；另一方面，该层次的有关心理体验证据表明，追求更高的、

① 马斯洛在发表需求层级理论后一直到去世前的 20 多年间还在继续思考最高需求层级的问题，因为他发现这五个层级结论都是出自自利的需求，而并不能解释人类在很多时候表现出来的利他行为。

② 已在国内出版，名为《人性能达到的境界》。

③ 在马斯洛的著作《走向存在的心理学》(1968)的第二版序言中说，考虑将人文主义、第三力量心理学转变为过渡心理学，为仍然“更高”的第四心理学的准备，超个人，超人类，以宇宙为中心超越人类的需要和兴趣，超越了人类、身份、自我实现等。

超越自我层次需求的人，并不存在以较低层级的满足为条件，即心系天下者并不以私欲满足为前提，这就有悖于原来模型中稳定且广为接受的层级递进的逻辑条件，因此也就被热烈拥护原理论模型的学者们有意无意地搁置了。

这一心理学理论渊源对我们探索企业家精神有着重要启发。也就是说，创业初期的物质困顿设定并不是优秀的企业家们实现梦想的充要条件，它或许只是压力，逼迫企业家们锻炼了解决生存现实问题的能力，但成就这些企业家的真正必备条件是其对问题解决规则不够合理的敏感。这种敏感不断刺激着企业家们的内心拷问——是选择随波逐流、接受现状的现实生存，还是选择不屈不挠、改变现实的理想生存——直至成为其急迫心理需求。编者认为，正是由于后者对他们有无比的内心重要性，才促使他们具备了超乎他人、异于常人的外向行动激发与坚持，促使其无视眼前的各种资源瓶颈和困难而去不屈不挠、坚持不懈地追求更合理的现实改变。例如拓展案例 2-4 中，李子柒回到乡村守着奶奶过困顿生活之初，就对原创视频的内容和艺术性抱有完美主义。而近年来的大学生创业动机研究表明，机会型创业意愿的形成源自内生动力，成就需要和学习导向是当今大学生创业的主要内部动机来源[①]。

拓展阅读2-4

火遍全球的生活家李子柒

这几年，“李子柒”的名字渐渐被人熟知。一个在林间纵马、在枝头折花、在田埂翻土、在柴房烧饭的国风田园美食视频女博主好像一夜之间名扬海内外。李子柒的视频建造了一个又一个虚实相间的乌托邦。木兰花开，她采来入菜；马儿下崽，她封上一坛马奶酒；柿子红了，她摘下晾成柿饼；栗子落地，她便拾起来制成栗子酱。处处都是“土地平旷，屋舍俨然，有良田美池桑竹之属。阡陌交通，鸡犬相闻”的“桃源”好风光。

媒体纷纷这样评价她：

“不仅是奔波劳碌寻常人理想生活的代表，更是中华传统文化当之无愧的传承者。”(环球网评)

“致敬每一名为梦想拼搏的年轻人，致敬每一名兢兢业业不负时光的少年。祖国因你的勤奋而自豪，奔跑吧。#骄傲的少年#”(共青团中央官方微博评)

“李子柒凭借品质过硬的视频作品、返璞归真的情感共鸣、特立独行的人格魅力、正能量的自媒体之光，不断扩大影响力。”(新浪娱乐评)

“这些美食均还原古法工序，应用古朴炊具，散发着淡淡的田园气息，独特的视角配以悠扬婉转的古调，凸显对田园生活的追求，让人过目难忘。”(凤凰资讯评)

“仿若一幅自如闲适的山水画，激发着人们返璞归真的情感共鸣，带有明显的李子柒的个

① 郭润萍，李树满，韩梦圆. 动机视角下大学生机会型创业意愿形成机理研究[J/OL]. 外国经济与管理.

性符号，是她不忘初心、追求美好的真实写照。”(中国日报评)

央视主持人白岩松盛赞：“李子柒这样的网红真的太少了……”

……

面对这些美誉和评价，李子柒却说：“拍片子和过日子是两回事。”

李子柒第一次出现在公众视野要追溯到小学四年级，因为贫困，她是靠着城里人的资助读完小学。她出生在四川绵阳的大山里，自小父母离婚，父亲早逝，继母拽着她的头发往水沟里按。在还没有灶台高的年纪，她就已经学会生火做饭了。年事已高的爷爷奶奶心疼孙女，最终决定将李子柒接回家中生活。虽然五年级时，爷爷就早早离开，但那些好时光她依然会时常怀念。爷爷是个乡厨，村里人有红白喜事、宴请宾客，就会被请去做饭。她跟着爷爷打下手，烧火、端碗碟什么都干……有时趁爷爷不注意偷吃一口，“那时候穷，没吃过什么好东西，记忆中它是很好吃的”。视频中，她时不时会做些竹木家具，也是因为爷爷是个中好手。爷爷走后，只剩她和奶奶相依为命。

热爱诗词的李子柒因为家庭贫困无力继续学业，和不少来自农村的同龄人一样，14 岁时便只身前往城市谋生，开始了长达八年的漂泊生活。从小她就喜欢下雨天，因为可以不用下地干活。最初的生活并不宽裕，睡过公园椅子，连续啃过两个月馒头。先是在餐馆做服务员，一个月工资 300 元钱。小孩子难免出错，打烂一个盘子、一个碗都要赔，很多时候到手只有 200 多元。她甚至去酒吧当过 DJ。她在采访中回忆道：“当时也没有说喜欢音乐，就是为了活下去，觉得它工资高。”当有人问起，是何时学会了各种农活时，她说：“不是学会，是不得不做……你眼中的生活技能，或许只是别人的求生本能。”当一个人学会坚强，往往是因为不得不坚强。自强、能吃苦的性格让李子柒在陌生的城市迅速学得一技之长，有能力养活自己和家乡的奶奶，糊口之余她还曾多次与朋友一起尝试创业，希望尽可能改善农村家中的生活条件。这段工作经历也使她能够一个人边做边学地将后期的视频效果呈现得尽善尽美。

2012 年，李子柒的奶奶生了一场重病，她开始担心如果自己再像以前一样长期不在老人身边，或许将来会背上悔念活一辈子，这让李子柒下了决心回到乡下陪伴老人。这也是她能成为今天的李子柒最重要的一个人生转折点。2016 年，网红届的元老 papi 酱刚刚起步，李子柒心中也有了打算。当时她在微博写下：“不管结果怎么样，都会努力去做。或许会失败，但至少不会有遗憾。”

很多人看来，李子柒与奶奶的生活，就是一屋、两人、三餐、四季，花开了，插在奶奶的鬓角，春天也就来了。然而，山中寂寥，万事万物都有一番艰难。李子柒的视频一直延续最初的风格，运镜极少，大多是定格画面的切换，究其原因，着实无奈。起初她还没有助理和摄影师，一个人单枪匹马，架好拍摄器材，设置自动拍摄再走入镜头，2～3 秒钟的特写可能需要 2～3 小时的素材。视频中的很多空境，见天地、见众生，似烟若梦，但拍摄过程却是反复跨越了山山水水。为了拍摄日出，她需要深夜上山，在零下十几度的雪堆里吃力地生起篝火，望着天边，等待黎明。一路磕磕绊绊，身上带着泥水到家，奶奶还是会像她小时候一样问：“是不是出去要饭了？”在2017年5月发布的致谢视频中，李子柒写道：“2万余条素材，来来回回按动开关4万次，按每条素材走25步来算，步行约260公里。”260公里，是李子柒所处大山与外面世界的距离，也是一个姑娘的现实与梦想之间的距离。2019年10月，李子柒手中借力的树枝忽然折断，她陡然从山坡上跌落。落地的地方，乱石丛生，幸好有身上的背篓缓冲，捡回一命。开着的相机完整记录下这一幕，一旁的助理回忆起来心有余悸。

相比于互联网虚拟世界里的功成名就，对李子柒来说，真正宝贵的，是有奶奶的人间烟火。奶奶生病的时候，她就按下暂停键，消失在朋友圈。古语云：“舌上有龙泉，杀人不见血。”随着知名度的提高，质疑声纷至沓来，网络上的各色言论不可避免地传入祖孙俩的耳中。2017年，李子柒一度宣布停更，起因是奶奶在听到孙女被恶语中伤时，不小心被镰刀割了手。对于李子柒来说，连累奶奶，就是全盘皆输。《湃客》人物评论写道：“一个人，如果有足够的运气和努力，可以赢得点赞、流量、金钱、声名。但稍有不慎，就会输给残酷的现实。现实的残酷之处在于，一些事、一些人，根本没有让你回头的余地。很多事情，在一放手、一转身的刹那便是一辈子；很多人，当太阳再次升起时，便是永诀。自小没有妈妈、4岁送走爸爸、12岁送走爷爷，在生老病死面前，一切都显得苍白无力，身世浮沉，她只能牢牢抓紧奶奶的手，一刻也不敢松。”2020年新冠肺炎疫情期间，她每天早上都会给奶奶读疫情相关新闻，当读到“武汉市江夏区第一人民医院的彭银华医生不幸感染新冠病毒，牺牲在抗疫一线，留下尚未举行婚礼的妻子和尚未出生的孩子”时，她忽然停下来调整呼吸。

疫情还未完全结束，世界的齿轮早已转动，无数人戴着口罩重启了奔波忙碌的生活。人们还是习惯于通过朋友圈去理解、定义外面的世界，还是习惯于隔着朋友圈相互羡慕，那个有血有肉的世界再次被搁置。在直播中，李佳琦可以1分钟卖出5000支高价口红，但在现实生活中，他甚至没有注册自己的网购账户。李子柒的网购平台拥有431万粉丝，动辄几十万的销量，但她宁愿在田间地头守着奶奶，莳花弄草，修篱烹茶。

李子柒构建的传统美食生活的个人品牌不断打造文化内核。在微博，她的粉丝数早已突破2400万。2019年，李子柒更是火到了全世界，其中在Youtube视频平台上的粉丝数是735万，而截至2020年4月底，粉丝已过1010万。对比之下，美国影响力最大可能也是全球影响力最大的媒体之一CNN在该视频平台上也只有790多万粉丝。李子柒达到735万粉丝只发了104个视频，达到1010万粉丝只发了108个视频，而CNN却发了140000+条视频。至今，李子柒几乎每一个视频的播放量都在600万以上。从国内到国外，李子柒坐拥几千万粉丝，关于她火遍全球的热议，更是被推上热搜，阅读量破5亿。

让我们来看一看国外的网友对李子柒的关注和评价。Corazon Cestona说：“她是我最喜欢的博主，她是一个大厨、艺术家、园艺家，我希望他们能加上英文字幕，我太想知道她在说什么了。”Jasmin Thomas说：“我希望她奶奶能长生不老，一直一直活下去，在那个童话世界里。”还有网友说：“只有在看她的时候，我绝对不会跳掉广告，因为我希望她能赚到那个钱。这简直像是在看国家地理+迪士尼+厨神当道！”

可以说，作为一位中国传统美食博主，在评论中，大家毫不吝啬对李子柒的喜爱和对她展现的中国生活的向往。大家来自不同的国家，用不同的语言夸赞她，夸赞中国生活和文化，大家看到了她对生活的爱，而这种爱是没有国界的。

几年前，随着粉丝的增多，以及市场的需求，李子柒签约 MCN 公司——杭州微念科技有限公司。签约后，该运营公司做的第一件事就是在织物及其纺织品，服装、鞋、帽，鱼肉、果冻、果酱等多项商品分类下注册“李子柒”“子柒”“柒”“东方美食生活家”商标近百项，打造李子柒个人商标。2017 年 7 月 20 日，李子柒与其公司成立四川子柒文化传播有限公司，全力打造李子柒个人品牌，实现人格化 IP。2018 年的七月初七，在中国传统七夕节当天，李子柒官方旗舰店在天猫购物平台正式上线，推出 5 款李子柒牌美食商品，并与“故宫食品”达成天猫旗舰店的商业合作，新晋个人 IP 与传统大 IP 的强强联合，产生了精妙绝伦的化学反应。2019 年 12 月 5 日，李子柒年收入过亿元。

时至 2020 年 8 月，柳州政府与李子柒品牌召开了新闻发布会，宣布在柳州投资建造螺蛳粉线下工厂。发布会上，李子柒品牌创始人李子柒表示，柳州螺蛳粉不仅是地方非遗美食，也是无数人民的希望与盼头，更是扶贫助农事业的重要载体。螺蛳粉只是李子柒商业变现的冰山一角。坐拥全网过亿粉丝，1990 年出生的李子柒的商业版图才刚刚拉开帷幕。

(资料来源：①温瞳解说. 打败马云的李佳琦，输给现实的李子柒. 新浪财经；②香滨临水照花人. 你只有活成一束光，才有可能照亮自己前行的路——致敬李子柒. 搜狐博客，有增删)

思考：

1. 李子柒的创业动机有哪些？能用马斯洛需求层级理论简要分析吗？
2. 你觉得李子柒除了创意和精致的内容外，还有哪一种个人要素特别关键？
3. 李子柒为什么能将做视频坚持下来？她的认真与坚毅是为了赚更多的钱吗？你能理解她的幸福感和恐惧的来源吗？

上述四个方面的理论性回顾分别介绍了企业家精神中体现个体动机、认知特征和决策逻辑的特色。下面以创业导向为代表的理论回答了企业家精神如何转化为企业组织竞争力的重要问题。

(五) 当代组织管理中的企业家精神——创业导向

企业家精神一贯被认为是个人品质，但从西方学界对创业本质过程论的学术交锋中，管理学者和创业者们互相启发，认识到企业家精神似乎可以解释各类业绩非凡的常青藤企业不同于其他企业的重要组织文化层面的基因。通过进一步采用创业思维来研究组织决策和过程管理的问题，学者们提出了组织的创业导向(entrepreneurial orientation，EO)这个关键概念，专指具有企业家精神的组织流程、实践和决策风格，认为企业需要构建创业导向并将其与组织绩效联系起来，从而协助高管们做一些战略层面的创新，利用其他组织无法利用的机会。Lumpkin 和

Dess 的研究发现任何组织的创业导向级别都可以通过检查其五个维度的积累程度来确定，这五个维度分别为自治、竞争积极性、创新、主动性和冒险精神。也就是说，这些在个人创业精神中常见的人格特质和行为特征也被迁移到对企业的组织测量和绩效促进中，并且具有一定的效果。表 2-2 概述了这五个创业导向维度。

表2-2　创业导向的五个维度

维度	含义	举例
自治	指组织内的个人或团队是否有自由发展创业的理念，及其实现所需的完全的自由。在一个拥有高度自治权的组织中，人们被赋予了将新想法变为现实所需的独立性，而不受公司官僚主义的束缚。当个人和团队不受组织传统和规范的束缚时，他们就能更有效地调查和倡导新想法。例如一些大型组织通过授权部门制定自己的决定，设定自己的目标和管理自己的预算来促进自治	在某些情况下，自主部门最终会变得完全不同于母公司，例如摩托罗拉分拆其成功的半导体业务(今天的 NXP 半导体)；又如，索尼的 PS 游戏机小组由首席运营官久夛良木健创建，是基本上独立于索尼的机构，后来，索尼几乎全部净利润均来自 PS 业务。由于自主的 PS 部门取得了成功，后来被久夛良木健用来将索尼的核心消费电子业务转变为 PS 的克隆
竞争积极性	指直接向竞争对手发起挑战而不是试图避免竞争对手的趋势。激进的举动可以包括降价和增加营销、质量和生产能力方面的支出，但是太多的竞争积极性会破坏组织在企业生态圈中的成功。因此，高管必须警惕地采取竞争性行动，以免破坏未来合作的机会	20 世纪 80 年代中期，Ben&Jerry 雪糕的营销活动是竞争性进取的典型例子。当时哈根达斯试图限制 Ben&Jerry 产品的分销，于是 Ben&Jerry's 推出了他们的“Doughboy 害怕什么？”的广告活动来挑战 Pillsbury 的行为。这种营销活动伴随着一系列诉讼，使得 Ben&Jerry's 在市场和法庭上都具有竞争优势
创新	指组织创造力和从事实验性活动的趋势。一些创新建立在现有技能的基础上，以实现渐进式改进，而更彻底的创新则需要全新的技能，并且可能会使现有技能过时。无论哪种方式，创新都旨在开发新产品、服务和流程。那些在创新方面取得成功的组织往往会比没有成功的组织享有更强的绩效	3M 公司将其在 34 个国家或地区的 9000 名技术人员送到客户的工作场所，以亲身体验客户每天遇到的各种问题。谷歌 Gmail 的两个最受欢迎的功能首先是由其他部门的一位工程师提出的，他厌倦了自己的电子邮件问题。3M 公司和谷歌公司都允许员工将部分工作时间用于自己选择的项目，目的是鼓励更多的创新。这也说明了多个 EO 维度(在这个案例中是自主性和创新性)可以相互增强

(续表)

维度	含义	举例
主动性	指可以预想未来的需求并根据未来的需求采取行动，而不是在事件发生后对事件做出反应的趋势。积极进取的组织是采用寻求机会的观点的组织。这样的组织在变化的市场需求之前采取行动，通常要么是第一个进入新市场的公司，要么是快速追随者，它们在先行者的最初努力上有所改善	Proactive Communications 是一家得克萨斯州基林市的小公司。自 2001 年成立以来，这家公司一直在艰苦的环境中提供通信，例如受卡特里娜飓风影响的地区。在这种情况下，积极进取意味着员工愿意戴安全帽在户外睡觉，而其他电信公司员工通常会避免这种活动。通过主动争取他人不想要的机会，Proactive 的高管们在不利的技术、自然环境和动荡的政治环境中建成了有利润的细分市场
冒险精神	指采取大胆而不是谨慎行动的趋势。尽管对企业家的普遍看法是他们是长期冒险者，但研究表明，企业家并不认为自己的行为具有风险，大多数企业家只有在使用计划和预测来减少不确定性后才采取行动[①]	以星巴克为例，该公司在2009年推出了名为VIA Ready Brew 的速溶咖啡时采取了冒险行动。速溶咖啡长期以来一直被许多咖啡饮用者视为差劲饮料，但星巴克认为，虽然会有将品牌名称与速溶咖啡相关联的风险，但能够有以不同形式分销其产品的实验机会是值得的

以上内容表明，创业导向是在前文提过的 VUCA 的时代环境中塑造一种更能提升组织竞争力的特殊企业文化的导向。比如，考虑薪酬体系是鼓励还是妨碍了这些组织的竞争能力？考虑公司决策方式有助于创新还是阻碍了创新？对于企业高管们，通过设计组织体系和政策的五个维度，可以更好地在这种环境中提升组织竞争力，或对某些绩效指标的检查可以帮助高管评估组织内部的创业导向。要衡量创新性，可以依据组织在去年有多少最小可行产品(MVP)的实验或获得了多少专利。同样，学者们也建议考虑个人员工的态度和行为是否与创业导向的五个维度一致，比如员工是否关注参与工作的质量和产品品质？员工是如何与上级和同事沟通异见的？员工是否因提出新想法而受到无形打击？员工是否做出主动而不是被动的岗位决定？这些问题中的每一个都会帮助员工理解组织是否以及如何需要创业导向。这一类问题对于所有企业都有参考性，对于当今越来越多尝试鼓励内部创业成长方式的大企业来说，是尤其关键的问题。

创业导向(EO)的探索说明企业家精神的价值已经超出了企业发展初期企业家的个人层面，而深入到企业组织发展的中观层面和员工在职发展的微观层面。不过，至今为止，西方企业家

① Simon M，Houghton SM，Aquino K.认知偏见，风险感知和风险形成：个人如何决定创办公司[J]. 商业风险杂志，2000(14)：113-134。

精神或创业精神的科研探索尚未打通个人微观、企业中观与社会宏观层面的内在必然联系。这也为发掘中国特色的企业家精神内涵指出了可能的方向。

三、中国赋予创业和企业家精神的独特内涵

前文提到，中国具有独特的集体主义社会、文化、历史和经济发展特征，而中国的企业家和创业者群体代表了东方企业家精神和思维的独特价值，应当具有创业者和企业家的独特视角贡献。西方创业学者对中国经济的创新效率其实颇为羡慕，如颠覆式创新观点的提出者、当代创新理论泰斗克里斯滕森在接受《第一财经日报》记者采访时表示，如果单看效率创新和持续性创新两个方面，中国是当之无愧的“创新国家”。

2020 年 8 月，百度推送了一篇网友的原创网文[①]《一个世界上还没有人想过的主意——超级塑料瓶船!》。作者进行了比较深入的塑料瓶船的工程规划和设计研究，并制作草图和解说文分享给了网友，然而绝大多数网友的留言都是对这个不仅仅是想法而且投入了大量时间的设计方案进行了各种轻率的否定和嘲讽，似乎体现网友对创新行为的显性态度倾向。但是当本章编者于 2020 年 8 月底率先留言肯定作者后，越来越多的读者进行了赞扬和提出了进一步建议。到 9 月初已经可以看到，创意建议留言的数量已经远远超过了之前否定和嘲讽的帖子，说明这一现象从侧面反映中国社会总体对创新持肯定态度。这也说明，只有当我们站出来鼓励和赞扬创新，才会有更多的创新者受到鼓励而进一步创新。

为了让大家更好地了解中国文化和企业家精神的兼容性，下面从古代企业家精神的思想传承、当代中国企业家群体的企业家精神观念、当代中国杰出企业家的有关言论这几个角度进行粗略总结，作抛砖引玉之用。

(一) 古代企业家精神的思想传承

“企业家精神”一词或是舶来品，但数千年来中华大地上名人伟业层出不穷，各种哲学思想百花齐放、万古流芳，且将今天西方企业家精神指向的主要哲学思辨和精神态度的倾向包括在内，并通过大量脍炙人口的神话传说、道德警句、庙堂文学、诗歌戏曲等方式，传颂和传承至今，深入民心，最后形成了博大精深的中华文明不折不扣的核心内涵之一。

比如在自主自强精神方面，2000 多年前，被誉为“中华传统文化总纲领”的《易经》之首卦即言：天行健，君子以自强不息(《乾卦》)；地势坤，君子以厚德载物(《坤卦》)[②]。“胜人者有力，自胜者强……强行者有志。”(《道德经》第三十三章)老子提出，自强的人应战胜自己的弱点、缺点，应有恒久的志向，这样才能取得成功。

---

① https://baijiahao.baidu.com/s?id=1676731396005580102&wfr=spider&for=pc。

② 《周易》被誉为“诸经之首大道之源”，它蕴含着朴素、深刻的自然法则和和谐辩证的思想。这两句意为：君子应该像天宇运行规律一样，自强不息(让自己强大之意，永不停息)；而同时需要像大地一样品德宽厚，可以承载任何压力。

同样的观点与被誉为“继承先秦道家思想之基础，综合诸子百家学说之精华”的《淮南子》(第十九篇《修务训》)呼应。《淮南子》认为：“自人君公卿至于庶人，不自强而功成者天下未之有也。”古之博学之人皆已认识到不自强就不能成就一番事业的朴素道理，这是中华文化中屹立不倒的人文思想内核。它所召唤的自强自立的精神，与今天西方所讲的企业家精神含义中的独立自主和自由精神相似而有所不同，是在更高的全人类的层次的辉映与共鸣。

除了自强精神外，中华文化也孕育了大量肯定坚毅品质，不畏艰难、克服困境的精神财富。大禹治水的传说、愚公移山的故事，都体现了荀子“锲而舍之，朽木不折；锲而不舍，金石可镂”（《荀子·劝学篇》)的哲人信念。明朝散文家归有光做出了“天下之事，因循则无一事可为；奋然为之，亦未必难[①]”的人生指引，为后人所传诵。

当然，《易经》包含的不仅仅是对君子自强的号召，而且通过辉煌奇妙的哲学思考和数哲验证[②]，做出了如何理解与应对自身和环境变化的哲学指引，包括被今天的中国企业家们奉为圭臬的辩证主义、生态圈思维在内的决策思想，甚至与西方学界指导企业如何应对不确定环境的主流企业战略管理理论(动态能力理论、精益创业理论)等完全吻合。

例如《易经》首先指出了关于决策与自然和社会环境的适配：“观乎天文，以查时变。观乎人文，以化成天下。”这句话的意思是，需要观察自然环境变化，以了解天文变化规律；同样也需要观察社会的人文特征，才能改变人们的观念和行为，实现全社会的变革目标。而讲到什么叫事业，《易经·系辞下》说：“形而上者之道，形而下者谓之器，化而裁之谓之变，推而行之谓之通，举而措之天下之民谓之事业。”可见，古代中国思想中已经指出事业与全社会集体的需求满足之间的关联。

《易经·系辞下》还指出了西方当代管理学者们关于“变化、不确定性”和“混乱”与可持续经营之间辩证关系的思考，论述道：“君子安而不忘危，存而不忘亡，治而不忘乱。”针对在这种不确定性中人们如何适应而更好生存的大问题，《易经》指出“穷则变，变则通，通则久”，其中“穷”字在古代是泛指任何事物的“缺乏”，而不单指物质财富的缺乏。所以这一句的意思是，缺失激励了创新，创新解决了矛盾，矛盾解决则能够持续。这就回答了人性如何支撑创新创业行为的激励因素规律问题，而且对今日西方企业提出的颠覆式创新与可持续性之间的悖论关系做出了高度的概括和指引。类似的论断还有“富有之谓大业，日新之谓盛德，生生之谓易”(《易经·系辞上》)，意思是富有某种事物就是创造了大业，而不断创新则是创大业者超越众人的品德，其中“易”就是生生不息地循环变化。而后，《易经》通过老子《道德经》和庄子《南华经》的思想继承并发扬，成为最具有中国特色的本土哲学和宗教的源头与总纲，即道教“三玄”。可以说，有关事业、企业的开创、变革与创新，乃至社会公益、可持续和天人和谐的境界等西方创业学科所面对与视图用逻辑探讨并用科学方法验证的众多大问题，都早

① 明朝归有光《震川先生集卷之八》。

② 17世纪德国著名天才哲学家、数学家莱布尼茨认同《易经》是二进制计算的鼻祖，是“科学史上最古老的里程碑之一”。诺贝尔物理奖获得者玻尔也是借助易经太极图的启发，发现了解答量子科学关键矛盾的波粒二象性理论，理解到太极图是波粒二象性的统一，因此他选择了太极图作为授勋徽章的图案。

已在道教“三玄”思想中得到了提纲挈领的总结和指引，并通过中国人的集体生活方式融入了中国人的思维模式之中。我们不应该摒弃这一思想宝库，更不应该在创新创业问题上缺乏学术发展的信心。

(二) 当代中国企业家群体的企业家精神观念

中国企业家群体虽然在近年来获得迅速壮大，但我们对中国特色社会主义建设中的企业家们的心智模式和创业态度的认识与评价还不是很成熟。为了分析企业家精神对企业和社会发展的影响，为政府决策和学术研究提供参考依据，中国企业家调查系统组织了 27 次全国性企业家年度跟踪调查。2019 年度发表的《中国企业家成长与发展专题调查报告》指出，中国企业家精神的发展历经改革开放初期、互联网时代、双创时代和未来四个代际，并总结了各个时期企业家们选择的自身精神特征，如表 2-3 所示。

表2-3　当代中国企业家精神特征的关键词的演变

时期	改革开放初期(1979—1994年)	互联网时代(1994—2012年)	双创时代(2012年至今)	未来(2020年后大变局时代)
企业家精神关键特征	勇担风险 善抓机会 奉献 敬业 节俭	创新 善抓机会 勇于突破 与众不同 自我实现	创新 诚信 精益求精 勇于突破 造福社会	待调研

(资料来源：中国企业家调查系统.当代企业家精神：特征、影响因素与对策建议[J].中国经济报告，2019(6))

由表 2-3 可见，在前两个时期中，我国企业家精神的共同显著特征是强调冒险和突破，符合企业家凭借改革开放所释放的政策红利快速实现企业发展的特点，而在党的十八大以来的双创时代，企业家们善抓机会、与众不同、自我实现等关注自身发展的特征已经逐渐被精益求精、造福社会等影响的人类福祉的精神特征所代替。①

2019 年度《中国企业家成长与发展专题调查报告》发现当代企业家精神的五大新特征中，诚信组选项(体现在“信守承诺”“尊重他人”维度)在调查中排第一，选择“完全做到”或“基本做到”的企业家占比高达 99.5%和 99.4%；其他占比高的选项依次是敬业组(体现在“热爱事业”“坚韧执着”“勇担责任”“乐于奉献”“坚韧不拔”维度)、创新组(体现在“勇于创新”“善抓机遇”“独立思考”“重视学习”维度)以及社会责任组(体现在“对员工负责”“保护环境”“具有时代使命感”维度)。或许其中值得一提的是，对于敬业组描述词选项，高学历青年女性的自我评分较其他组高，说明对于她们而言，自我感知的困难挑战和奉献感都最强。总而言之，诚信、奉献、创新和社会责任感是中国企业家们目前认可的，特别有益于他们成就事业

① 中国企业家调查系统. 当代企业家精神：特征、影响因素与对策建议[J]. 中国经济报告，2019(6).

的企业家精神的品德或伦理特征。

(三) 当代中国杰出企业家的有关言论

我们再看看中国当代经济学和企业家名人对企业家精神概念的有关表述，寻找其中的启发。

彭剑锋教授①接受《企业管理》杂志的专访时说：

“中国企业家最需要改变的地方，就是要建立长期价值主义思维，企业家要善于抓机会、顺势而为，但不能有过度投机主义，如急于求成、等不及，毕其功于一役，赌一把的心态；走捷径、挣快钱、捞浮财的思维惯性；盲目多元、不专注、不聚焦的成长路径，不愿意也不舍得在人才、技术、管理这些软实力上去做长期投入，不关注产品如何真正为客户创造价值。许多企业本来实业做得很好，耐不住去玩虚的，一玩就‘自残’。所以企业家还是要回归到长期价值主义，就是回归到客户价值，回归到企业追求长远的发展。当然中国也有一部分拥有长期价值主义的企业，如华为等，这使它们拥有了全球竞争力。虽然我们许多企业把产品卖到了全世界，但真正具有全球视野和格局的企业家还是不多的，具有全球竞争力的企业总的来说是微乎其微的。”

我们所需的企业家精神是能聚焦个人价值实现与社会难题紧密结合的机会，希望通过创新思想认识和实践行为获得难题优解的，具有可持续性长期价值的事业观、思维方法、伦理观、实践观四位一体的综合体。

北京大学博雅资深教授、经济学教授周其仁说：

“企业家精神是不轻言满足的闯劲。精神很重要，因为没有什么技能是学不会的，但是精神很难学，就是那股‘劲儿’。说到企业家，什么是企业家精神？怎么定性？讲来讲去就是有一股劲，超乎常人。我们为什么要搞宏观调控？就是因为人们有些行为的动机并非基于清楚的计算，所以投资才会过量，高峰时会更高峰，低谷时会更低谷，所以才需要货币政策、财政政策。人类的确有这股劲，但是多数人不大研究如何去利用。比如当处在不满意的精神状态下时，你会如何表现？天天发牢骚也可以，跟自己过不去也可以，但是你看总有那么一些人，就是不放弃。中国有一句老话叫见贤思齐，这种力量是伟大的。每个人心里多多少少都有点企业家精神，但是这个存量有大有小，有的被按住了，有的被激发了。即使有些人精神受到鼓舞，但被周围的生活一逼迫，这个劲儿可能慢慢又下去了。这个劲可以是天生的，也有在社会互动中形成的。这个劲儿对于企业家而言，尤其是对于影响国家经济社会走向的伟大的企业家而言，是最重要的品质。”

① 彭剑锋是著名人力资源与管理咨询专家、中国人民大学教授，在中国企业界享有很高的声誉，领导咨询团队起草《华为基本法》等企业组织管理方案，其学术观点及研究成果影响了整整一代人力资源专业人士。

深受学子们欢迎的网红教授、复旦大学中国研究中心主任张维迎教授对企业家精神内涵强调了以下几点。

第一是对盈利机会的警觉性。在别人看不到机会的地方，你能够看到机会，这是企业家与众不同之处。

第二是简单化。经济学家经常会被人批评说想问题太简单，我认为企业家把问题看得更简单。这或许也是企业家和管理者之间的重要区别。管理者通常把问题想得复杂，企业家则把问题想得简单。恰恰因为把问题看得简单，他才能变成企业家，一个把问题看得很复杂的人不可能是企业家。简单化中包含很多道理，它能帮你抓住问题的本质，同时也给你解决问题的勇气。…… 我曾听多位企业家讲过这样的话："如果当初知道这么难，根本不会去创业了!"

第三是想象力。熊彼特说，创新就是一种新的组合，一种产品或技术从无到有一定是组合而来的。组合是什么？组合就是一种想象力。斯蒂文森把轨道马车和蒸汽机想象在一起就有了蒸汽火车。英国著名诗人拜伦的女儿，被称为"软件编程之母"的奥古斯塔•埃达•洛夫莱斯夫人，她在 1842 年就说过："想象力是什么？这是一种组合的能力，它可以采用新颖的、独特的、无限的、不断变化的方式将事物、事件、思想和概念组合起来……它可以洞察我们周围看不见的世界，那是科学世界。"大部分人的想象力什么时候最丰富？睡觉的时候，所以才称之为梦想。对企业家来说，想象力是醒着的时候做的梦，非常重要。

第四是毅力和耐心。事情看起来简单，但是做起来没有那么简单，所有伟大的企业家没有不经过失败的。弗雷德里克•图德因还不上欠款而坐牢；亨利•福特创业三次，前两次都失败。如果没有坚强的毅力和很大的耐心，你不可能屡败屡战，成为一位成功的企业家。冯仑说"伟大是熬出来的"，段永基说自己做企业最大的感受是"要硬撑着"，表达的就是这个意思。

阿里巴巴创始人马云则抓住了"企业家"与"创业者"中文内涵的差异，更加深入地提出了企业家精神中超越一般创业者共同特征的内涵。马云在其创办的、人称"中国顶尖企业家黄埔军校"的湖畔大学 2020 年的开学典礼演讲时，通过企业家和创业者的对比，给出了自己对企业家(精神)的定义。他说：

"企业家和创业者是不一样的。中国的创业者很多，但中国的企业家不多。创业者的智商和情商一般都不会太差，但企业家除了智商和情商以外还必须要有逆商，还必须要有爱商，必须要有组织的思考。创业者需要天赋，但企业家需要不断的磨炼和打磨。创意者是凭自己的脑袋，企业家、董事长、CEO、大的组织要靠社会的脑袋、团队的脑袋。创业者一个人就够了，而企业家必须通过组织来干。创业者以自己创造价值为主，而企业家是要解决社会的问题。这个社会的问题越多，你的企业担当的责任越大，你的企业也会越大。但是很多人其实很难做到这一点。创业者往往看到的是机会，而企业家看到的是灾难，是预判灾难。创业者胆子很大，天下什么事儿我都敢干；做企业了要变成胆子很小，胆子很小不是说不干，而是知道什么不该干，什么该干。危机来临的时候，真正诞生的是企业家，而且诞生的是真正的企业家。在座的每个人，你们已经是很好的创业者，但是大家应学会如何做企业家，如何做好企业，如何学会担当，如何学会面临挑战，如何学会化解挑战，如何学会让你的团队和组织能够扛受……”①

马云是从企业和社会两个层面对企业家的精神内涵进行阐释的。他的看法包含和强调了企业家个人要面对的五个方面的问题：①企业家的思维禀赋(智商、情商、逆商、爱商、坚持、承担与改善)；②企业家的组织化行为思维；③企业家的社会化价值导向；④企业家重大战略责任承担的导向(救社会于危难的英雄情结而非追逐暴利的小人私心)；⑤企业家学习(成长)的重点。其中①强调了个人禀赋问题，②③④都是强调的具有集体主义色彩的组织性和社会性问题，两方面问题都凝聚在⑤中。

还有很多中国企业家进行了总结，本文不一一罗列，希望同学们可以平时自行阅读、记录和总结。

在编者看来，今天中国处于世界的历史大变局之中，中国人与国家命运乃至人类命运共同体之间的紧密的经济文化交流纽带，恰恰可以为传播具有中华文明的价值观和构建有中国特色的社会主义企业家精神的独特内涵提供历史性良机。这一态度结合前文中国古今有关论述，促成第二节提出适用中国大学生建设未来社会所需要，并能和西方创业理论范式进行有效对话的社会主义企业家精神模型——DROPI。

第二节　中国特色社会主义企业家精神模型

我国作为社会主义创业大本营和世界创业大国，以及未来可期的创业强国，由于具有久远的文明与价值观贡献、广泛的人民基础和国家战略层面的巨大推力，层出不穷地涌现出各种体现中国特色社会主义企业家精神内涵的当代创业案例，从而为发掘、培养和传播中国特色社会主义企业家精神模型提供了肥沃的土壤。本节介绍了富有中国特色社会主义价值观的 DROPI 企业家精神模型构建的基本要求，以及 D(梦想)、R(责任)、O(机遇)、P(坚毅)和 I(创新)五个维度缺一不可的基本内涵。

一、模型的基本要求

要成为适用中国大学生建设未来社会所需要，并能和西方创业理论范式进行有效对话的企业家精神内涵模型，就必须满足以下 3 个方面的要求。

① https://www.bilibili.com/video/BV1hZ4y1W7re/。

(一) 符合中国特色社会主义核心价值观的要求

如前所述，具有中国特色的社会主义企业家精神概念和模型是企业家精神概念在我国特有国情中的发展必然，也是与西方企业家精神的思想和实践精髓互相交流、碰撞的创新结果。社会主义核心价值观是社会主义核心价值体系的内核，体现社会主义核心价值体系的根本性质和基本特征，反映社会主义核心价值体系的丰富内涵和实践要求，是社会主义核心价值体系的高度凝练和集中表达。

习近平总书记指出，核心价值观的培育和践行“关乎国家前途命运，关乎人民幸福安康”，为此必须“把培育和弘扬社会主义核心价值观作为凝魂聚气、强基固本的基础工程”。毋庸置疑，从我国是一个有着 14 亿人口的世界第二号经济体、最大的发展中国家、社会主义国家和共产党领导下实现中华复兴伟大梦想的集体主义国家这一基本国情出发，我们需要弘扬的企业家精神将是能够帮助作为未来国家栋梁的大学生们承载这一国情和历史使命的企业家精神。

因此，符合中国国情需要的企业家精神模型将完全符合中国特色社会主义核心价值观，符合全国各族人民共同认同的价值观“最大公约数”，使企业家群体和学习企业家精神的学生群体能通过相应的锻炼，更好地与全体人民同心同德、团结奋进。习近平总书记在党的十九大报告中指出，要以培养担当民族复兴大任的时代新人为着眼点，强化教育引导、实践养成、制度保障，发挥社会主义核心价值观对国民教育、精神文明创建、精神文化产品创作生产传播的引领作用，把社会主义核心价值观融入社会发展各方面，转化为人们的情感认同和行为习惯。

在社会主义价值观中，富强、民主、文明、和谐是国家层面的价值目标，自由、平等、公正、法治是社会层面的价值取向，爱国、敬业、诚信、友善是公民个人层面的价值准则[①]。社会主义企业家精神的内涵模型应当能够匹配和呼应这三个层面的要求。本章提出的具有中国特色的社会主义企业家精神模型，就是在创新创业领域将社会主义核心价值观融入社会发展的各方面，是教育引导的利器、实践养成的平台和制度保障的理论基石。

(二) 符合21世纪世界发展的格局与历史趋势的要求

21 世纪是各种颠覆性科学技术高速发展、经济和社会格局大规模重构的世纪。在此趋势中，信息全球化已经基本实现，并将以无人可阻挡的趋势进一步向智慧化演进，所有国家都面临着进一步解放生产力的机遇和更多的就业挑战与资源分配挑战。在此趋势中，世界各国的社会模式、经济制度、文化环境和自然环境都将因科学技术的飞速迭代而一同经历更剧烈的碰撞、对抗，甚至撕裂，同时也将提供更深层次、更广范围的跨域交流、交往和交融的绝世良机。在此趋势中，工作目标、过程和结果的变动性、不确定性、竞争性和模糊性将从隐形规则转为显性认知，而全球各国社会、各地社区、各类群体之间的信任、协作、颠覆和可持续性的追求也将成为所有个人和组织更迫切的需求。一言以蔽之，21 世纪将是全民以创业为就业和生存方式的

① 中共中央办公厅印发的《关于培育和践行社会主义核心价值观的意见》指明了社会主义核心价值观的基本内容。

时代。

在此趋势开始的 21 世纪初，个别西方国家仍然紧抱丛林思维和霸权主义，不愿面对内部社会激化的种种矛盾，不甘失去对外世界霸主地位，积极扼制中国独立自强的发展道路，重启冷战对抗思维。在中国科技原创、文化原创日益增多的今日世界，西方各国的民众并未充分信任中国和平崛起的意愿，对中国的文化影响力和经济、科技输入一样欲迎还拒。因此同学们必须坚定信心，历史大变局的大幕已经掀起，国内国际社会的需要就是我们人生的机遇。我们坚信这是中国走上世界舞台，青年一代成为历史主角的中华民族伟大复兴的大时代。我们希望新一代中国大学生们将受益于社会主义企业家精神的塑造，以前所未见的社会主义创业者的精神面貌，参与到全球性创业生存竞赛和发展中，实现中华民族伟大复兴。

因此，符合 21 世纪世界发展的格局与趋势的社会主义企业家精神，将是心系中华民族梦想、将个人命运与人类命运相结合的企业家精神。

(三) 符合国际创业基本理论范式并与之良好对话

西方创业和企业家精神的理论范式构建在西方经济学、管理学、心理学和创业教育学基础上，具有深厚的学术基础，大多数结论基于经过普适性标准考验的实证科学推导而出。我们提出社会主义企业家精神观念既要更加适应和助力我国自身的发展，但也同样需要在这个全球化的时代协助中国业界和学界与其他众多国家，尤其是与文化差异、社会差异比较大的西方国家，进行平等、互信而有建设性的沟通和协作，做到求同存异，互惠互补。我国需要创立的企业家精神典范要尽量做到能与国际上普遍认同的理论视角和研究范式进行进一步的对话与共建。

二、中国特色社会主义企业家精神的DROPI钻石模型

下面提出的中国特色社会主义企业家精神 DROPI 钻石模型(图 2-4)综合了上述基本要求，能够概括中西方有关创业论述中体现企业家精神的重要共性内涵。它由五个维度组成，分别指向企业家精神的个人层面——坚毅和创新，以及个人与组织层面及社会层面的紧密结合——梦想、机遇、责任。

为方便记忆，可用比较感性的语言将 DROPI 模型类比为一颗代表企业家精神的“钻石”：梦想(dream)是激发它的种子和能源，责任(responsibilities)是它放射的彩色光芒，创新(innovation)是它克服一切障碍的硬度，机遇(opportunity)是它的棱线和顶点，而坚毅(perseverance)则是把原石精心切割与打磨的工匠精神，五个维度共同决定了企业家精神和企业社会价值创造的高贵形态。初步联想之后，让我们回归理性，客观地阐释各个维度的内涵及其与中国特色、与时代、与主流西方理论的内在关联。

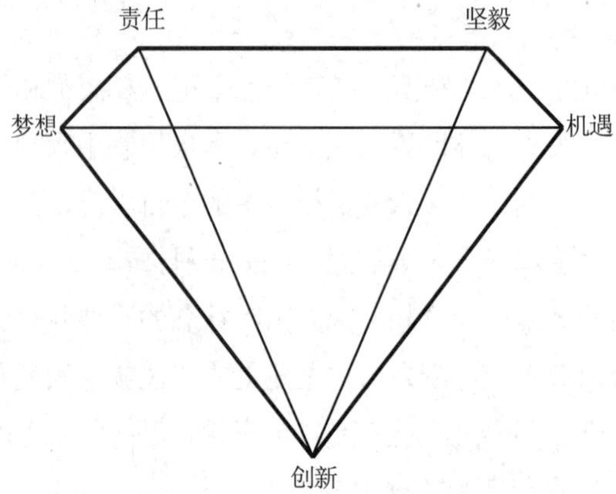

图2-4　中国特色社会主义企业家精神DROPI钻石模型

(一) 梦想是激发企业家精神的种子和能量来源

(1) 梦想是人生趣味，是观察生活与洞察社会的显微镜，是创业播种的园地。

“梦想”一词既可以形容个人对生活趣味和人生理想的追求，也可以指个人对社会变革的愿景和抱负，所指范围很广。一方面，好奇心是深度兴趣与思考的心理前提，我们一定要重视、鼓励和培养自己对世界的好奇心，从寻找人生意义着手，多多参加发展和发掘自身兴趣、发挥潜力的技能运用的实践性学习活动；另一方面，中国特色社会主义企业家精神指向的个人梦想一定与中国特色社会主义核心价值观的三个层面同心同德，并成为被世界理解、信任和欢迎的梦想。

正能量梦想结合国情的角度，才能成为梦想起飞的翅膀。比如，全球各地年轻人都喜欢用抖音等小视频平台进行内容创业。梦想促使抖音网红的创作者们细致入微地观察中国社会生活的方方面面，然后带着敏锐的艺术触觉和幽默感，用轻松、欢乐的视频内容创意，来捕捉和讲述反映中国人民追求富强、民主、文明、和谐的价值观的各种具有代表性的真实片段。

又如，热爱自己的专业学习是否能与梦想结合？外语和法律专业的同学们能否用外语的母国文化所喜闻乐道的方式，来讲述中国社会的各行各业中，具有自由、平等、公正和法治的价值取向的实例故事？经济、商务、新闻等专业的同学能否发现爱国、敬业、诚信、友善等价值准则在中国企业和人民生活中的真实体现？

例如，当你梦想成为体现某种价值观的生活方式的代言人、某类型企业的代言人或某行业的关键意见领袖(key opinion leader，KOL)或关键意见用户(key opinion customer，KOC)，那么从今天起，深入并细致地观察、反思和记录能够体现中国价值观的实例，就是最好的内容创业的实践性准备方式之一。

拓展阅读 2-4 中，李子柒用全球华人为之骄傲的原创视频内容，用主流视频网站上一条条精美而原生态的视频，展现出中华文化中热爱天人合一的生活方式、热爱美的生活和生活的美，以及家人相亲相爱、不离不弃的情怀梦想，赢得了全世界范围内数亿人次的共鸣。正如《中国新闻周刊》的评价所言："李子柒是一位现实中的造梦者，也是一位让梦想成真的普通人。她用一餐一饭让四季流转与时节更迭重新具备美学意义，她让人看到'劳作'所带给人的生机。在乡野山涧之间，在春风秋凉的轮替之中，她把中国人传统而本真的生活方式呈现出来，让现代都市人找到一种心灵的归属感，也让世界理解了一种生活着的中国文化。" 100 多年前，将共产主义和俄国革命现实相结合形成列宁主义的苏联缔造者，被全世界无产阶级认同为"革命伟大导师和精神领袖"列宁[①]，说出了"民族的就是世界的"的名言。而在今天全球化自媒体时代，这一观念似乎得到了更加广泛，却又更加个性化的证明。

(2) 梦想的社会属性假设可以与西方学术的经典范式对话。

前文介绍马斯洛需求层级理论发展的曲折经历，除了点明自我超越是西方马斯洛人本主义需求层级理论少为人知但不可或缺的一部分，亦是认为，DROPI 模型理论提出社会主义特色的企业家精神应该具备与社会福祉紧紧结合的利他主义的创业梦想维度，可以用来与西方最重要心理学范式进行学术对话。企业家精神的社会属性在西方学术界讨论中是被边缘化的，但其实它不仅可以与前文所提及的最为经典的马斯洛的需求层级理论模型对接，也能与早已成为管理学研究主流的企业社会责任理论对接。大家从早已耳熟能详的企业社会责任议题中理解到企业与社会责任之间存在密不可分的关联。由于篇幅限制，这里仅指出，企业社会责任在西方早已从企业的技术性的公关传播和品质管理体系的视角，升华成为企业全方位战略意图和战略管理过程的主流战略管理视角。

与社会需求结合的创业梦想，可以在中西著名企业家的大量创业例子中得以佐证。超越个人私利的梦想，蕴藏着利他的同理心，与创造他人感知价值的基本营销学假设完全吻合，成为设计思维等创新创业工作方法的基本假设。在社会生活和经济领域中，大量个人事业或初创产品失败的案例也都说明，迎合社会和大众的需求趋势，而非单纯满足个人对特定生活方式或产品方案的偏好，对事业和企业的成功十分关键。反之，如果个人追求和集体命运、社会福祉无关，如企望买彩票中大奖、得到意外之财，那么幸福感将不增反减。个人需求与社会需求的融合，是超越西方社会以个人自由为先的观念局限性的社会主义企业家精神的精髓，是区别创业者为了个人欲望而不择手段成就自己，或是愿为大家牺牲自己的关键，也成为创投界重视的新创企业长期商业价值判断的重要依据之一。

(3) 梦想是创业行为的能量之源，是职业和人生选择的启明星与指南针，更是创业过程中的催化剂。

漫无目的的生活观察和琐事记录不足以推动我们进行充满激情和灵感的创作、创造与创业活动。实际上，梦想不同于幻想，它之所以能成为企业家精神维度之一，就是因为梦想具有强大的行为推动力，而幻想停留于想象带来的满足。梦想一定源于人们对现实状况的强烈不满——无论你有没有意识到、说不说得出来——并热切希望亲身参与改变才好。这种内在需要，

---

① 见百度百科词条"列宁"(https://baike.baidu.com/item/%E5%88%97%E5%AE%81/30258)。

也就是前面提到的西方企业家人格特质论中，成就感的需要(即“我们渴望改变”)和自主控制感(即“我们渴望参与改变”)的内涵。

无论是环境污染、弱势群体保护，还是贫困救助；无论是科技发明、艺术运动，还是游戏娱乐；无论是儿童教育、家庭关系，还是国际交往……任何领域的问题，如果我们觉得离自己很遥远，和自己没关联，那么我们可能就不会去了解它，也自然不会有改变它的意愿；反之，当我们身边的任何一件人或事给我们带来了强烈的情感触动，那么它都必然和我们的梦想有关。我们不要逃避它，要勇敢面对它、靠近它，还要尝试理解它的前因后果，最后也要设身处地去想象关于它的更美好的未来的样子。只有拥有不甘于现实、敢于颠覆惯例的初心，才会不畏失败的艰险和资源匮乏，渴求成就重大的社会变革价值，渴望自我独立与自我解放的人生价值。

前文提过，哈佛大学创业之父 Stevenson 教授的创业定义的三点内涵之一就是创业者对机会的纯粹而不懈的关注，这一点其实与创业中创业者常常要面对“超出可控资源范围”的情境息息相关。这意味着创业者们常常在面对让他人退缩的各种捉襟见肘的资源困难情况时，却依然能义无反顾地坚持追求梦想实现的机会。或者可以说，催生参与改变环境的行为所需的梦想源力，与带来这种强烈情感冲击的不理想现实，在优秀创业者内心中互为孪生映照。当梦想越纯净地指向超越自身利益的社会利益，这种理想与现实的冲突在一个具有自强意识的创业者内心会化作几近“偏执狂”和“愚公”般的坚持，而无视现实条件和个人所得——现实越是不理想，困难越是不容易实现，怀抱梦想的创业者改变现实的心理源动力就会越大，越能够激发出坚韧不拔、永不放弃的企业家精神。

梦想的纯粹，常常表现在企业家们对所创造产品或服务的完美品质近乎偏执狂的不懈追求方面。在美国政府制裁之下，市场份额反而提升 2%到达 74%，处于全球消费级无人机垄断地位的大疆的创始人，也是被誉为“工程师 F1 和世界杯”的机甲大师赛的创始人汪滔就是一个突出的例子。其他的例子还有很多，如被誉为现实版“钢铁侠”的现任特斯拉、太空探索技术(SpaceX)、地下交通管道公司(Boring)、太阳能源公司(太阳城 SolarCity)，以及脑机接口公司(Neuralink)的 CEO 埃隆马斯克，等等。广东外语外贸大学校友创业家、快看漫画的创始人陈安妮和他们一样，都是典型的对自己作品和梦想有“想当然”和不放弃“1%成功可能”的发自内心的追求。

大学生们需要注意的是，梦想的纯粹并不等于逃避复杂性，粗暴地简化一切绝不是创业者成功的秘方，相反，它会妨碍我们在面对困境时通过不断地学习、汲取知识与经验，催化自身的成长，加速心态与技能的蜕变，从而成功解决他人未解决的问题。梦想的纯粹性和社会责任关联应该带动我们更加敏锐地关注自身和社会的发展需求，从而成为能善于发现机遇和捕捉机遇的优秀人才。

诚然，梦想关乎一个人经过长期沉淀的、最真实的、最浓缩的情感需求，所以在碰到困难时最容易帮助人汲取和调动独立于外界负面影响的内心积极情绪来，由此也最能够帮助人管理好自己，实现“自控”——包括有效排除必然在梦想实现过程出现中的形形色色满足眼前利益的“噪音”干扰和对自己负面情绪的自我排解，有利于坚韧不拔地追逐梦想。这可能就是特别受世人尊敬的企业家们往往有单纯到甚至不能被众人理解的梦想的原因。马云曾说，他一心想实现让中小企业的“生意变得好做”的高效交易环境，改变我国过去落后的私营经济面貌。这种围绕民生福祉和社会改变的个人梦想才是让优秀企业家们一直坚持、一直相信的源力，是他们漫长创业道路中始终不忘的初心。一旦违背初心，哪怕曾经成功的企业家也必定会面对市场的阻力和反噬，比如2020年12月中国政府执行《反不正当竞争法》《反垄断法》《价格法》《电子商务法》等一系列整顿市场秩序的良法，叫停蚂蚁金服上市，立案调查并处罚阿里巴巴集团涉嫌垄断行为的事件，就是最佳的例子。所以，如果一件事情在你想象中未来应有的美好的样子和现实有很大的差距，那么恭喜你，你成为这件事情上有想法和有潜在改变它的力量的人，你已经孕育了梦想！请好好珍惜，发挥你企业家精神的其他内涵维度的力量吧！如果暂时还没有碰到带给自己强烈情感触动的事情，请不要急于否定自己。当我们能将这样一种思维带入任何其他人和事上，去练习想象、了解、感受他人理想与现实之间的差距，我们将生发出对这个世界更多的理解、善意和关怀，就会有更好的共情能力(或称同理心)，从而获得更敏锐的观察力，来更快地发现那个令自己心潮澎湃的“梦想之钻”。

(二) 责任是企业家精神的光芒

(1) 社会责任是不凡梦想、伟大事业的必需定语，是筛选重大机遇的“试金石”。

前文提到，将梦想与社会需要结合在一起，是中国特色社会主义企业家精神的重要内涵，这已经体现了梦想维度与责任维度之间的互促关系。责任维度首先警示我们，企业家精神所认同的个人自主自强绝不是追求的凌驾于他人之上的主宰权，而是自觉地对集体、社会、国家乃至我们赖以生存的地球命运的深切关注、奔走呼喊和身体力行的实践。“共同构建人类命运共同体”——习近平总书记提出的中国方案，蕴含着传承千年的中国智慧，指明了人类文明的前进方向，也正是在当今世界百年未有之大变局中，企业家精神的社会责任和使命感维度的光辉体现。

达己成人，成人达己；建立自我，成就无我。西方经典心理学与《易经》的智慧殊途同归。在社会生活和经济领域中，大量个人事业或初创产品失败的案例也都说明，迎合社会和大众的需求趋势，而非单纯满足个人对特定生活方式或产品方案的偏好，对事业和企业的成功十分关键。反之，如果个人追求(如企望彩票中大奖、意外之财)和集体命运、社会福祉无关，那么幸福感将不增反减。

诚然，从全社会的角度来看，如果当代世界上发生的动荡大事可以作为指标，那么关注一般人群的需求、兴趣和福祉显得越来越重要。经济、政治、医学、环境和安全问题已经并且继续出现，需要更多、更复杂的“其他”关注点。这本身似乎可以回答“为什么”的问题。同学们不妨思考：大学生作为企业创始人和社会组织的领导者，有可能做些什么来刺激其社区、组织和员工的发展呢？

(2) 责任心是自控与聚焦的助力。

责任心也体现在自身管理和团队管理乃至对企业所有关键运营决策的偏好上。有了对团队和任务的责任心与荣耀感，就会有更多的自控动力，也能更好地聚焦工作目标在和其他人关联的重要事务，而不是将精力分散在宽泛、凌乱的个人兴趣上，从而提升解决问题的实质绩效，提升创业成功率。

(3) 社会责任是创业者与组织使命感染他人的温度与魅力，是高效和可持续联结社会资源所必需的凝聚力。

团队是创业成功的基本条件。哪怕是有着独特与高深造诣的艺术家和科学家，也没有人可以自身一个人成功创业。因为创业的本质就是为更多的他人创造价值的过程。要么个人利益凌驾于他人利益之上的追求会受到他人抵触的反作用力，要么个人追求被认为与他人无关，得不到其他人的认同、帮助和追随，自然就形单影孤、事倍功半，甚至寸步难行。

“愚者暗于成事，知者见于未萌”(《商君书·更法》)。由于对消费者、对同事和员工(家人)，乃至对商业伙伴有更为强烈的责任感，企业家们才会具有更好的关怀行为和更高广的社会责任意识，才会在潜在伤害他人但看似“无伤大雅”的小细节出现时，毫不犹豫地拒绝、防止或抵制。这种果断，往往是企业跨越潜藏风险、度过危机的关键因素。而这种决策结果的积累，必然会增加大家对创业者的沟通信心和在关键问题上的信赖，最终给创业者带来好运。

在技术层面，企业家精神的责任维度需要通过共情能力得以体现。共情是在人际交往过程中，个体对互动他人(未曾表述)的需求的在意与理解。共情不是同情，是尊重、用心地倾听和真心地代入感受，而绝不是看似热情的推销己见或强加简单、粗暴的建议。缺乏共情的交流难以获得信任，使得哪怕有价值的提议也难以得到充分理解乃至认同的机会，更不可能得到长期的以及在关键时刻来自伙伴不计得失的支持。另外，因为对集体重情才能对私我“无情”，才能避免在经营决策过程中去“照顾”不利于集体利益可持续发展的“感情关系户”，使决策有失偏颇。

(三) 机遇是企业家精神的支点

在快速变化的市场与社会环境中，最不缺少的就是催生变化而来、伴随变化而去的机遇，它是将普通人造就成创业者和企业家的“金手指”，是对于环境不确定性和创业障碍的天然最佳补偿。

机遇的发现和捕捉需要创业者有对改变自身以及他人现状无比饥渴的需求动力，有参与新解决方案创造的敏锐机遇感知力，有探求各种未知的好奇心和学习力，更有无畏障碍、破釜沉舟的决心和行动力。

机遇是企业家精神的支点，体现在以下两个方面。

(1) 机遇体现的是梦想未成的焦灼感，只有对所关注问题完全的聚焦，才会发现被他人遗漏的事物洞察。有心人勇于探索、勇于尝试不可能，永远承受问题和希望这两个方面的压力，才能打磨感知的锐利，才能发现昙花一现的机遇火花，点燃梦想之熊熊大火。

(2) 企业家精神指导下的创业就是无畏于眼前资源局限的、善于捕捉机遇的行动。没有资源障碍的“机遇”不是真正的机遇，不存在回报的风险不是必须的风险。承担风险并不等于对风险无知的瞎冒险，而是承受主要目标的最大后果的勇气。危中有机、永不放弃和于无路处走出路来，才是捕捉创业机遇的正确态度。因此，真正可以成功的创业机遇只会出现在对未来充满乐观精神的开拓者的心中和眼前，它是开拓者经历峰回路转、柳暗花明的“打卡路标”。

拓展阅读2-5

李佳琦的苦恼

如果现在要选出三个中国网红代表的话，李佳琦绝对是其中一名。从一个努力的普通人到淘宝网红一哥，再到全网家喻户晓，李佳琦的成功可以复制吗？

前一段时间，网络上曝光了一张旧照：在简陋的小隔间里，女孩弓着身子介绍产品，男孩对着手机席地而坐，两人都没有助理，没有精致的造型，面前是一个简单的打光灯。后来，我们都知道了女孩叫薇娅，男孩叫李佳琦。这张所谓的“旧照”，拍摄时间是2018年3月29日22点28分，短短两年之前，他们都还是无名之辈。

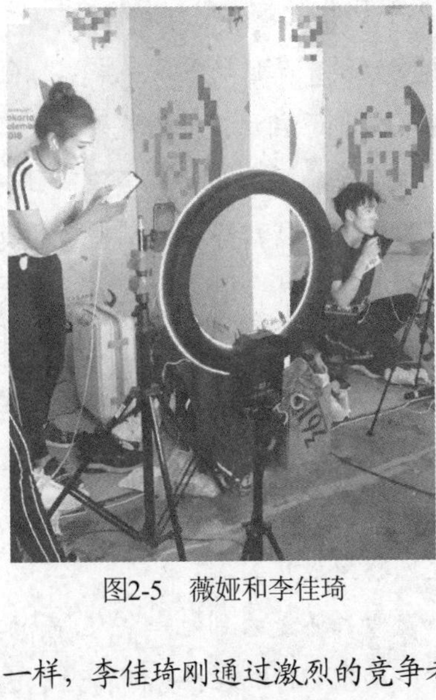

图2-5 薇娅和李佳琦

2011年，和每一位大学生一样，李佳琦刚通过激烈的竞争考入心仪的大学与专业。他在南昌大学学习艺术与设计专业，并选修了化妆课，他多次拿到的优异成绩给了他在大三申请欧莱雅实习生的机会，只不过做化妆品专柜销售的工作并不会被每一位申请实习生的同学所接受。2015年毕业后，他继续留在欧莱雅接受系统的产品与销售培训，之后被分配到南昌某商场欧莱雅专柜做俗称“柜哥”“柜姐”的一线导购员。李佳琦全心投入到化妆品销售一线的辛苦工作中，积累了良好的知识储备，以及揣摩顾客心理、有效共情沟通的实践技能和经验，多次成为销售冠军。故事按照这个节奏发展下去的话，李佳琦可能会成为全国的欧莱雅销售冠军，或成为某家店店长，或自己从事其他和化妆品相关的工作。

2016 年 3 月，淘宝直播试运营，这给整个化妆品行业带来了一个前景并不明朗的转机。4 月，当年中国第一网红 papi 酱的淘宝直播权的天价拍卖让众多机构看到机会，其中商业直播平台美 One 老总戚恩侨(七叔)决定联合欧莱雅策划一个淘宝美妆带货直播主播选拔的活动，满足条件的李佳琦报名成功。但谁都想不到，通过 3 个月的选拔，在 200 多名一线导购员中最后胜出的 5 女 2 男，只有表现并非最优秀的李佳琦一人留下来从事淘宝直播，而其他 6 人全部选择结束“不务正业”的网络直播，回线下做专柜导购这个更加“正经”的工作。

的确，第一次直播，没有助理、没有团队，一切都不正规，整个行业都在摸索，没有成功模式。从选品到文案，全部都需要李佳琦自己操办，他整夜睡不好，做梦都在想台词。刚开始直播的第一年，李佳琦出门吃过的餐厅一只手都能数过来，直播间里的日子像平稳的河流一样，几乎看不见波澜。2017 年 6 月，李佳琦刚刚来到上海的时候，曾经跟助理畅想，赚够 2000 万元就回南昌。而就在他提出要放弃的时候，美 One 的七叔鼓励他多做 3 天，并帮他争取到了淘宝平台直播首页强推，结果这 3 天的流量翻倍。之后七叔说再多做 3 天，于是有一天，他为了展示效果忍不住往自己嘴巴上涂口红的时候，发现粉丝会给出热烈的反应，实时观看人数自此暴涨。男主播亲身示范“涂口红”这一新奇、醒脑而又那么自然的大招再也停不下来，李佳琦终于开始大红了，直播 2 年多后拥有了几百万粉丝。

然后，从网红一哥到全网家喻户晓，李佳琦的发展之路一直离不开七叔和淘宝运营总监的运作。美 One 没有娱乐圈资源拍网剧，李佳琦亦非游戏电竞主播或美妆美女主播，面对众多电商直播网红追赶者的环伺，加上淘宝协议的排他性，若没有独特定位和“出圈”的资源突破，他过气的一天一定不会太远。通过这位曾任广告界最负盛名的奥美广告的资深创意总监所担任的淘宝总监的策划，他们找到了答案——抖音！美 One 通过多次测试，采用了剪辑淘宝直播视频的精华小视频方式，快速、稳定地推出大量高质量的短视频作品，几个月内便为李佳琦迅速获得 1000 多万粉丝。2019 年以来，李佳琦更与各路明星合作拍摄小视频，以彼此互蹭热点流量的方式大获成功(如 2020 年 4 月请段子手朱广权助阵湖北公益直播卖货的“小朱配琦”)。如今，李佳琦在抖音上已经有 4400 多万粉丝，微博有 1600 多万，淘宝有 2500 多万，小红书有 800 多万，快手有 700 多万，全网粉丝过亿。

为何淘宝平台的强推算法和流量并不是给到他一个人，而只有他和薇娅揽下了“瓷器活”？现在，陪着李佳琦白手起家的“小助理”付鹏在抖音的粉丝也已经达到 573 万，但他表示自己这辈子都不可能成为“李佳琦”，因为李佳琦可以在 4 个小时的直播中，长时间保持高度亢奋，付鹏认为自己只能维持 3 分钟，他说：“不光我做不到，99%的人都做不到。”在直播间隙，李佳琦有时会借口上厕所，但其实都是到阳台放空自己，喘一口气。

诗人温庭筠道“点唇有石榴娇、嫩吴香”，但对于李佳琦来说，口红涂在嘴上是疼的。2017年下半年，李佳琦做了一场口红直播专场，连续不停地试色十多个品牌的全套口红。一个颜色试完，用卸妆棉擦掉，再进行下一个，一个晚上试了189支。嘴唇也从撕裂般的痛，渐渐地开始失去知觉。李佳琦估算，从选品到直播，2019年，他试了超过2万支口红。谈及此，他脱口而出：“这个世界上没有人比我更了解口红。”在成为“口红一哥”的三年里，他试色了5万多支口红，平均每天唇部卸妆46次。现在，只要不吃饭，他就要涂上厚厚的润唇膏，不到10天就能用完一支。李佳琦曾对媒体调侃，自己是在中国过美国时间。每天晚上8点15分他会准时开播，12点之前结束，再复盘到凌晨4点前后。天亮的时候开始睡觉，休整到下午1点左右，起床选品(选择符合要求的产品)，准备开始新一天的直播。这样黑白颠倒的日子，他已经坚持了近四年。如今，赚2000万元的目标早已实现，上海中心地段的豪宅也在这样年轻的年龄靠自己努力买下了，李佳琦再也没有回头。

但是，和其他很多头部网红不一样的是，尽管拥有过亿粉丝，李佳琦主要靠淘宝这一个App带来的这其中25%的粉丝赚钱，因为淘宝平台、美One与李佳琦三方签署的是排他性协议，不允许这个他们一手策划和捧红的超级网红在其他平台带货。

现在有人说，全世界所有的东西都有可能抛弃你，但李佳琦的直播不会，因为李佳琦自己害怕被抛弃。“我很怕别人不喜欢我。”他说：“淘宝有至少6000个活跃主播，每天的直播场次大概有10000场左右。如果你今天不直播了，说不定你的粉丝就会被那另外的9999场直播吸引住了，第二天就不来看你了。”在一个人人可以红15分钟的时代，即便是李佳琦，亦不知比他更红的人会在什么时候忽然出现。“我不播了，那外面我的同事们怎么办？”李佳琦所属的公司，有200余人，而这200余人几乎都是服务于他一人。换言之，他在直播间的每一个“OMG”，都拉扯着200多个家庭的生计。最辛苦的时候，他站在花洒下，也能靠墙昏昏沉沉地睡着；有时冬夜里直播，他上半身若无其事地面对镜头，但双手却扎在凉水里提神。

日复一日的高强度直播，让李佳琦患上了严重的支气管炎，每次发作的时候都呼吸困难。医生与他早已相熟，但无奈他是一个没办法听话的病人。在他的直播间，粉丝可以看到琳琅满目的口红背景墙，但在粉丝看不到的地方，还存放着随时救急的药物。4年前，在南昌做美宝莲柜员时，他喜欢和朋友们唱KTV、打麻将到深夜，高端品牌几次加薪挖角，他都拒绝了，他不愿舍弃那种随时攒起一桌饭局的自由。但如今，当有人问他上海哪条路好玩，哪个餐馆好吃，在直播间滔滔不绝的他却顿时语塞：“我不知道……”“这是我要成为‘李佳琦’的代价。”郭倩是李佳琦曾经的同事，现在是南昌美宝莲专柜的培训师。她曾经想过在李佳琦工作过的柜台立一个他的人形立牌，利用名人效应提高销售额，但最终未能实现。因为李佳琦的肖像权属于公司，他本人并无权支配。郭倩说：“佳琦很为难。”入行4年，“李佳琦”日趋完美，而李佳琦却是“侯门一入深似海，从此萧郎是路人”。滚滚红尘中，李佳琦的江湖里写满了身不由己。

(资料来源：温瞳解说. 打败马云的李佳琦，输给现实的李子柒. 新浪财经)

思考：

1. 从个人商业回报来看，李佳琦无疑算是成功的。他最早的直播成功来自什么关键事件？这个事件能体现他本人什么特点？

2. 你觉得李佳琦在创业过程中捕捉机遇的能力如何？他是怎么抓住关键机遇的？

3. 你觉得哪些事情曾带给李佳琦创业快乐和幸福感，让他坚持了 4 年？现在因何他又觉得几乎无法坚持下去了？他失去了捕捉机遇的什么能力吗？

3. 你觉得李佳琦要争取新的创业机遇和更大的成功的话，还需要什么？请试用 DROPI 模型揭示的企业家精神含义分析。

4. 如果淘宝直播网红项目只是他 30 岁前的第一次创业，你会给他今后的第二次创业什么建议？你的建议与他本人的心理或行为变化有关吗？

5. 回顾拓展阅读 2-4《火遍全球的生活家李子柒》，李子柒为什么火了 5 年不但不过气，还越来越火？而李佳琦却“很为难”？李子柒在取得了自媒体品牌巨大成功后，更将事业通过合作商拓展到了更广阔的电商领域和食品加工制造业，你觉得李子柒商业版图的不断升级与她的哪些企业家精神维度有关？请试用 DROPI 模型回顾和分析两人的创业际遇与创业感受。

(四) 坚毅是企业家精神的硬度

前文已经提过，张维迎教授认为企业家精神的重要内涵之一是毅力和耐心。诚然，中国特色社会主义企业家精神与不屈不挠的愚公移山、精卫填海精神不可分割。创业环境越艰苦，行业或市场发展阶段越不成熟，就越说明所图改变的重要和普适性。正因为证明了质量提升、消费者教育、颠覆社会陋习等梦想的难以承受之重，才证明了被淘汰的竞争者之多，改变后市场机会的巨大，以及坚韧不拔精神品质的分量。

坚毅并非一种认知，而是一种不断失败也绝不放弃的信仰，是一种千锤百炼的心性，也是一种对享乐主义和“舒适区”说不的习惯。可以这样总结：

(1) 坚毅是成功者的通行证，放弃是失败者的墓志铭；

(2) 坚毅是发现隐藏机遇和破除遮掩障碍的可靠武器；

(3) 坚毅之商数的分子是梦想之信仰乘以自律之习惯，分母是对社会和顾客的承诺乘以对员工和伙伴的责任；

(4) 坚毅是成就梦想所需创新的底蕴，是反复试验、不断迭代、不懈改进的锤子，一次次敲打在雕刻梦想的斧凿之上，直至成形。

(五) 创新是企业家精神的破局的利器

企业家精神与创新思维不可分割，下面从 3 个方面来简述两者的关联。

(1) 由于中国特色社会主义企业家精神谋求自我实现与社会需求的深度结合，企业家精神需要努力构筑对当世有重大影响的问题的深度认识，并谋求问题的新解。创新思维和创新方法在本质上是一种认识世界和对待世界的方法体系，企业家精神的创新维度因此包含了追求对社会难题的更优解的努力方向，以及企业家个人对此社会难题的本质所具有的与众不同的看法，即企业家精神的创新维度是梦想、理念与思维方式上的创新。旨在看透事物的本质，要把事物分解成最基本的组成，从源头解决问题的第一性原理[①]就是一种用于颠覆现有规则的创新思维方式，被“钢铁侠”马斯克用在他颠覆了一个个产业的众多创新努力中，值得同学们学习、了解。

(2) 创新是获得更优解的资源运用方法和过程的重构。不仅要创新对问题的认识，为了真正挑战现有规则下的难题并实现方案重解，必定意味着改变对该问题传统解决路径的依赖，以及寻求新的资源匹配方式。因此，企业家精神也同时是颠覆旧路径、开创新路径的过程，是行动上的创新。

这里不妨对创新的经济学解读再做一点简要介绍。奥地利著名经济学家熊彼特认为，企业家是能够“实现生产要素的重新组合”的创新者，其作用在于创造性地破坏市场的现有均衡而导致新的均衡。与此一脉相承，当代营销主流观念之一的服务主导逻辑也认为，所有价值实现的问题都是通过“服务”，即应用各类资源来解决需求被满足的问题。该理论假设中的价值并非指可供交换的物品，而是解决问题所必需的资源应用的行为本身，即广义上的“服务”[②]。所以，一切价值问题的核心在于“如何应用什么资源来为谁解决什么问题”。

由服务主导逻辑的论证可知，要实现新的问题解决方案，即价值创造[③]方案，不单是物资能被重新组合来使用，更重要的是决定如何发现运用它们的新方法，这些新方法代表的是人类对心理、动作乃至社会关系等操作性资源的重新组合和运用。也就是说，为了创造更符合自身和社会大众心愿的更优化的新型需求解决方案，具有企业家精神的主体不得不进行对资源重新选择、匹配和应用的创新活动——这正是企业家精神中强调自主能动性和自强意愿来解决重大问题的必然路径与体现。

(3) 企业家精神的创新思维否定了冒险主义。真正值得推崇的企业家精神是对发现更优解的机遇——而非围绕金钱利益——的兴奋感，以及最终由自身主导解决社会难题带来的成就感。具有真正企业家精神之人内心也肩负着对社会的责任感，会反感和抵触因为自己决策或行为失当而造成更多或更严重社会难题的负面后果。

具有企业家精神的创业者比聚焦攫取眼前利益最大化的投机者更关注风险规避，也就更容易成为“笑到最后”的人。诚如德鲁克所言，“成功的创新者都相当保守，他们不得不如此。他们不是‘专注于冒险’，而是‘专注于机遇’……哪怕他们有‘孤注一掷’的决心，也是建立在对‘雄心勃勃’的目标的聚焦上，否则就会失败。他们一定要建立前所未有的新事物，因

① 思维方式：深入浅出解释“第一性原理”. https://zhuanlan.zhihu.com/p/26551274。

② 服务主导逻辑认为，通过操作性资源对被操作资源的应用就是服务。

③ 价值创造，就是所谓的服务。被操作资源是容易理解的能源、原材料、配件、工具设备、厂房土地与金钱等需要被使用的资源，而操作性资源是更为抽象的观念、意愿、智商、情商、人际关系、组织方式、社会共识等各类具有杠杆作用的无形资源。所有问题的解决都要靠选择性地运用后者作用于前者来实现。比如，人因为有吃饱意愿，通过厨艺这些操作性资源对食物、炊具和热能这些被操作资源的运用，就创造了解决饥饿问题的办法和满足了生存需求的价值。

此普通人和非专家往往比专家做得更好。”所以，企业家的种种困境破局，其本质都是创新思维的成功运用。

前文提到的马斯洛需求层级理论最后的超验主义层次版本也对企业家精神的创新维度有一些非常有趣的解释，即关于人的创造力的源泉。根据马斯洛在遗著中的说法，超越自我实现的人会分享一种行为模式，“他们真地、真地将未来带入当下！……真正的创造力(而不是重新包装或改编)是无私的实现的标志”。他表述道：“创造力迷失在当下，而永恒、无私处于自我之外”“我们已经发现创造力的来源，即真正新思想的产生是在人性的深处或在自我实现中”。同时，马斯洛充分地认识到了创新创业教育体系的重要性。他看到人们对创造力有误解，人们以为创意是“由闪电在一个伟大而辉煌的时刻击中头部”，而在他看来，创造人才与内心利他的高层次需求有关，其实创新人才通常是好工人的事实往往会被遗忘。他写道：“问题是，谁有兴趣在创造力？我的回答是，几乎每个人是。”“目前迫切需要建立可行的政治、社会或经济体系以培养出更多有创造力的人。其中之一是鼓励个人成长，使其‘无我’地实现价值。”

这些话语看似有些难懂，其实说明马斯洛在晚年充分意识到，正是对他人和对未来的爱，才能使人类进入无我的精神境界，从而才能高效地专注于利他主义的创造本身，获得爱的完全体验之流；否则创造力将困于满足私欲的无穷人性陷阱之中，得不到大众的支持。马斯洛的遗著对创新者也做出了下面的心理和行为特征描述，寥寥数语，道出具有企业家精神个体的创造力本质：

“他们试图把事情做好，以清理不良情况；他们喜欢奖励和赞美别人；他们非常务实和现实；他们喜欢有效；他们应对工作的挑战；他们倾向被未解决或困难的事物吸引；他们倾向认为每个人都应该有机会发展自己的最大潜力，有一个公平的机会；他们具有更高的效率，使操作更简捷、更简单，从而生产出更好的产品。”

马斯洛认为，每个人都可以“超越自我实现”，如果并不是每个人都如此，那是因为发生了某些事情，使这一过程变得艰难。

的确，超越自我实现的旅程没有那么轻松，它是持续的、迭代的，并且没有特定的“路线图”，但生命的目的终究会在生命历程中慢慢展现，如乔布斯在斯坦福大学毕业典礼演讲所说的，终将“连点成线”。

我们可以做出以下总结：

(1) 创新是梦想的延续，是利他主义的高等级心理需求，是被社会责任驱使来解决困难问题的人类终极心智武器；

(2) 创新是对惯例和既有规则的颠覆，是机遇的钥匙和密码；

(3) 创新不等于创意，是努力实践、承担风险的试错过程，是坚韧不拔的最终回报与升华；

(4) 创新是解决问题的终极武器与核心工作方法，是凝聚各方利益、汇聚各种资源、超越重重制约的撒手锏；

(5) 创新需要符合上述维度的心智模式、方法和工具，也是组织和集体的文化，值得我们学习、创造与传播。

(六) 中国特色社会主义企业家精神DROPI模型的内涵总结

综上所述，我们将中国特色社会主义企业家精神的DROPI模型的各方面内涵进行了总结，如图2-6所示。它代表着符合中国特色社会主义核心价值观，结合了中国传统文化中天人合一、自强不息、坚韧不拔、敢于创新的丰富精神内涵，符合中国和世界21世纪社会发展趋势要求，也能够与西方管理思想以及企业家精神研究进行对话的思想体系。虽然该模型首次提出，错漏难免，但可抛砖引玉，引发大家进一步思考。

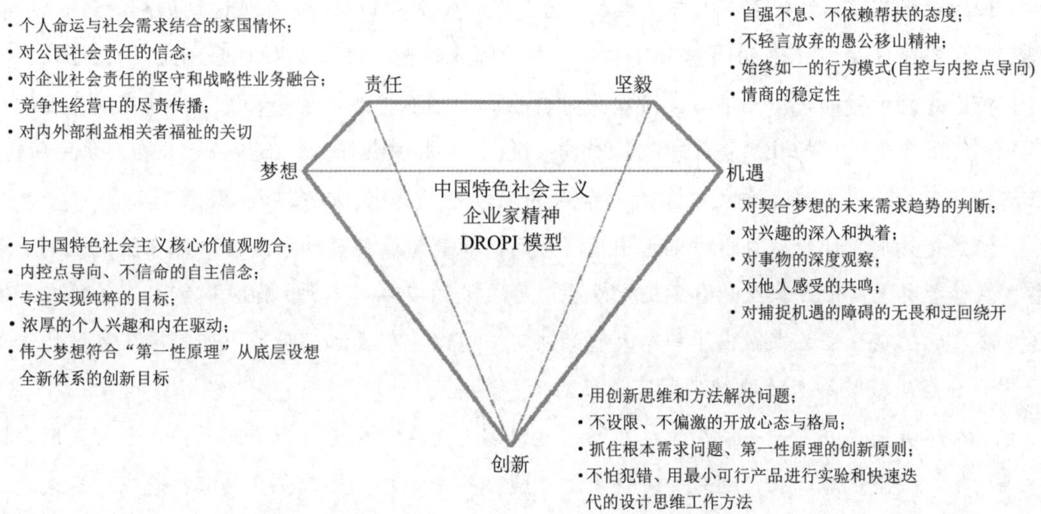

图2-6　中国特色社会主义企业家精神DROPI模型的内涵

拓展阅读2-6

最美的舞者——廖智

《乘风破浪的姐姐》在网络上大红，因为该真人秀反映了姐姐辈的女艺人们活得年轻的心态，让无数“70后”“80后”的女性倍感振奋和鼓舞。有一位34岁舞蹈老师——廖智，在无数网红模仿“姐姐们”的舞蹈视频中异军突起，红爆网络，并被赞为“真正的无价之姐”。视频中，随着《乘风破浪的姐姐》主题曲《无价之姐》炫酷的节奏响起，廖智活泼、飒爽的舞姿也随之而起，动作干脆利落、灵活而有力。光看这个视频，谁能想到她是汶川地震截肢者，她穿着假肢……可她的背后绝不仅仅是一个爆红的视频，还有她用大爱撑起的企业家精神。

廖智出生在绵竹市汉旺镇，长相出众的她是小镇上让众人惊艳的“80后”文艺姑娘。她热爱舞蹈，在德阳市一家舞蹈学校做老师，跟她学跳舞的小朋友总爱围着她，叽叽喳喳讨论老师更喜欢谁。廖智和当时的丈夫也育有一个可爱的小女儿虫虫，看上去年仅 23 岁的廖智是一个事业爱情双丰收的姑娘。

但只有廖智自己知道，因为丈夫的出轨，当时她忍受着多大的痛苦。廖智说："自己年轻时很幼稚，不懂得怎么经营亲密关系。"生活像一团乱麻，在她的手中理也理不清。

没想到，"5 • 12"汶川地震竟成了廖智人生的分界线。地震发生时，廖智正在汉旺镇老家。地震袭来，霎那间房屋崩塌，钢筋瞬间刺穿了廖智的右腿。忍着剧痛，她被埋在废墟中长达 20 多个小时。当发现同埋在废墟下的女儿和婆婆都没有呼吸时，她彻底丧失了活下去的理由。最后，还是因为听到废墟外父亲熟悉的声音，听到父亲死活不走时，廖智才发出了微弱的求救。她被救出来了。但崩塌的不仅是房屋，还有生活。

因为这场灾难，廖智不仅失去了至亲，还有那双爱跳舞的双腿。在被送到医院的第一时间，廖智亲手签下了截肢手术的同意书。术后，在夜深人静时，柔弱的她也眼泪止不住地淌。

但一想到辛劳的父母，廖智攥紧拳头对自己说："不能再拖累爸妈了。"躺在病床上的她不知经过了多少心理挣扎，最后却能笑着对人说："我腿被锯了。"正如她后来在演讲中所说：任何一场灾难或是人生重创足以拿走一个人的生命力、喜乐、盼望和幽默感。

依然是舞蹈，让她从至暗时刻走出来。震后，前来慰问伤员的导演任虹霖在医院见到了廖智。在廖智身上，任虹霖丝毫看不出曾发生过那么大的灾难与不幸，他被廖智灿烂的笑容震惊了。廖智的乐观让任虹霖做出了一个大胆的决定：邀请廖智参加"世界小姐"重庆赛区的舞蹈表演。刚经历截肢手术的廖智不顾家人反对欣然答应了。

这对廖智来说并不是一件简单的事情。她讲述当时在病床上练习舞蹈的情形："我用力抓住床的扶把缓慢地跪起来，刚跪一分钟不到双腿便开始颤抖，接着全身都颤抖起来，我又赶紧坐下去。当我再一次跪起来，老师让我放开扶把，不用手支撑，可是我试了几次都是刚松开手就保持不了平衡几乎要倒下去……"在此期间，母亲因为心疼女儿，多次劝她放弃。

没有双腿，她就跪在一面大鼓上排练。术后不久的廖智，裹着厚厚的纱布，忍着剧痛，顶着高温，在鼓上反复排练了一个月。实在坚持不下去时，廖智就抬起头，觉得小女儿虫虫就在天上看着她。她不能做女儿不希望的那个妈妈，而这支舞的名字便叫作《鼓舞》。

仅仅一个月时间，7 月 14 日，当双腿残缺、一袭红装的廖智在大鼓上翩翩起舞时，震撼了所有人。廖智穿着鲜艳的红衣，"站"在大鼓上，舞动着一双鼓槌，流苏随之飞舞。台下几百人全部肃然站立，掌声雷动。在鼓上，她的每一个动作，每一个表情，都充满了力量、勇气和信心。这支足够震撼人心的《鼓舞》，不知道给当时多少尚在哀痛中的人们带去了慰藉！

廖智拼尽了全力，要从身体到精神上真正地"站"起来。

《鼓舞》让廖智一舞成名，导演任虹霖因此为廖智筹到了 50 万元善款，但却被廖智拒绝了。地震后，廖智连住的地方都没有了，她需要钱，但自尊心让她坚持靠自个儿养活自个儿。因为她知道，生活不能总靠别人的救济。当大多数人看到这个漂亮但没有双腿的女孩儿时，总是会投来惋惜、同情和怜悯的目光。然而，她真正需要的是尊重，是我们用看普通人一样的眼光看她，用对待普通人的方式对待她，而非同情和怜悯。

在《我要上春晚》中，廖智说过："我当时只有两个选择：一个是选择不穿假肢，永远都坐轮椅，生活很不方便，没有自由，但是可以远离痛苦；另一个就是承受痛苦，获得尊严和自由。我选择了尊严和自由。"

没有双腿，却用舞蹈征服所有人。汶川地震夺走了她的双腿和亲人，却无法夺走她对生活的热爱，这就是廖智。一个用生命起舞的人，并不需要同情。

演出《鼓舞》后的第二天，廖智便接受了第二次截肢手术并换上了假肢，这是独立生活的关键一步。但面对新"腿"，一开始的适应过程尤为痛苦。一次，廖智在家中上厕所，不小心滑倒在洗手间水渍未干的地板上，当即摔晕了过去。醒来后的她，看到了镜中自己那张半边肿得狼狈不堪的脸。

即使这样，廖智硬是穿着假肢，步履不停地去帮助那些需要帮助的人。2013 年，四川芦山地震时，廖智毅然前往震中龙门乡。不顾余震的危险，廖智穿行在废墟中间，为灾民发放物资、搭建帐篷。

经历过灾难的她，更懂得如何帮助她人。当她看到一个因地震左腿截肢的 11 岁小男孩时，廖智不断安慰着男孩，向他讲述自己的故事。"阿姨也是装了假肢，走路一点都没问题。你将来一定能站起来，像阿姨这样行走。"术后一直沉默的小男孩也被这温暖的话语感动了，恢复了男子汉的信心。

步履不停的廖智也在自救。她不放过任何一个机会，要靠独立的舞步为自己踏出一条路。

"走的时候，就专心看路。跌倒了，就爬起来再走。累的时候，就坐下来休息。快乐的时候，就起来跳舞。"这是廖智在 7 月 24 日的微博中写下的几句话。

那一年，廖智参加了央视的《舞出我人生》。要在更大舞台和更专业的舞者同台竞技，难度不亚于她当年跳的那支《鼓舞》。节目编导甚至一开始就给廖智打起了退堂鼓：你来也就是录两期，不可能走到最后。但廖智才不管这些闲言碎语，反而和搭档杨志刚不断挑战编舞老师的那些高难度动作。

当时专业舞者杨志刚正受抑郁症困扰，对表演效果本不抱什么信心。但廖智动辄通宵排练，挥汗如雨的精神让抑郁的杨志刚也感到了力量。就是这么一对被廖智笑称为"一个肉体残疾，一个精神残疾"的舞者，在央视舞台上大放异彩，一路杀进决赛。最终，他们取得了亚军的好成绩。

廖智真的就像一个小太阳一样，总能向周围释放无穷的光和热。事业取得进展的同时，廖智的爱情也柳暗花明。

她因为参加这个节目邂逅了华裔小伙 Charles。当时，廖智需要定制能穿着高跟鞋跳舞的特殊义肢，而 Charles 正是研究假肢的技师。廖智和妈妈前往 Charles 的公司时，Charles 的甚至没看出使用假肢的是廖智。他看着廖智，在心中赞叹：这位舞蹈老师虽人到中年，可是假肢使用得极好，丝毫看不出来。Charles 看着使用假肢灵活自如，说起话来眼睛里闪闪发光的廖智，他不仅惊讶，而且心动了。自信的女生最美丽。而廖智也说，Charles是一个能看到她心底的人。

研究生物医学的Charles曾跟随导师去到老挝、柬埔寨等亚洲国家，看到那些落后地区的截肢者糟糕的境况时，Charles发自内心想给他们带去真正的快乐。这份善良和信仰，与廖智不谋而合。Charles把人文关怀注入假肢研发技术中。当廖智穿上Charles研发的假肢后，她感到前所未有的舒适。廖智解释说，Charles把假肢的接触腔做得特别贴合，特别柔软。而假肢的接触腔是离截肢者皮肤最近的部分。Charles有着不同于一般理工男的细心和贴心，而且尊重廖智独立的人格。

遇见真爱的廖智柔软了下来，总是以独立自强示人的她，面对Charles也坦言，自己内心是希望有个依靠的。两人在2014年步入婚姻殿堂，并且迎来了崭新的小生命，一双可爱儿女。原来，不管曾经有多伤痛，只要坚持不放弃，幸福总属于那些勇于追求的人们。好的爱情和婚姻会让拥有独立人格的两个人在一起绽放更大的能量。

从2013年起，廖智便和Charles一起投入残疾人帮扶事业。一起做事业的两人，一开始也有观念的冲突。

廖智曾在自己的假肢外面包裹上一层肉色的外壳，怕被人看出来那是假肢。但Charles告诉她："那不是美，那是装成健全的样子给别人看。与其装成一个还有腿的形象，倒不如你本来的样子好看。"当廖智拆掉假肢的那层肉色外壳，露出金属时，她突然觉得自己彻底拆掉了心里的"膜"。

在社会上，残障人士仍然普遍存在自卑心理。廖智和丈夫要把这份自信带给其他残障人士。廖智和丈夫创办了"晨星之家"，一家专门为截肢者提供假肢康复服务的机构。改变，正在廖智和丈夫的努力下星星点点地发生。

有一次，廖智在动车站遇到一个小朋友问她："阿姨，你的腿怎么了？"廖智没有尴尬，反而装作机器人的模样，即兴给小朋友跳了一段机器舞。在《无价之姐》中，廖智也应小朋友要求，专程在淘宝上买了一套阿吉塔的服装，露出假肢，再现了活力四射的机器人舞蹈。这些举动，守护的不仅是小朋友的梦，也体现了廖智发自内心的自信。

有一位截肢的小朋友，一开始非常腼腆、自卑。来到"晨星之家"后，廖智陪他一同玩耍，丈夫Charles还给小朋友做了一个"蜘蛛侠"假肢。小朋友穿上"蜘蛛侠"假肢后开心得不得了，自信心也立马回来了。

可是，这项有爱的事业却因2020年年初的疫情遭遇波折。当时，廖智和丈夫刚把公司搬到北京，因为疫情公司迟迟无法开业。那段日子，他们着急，为工作上的事焦虑、失眠。但廖智很快调整过来，从第二周起，她开始为公司打造起自媒体账号。热爱舞蹈的廖智从未停止过她的舞步，此前她就时不时把自己的舞蹈视频传到网上。疫情期间，廖智把之前的视频系统地整理出来，还不时分享自己的生活感悟。当网友把这些视频剪辑成《无价之姐》时，廖智再度走红，她的能量隔着屏幕传递给了无数网友。

不难发现，每次面临挫折，廖智总体现出不屈不挠的意志，让生活的危机转化成生命的转机。如今，晨星再度升起，驱走了阴霾。

当熟悉的媒体朋友问起廖智“您的能量到底从何而来时”，廖智给出了切实可行的建议。

第一，多结交良师益友。廖智说年轻时的她也很幼稚，但后来遇到了一些善良的长辈。与之交谈后，让她重新找到了心灵的归属。

第二，坚持运动。虽然没有成为专业舞者，但廖智现在每天仍然坚持跳半个小时的舞，跳舞、运动，都能让人在出汗中获得能量！

第三，坚持阅读。开卷有益，廖智喜欢阅读积极心理学方面的著作，她不断地从阅读中汲取前行的力量。

回顾廖智的人生，她确实是一个用认真、爱和奋斗支撑起来的，用乐观去回应生活五味的女性。她生命的力量如燎原般燃烧不息。

(资料来源：https://baijiahao.baidu.com/s?id=1677146132385362367&wfr=spider&for=pc，文字有删改)

思考：

1. 请用具有中国特色的社会主义企业家精神 DROPI 钻石模型的五个维度审视廖智的案例。她的人生重塑和创业经历体现了所有维度吗?

2. 哪些关键心理和行为能体现廖智的中国特色社会主义企业家精神维度?

3. 廖智的企业家精神体现对身体健全的大学生而言，有可鉴之处吗？对于因为各种原因缺乏自信的大学生，你觉得廖智的案例可以带来什么启发?

第三节　大学生提升企业家精神的路径

培养大学生的企业家精神，虽然和任何人一样，都需要突破动机、认知、行为模式的三重瓶颈，但由于大学生独特的自身状况和成长环境，需要采用更具有针对性的路径，来促成大学生自主培养企业家精神。根据多年来创业创新专家和教育者们的探索结果，本节围绕“(初步)认知—态度—设计—实践—反馈—反思(强化认知)”的学习闭环原则，并结合前文 DROPI 模型的理论框架，提出了培养大学生中国企业家精神培养策略路径的 RADAR 雷达体系。该体系既可以指引同学们结合所在高校教学安排和自身实际情况进行个性化企业家精神提升的路径设计，也有助于教师和学校对不同阶段的大学生进行企业家精神各维度发展的动态评估和全面反馈。

一、大学生提升企业家精神的路径闭环

任何综合性能力的学习都是一个循序渐进的终身过程，企业家精神的培养也不例外。大学生们可以通过“学习闭环”的原理，来帮助自己设计在校期间培养自身企业家精神特质的个性化方案，从而助力双创型人生发展规划，更好地提升建设社会主义强国所需的双创技能。

如图 2-7 所示，所有高效的学习都是在“初步认知—行动—反馈—反思(提升认知)”的闭环中实现的。

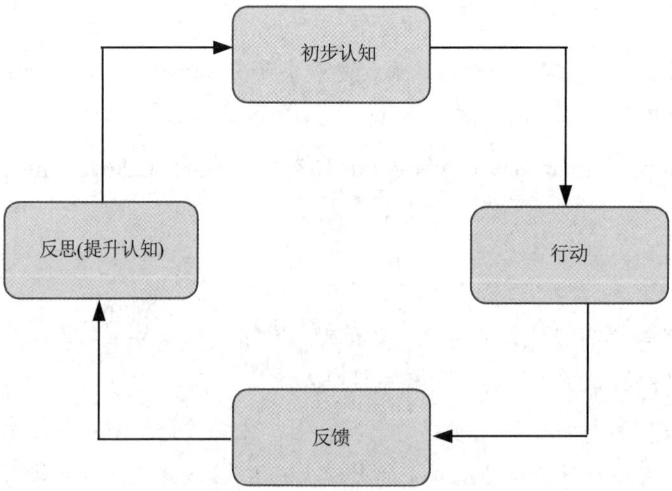

图2-7　实践性高效学习的闭环

学习闭环是指从了解知识的应用方式到实际应用知识的过程，再到反思知识本身和知识应用过程的不足，从而完成对下一轮学习过程闭环的优化，实现更好的认知和行动的效果，这就构成了一个连续不断、自我强化的学习过程。其中，最关键的步骤是通过获取有效反馈实现认知的提升。如同大家要通过各种考核来检验所学知识掌握情况和应用能力一样，我们也需要通过对企业家精神相应的应用和实践的检验，才能够发现不足和最终真正掌握。

但企业家精神和其他知识性学习的闭环所不同的是，后者的效果可以脱离学习动机来探讨、检验，而企业家精神更多的是创业者的思维模式和精神状态，因此它的学习效果不能仅仅靠检验企业家精神有关认知，还必须对企业家精神实际发生作用的场景，以及对其中学习者的各个有关精神维度的状态进行检验。因此我们需要对一般性学习闭环做出符合企业家精神大学生自主培养目标的合理修正或补充。

正如前文对 DROPI 模型的探讨所示，企业家精神在本质上是一系列价值观维度的复合体，它不但决定了创业者学习创业的态度，也直接干预人们应用已有双创认知来从事双创活动的过程，可以说，对企业家精神该如何学习的态度会影响我们培养企业家精神和学习创新创业课程

的效果。另外，由于大学生未来的兴趣方向还存在一定的不确定性，同专业的同学未必有相同的专业兴趣和特长，而学校各专业指导企业家精神学习的条件配备也各有千秋，所以企业家精神的自我培育在行动层面上存在较复杂的方向变量和环境变量，需要做出个性化的设计才能实现有关教育资源利用效能的最大化。综合以上两方面企业家精神学习的特征，我们还需要满足两个实现企业家精神学习闭环的目标设定：态度提升和个性化策略设计。

从态度提升角度看，由于有不少大学生并没有认识到，企业家精神内涵适用于创业以外的所有实践性、应用型学习，所以他们可能难以理解为什么要学习创新创业课程，也就不会有动力参与双创竞赛团队，很可能也不会在日常专业学习活动中用企业家精神的内涵来激励和指导自己。但若同学们通过课程学习已经认知到企业家精神的普适性和自身可培养它的潜力，而且转变了态度、积极参与需要发挥企业家精神的实践性学习活动后，更有可能感受到其维度不均衡发展给创业带来的影响，更有可能关注自身企业家精神状态的真实反馈，从而采取相应的弥补行动，最终更快地提升和内化企业家精神——这就是通过认知影响态度，态度影响行动，行动带来反馈，反馈通过反思反哺认知的良性发展过程。

从个性化策略角度看，由于大学生自身的条件差异很大，各个高校和专业之间的学习环境差异也很大，造成有些大学生已经有过创业经验，有些大学生已经常运用创新思维解决学习问题，而也有不少大学生可能处于未识创业“真面目”，把创业学习当作与专业学习无关的公共课负担的状态中。除此之外，还有大量大学生愿意从事实践性的双创学习活动，但却由于缺乏最适合自己学习基础、最符合自己梦想需要的创业学习策略，而在校内外林林总总的双创教育和实践活动中，只能看看热闹或蜻蜓点水般地参与，得不到有效的反馈，只好在迷茫和困惑中放弃了培养企业家精神的渴望和成为创业人才的梦想。大学生在大学期间要努力采用设计思维的迭代观念，不断改进锻炼企业家精神的方式，寻找更适合自身需求状况的实践活动路径和反馈路径，从而有效获得所需的行动反馈和实践反思，完成企业家精神学习闭环。根据认知、态度、设计、行动、反馈/反思(recognize、attitude、design、action、receive/reflect)这些必要环节的英文单词首字母的组合，可以将该闭环简称为企业家精神培养路径的 RADAR 模型，音译为雷达模型，如图 2-8 所示。

因此，大学生培养企业家精神的体系化路径就是在大学阶段，在以校园环境为主的双创学习环境中，围绕提升对企业家精神的认知以及对自身企业家精神发展状态的认知，努力补充和均衡发展企业家精神 DROPI 五个维度的学习目标，寻找和设计最适合自己状况、增加双创实践性学习体验和强化双创，并且可真正实现成长目标的学习路径。反之，若有一位大学生根本不在意通过各种运用企业家精神来完成的实践活动去获得真实反馈，不能引发对自身各个企业家精神维度更深的认识，那断然不会在学习期间提升企业家精神，哪怕对创业知识的书本认知再多，也不会有真正的裨益。

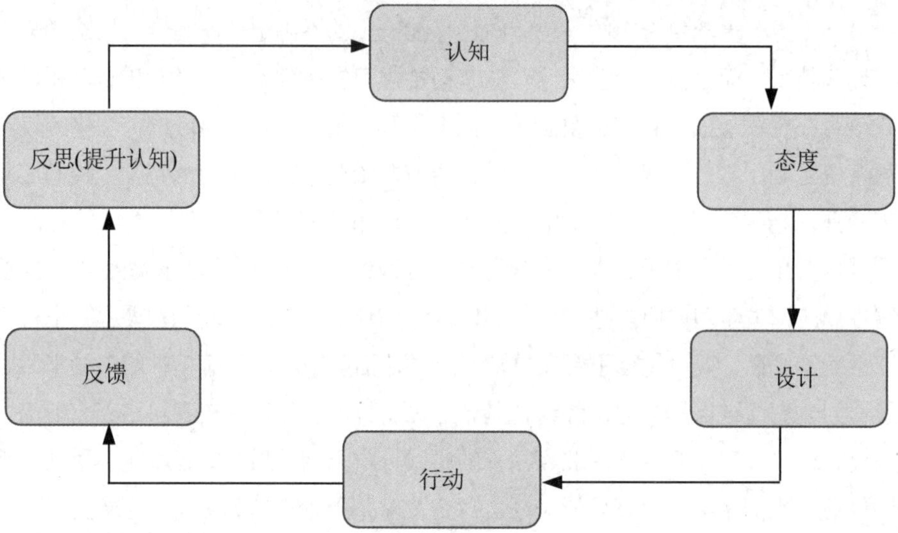

图2-8　大学生学习企业家精神的RADAR模型

实际上，中国当代大学生处于历史上学习创业精神、企业家精神最好的时期。一方面，大学生正处于最有利于学习创业的人生阶段，包括所处的校园集体学习环境、学生角色背负的单一社会期望值、年轻人对专业学习的期望和乐于尝试改变社会惯例的积极心理特征，乃至获得国家针对性创业创新尝试的扶持性政策与资源倾斜等方面，都可以做到用最小犯错成本完成学习曲线，并收获最大的创业助力。由前文 DROPI 模型可知，大学生们处于中国特色社会主义企业家精神要素组合状态很不均衡的阶段，如追梦情怀和创新思维能力都是处于在积极期待升华的阶段，部分生活条件较好地区的年轻人甚至比较缺乏真正的梦想；而判断和捕捉机遇的意识、承担风险和责任的意识，以及持续克服困难和障碍的毅力方面都有待强化。另一方面，在国家和社会投入巨大资源用于培育企业家精神和创业创新能力建设的今天，大学生会得到大量的实践性学习机会，可以用最快的速度强化自身的不足。只要愿意认真开发自己企业家精神学习闭环，注重来自各方的信息反馈，比较不同实践行动带来的效果，就一定会在各种实践学习活动中强化企业家精神。

遗憾的是，总有部分大学生从不关注和关心任何社会不良现象的发生和改善，从不好奇专业知识在社会生活中的应用机会，从不积极思考、开发新的思维角度和尝试创造新的独立观点和内容，也从来不愿主动承担小组和集体活动的领导责任，甚至碰到学业或生活上的任何困难都首先选择依赖他人或立刻逃离，那么这些大学生的企业家精神是一定有缺陷的，必定不能满足国家和社会的亟需，必定不会有广阔的个人发展空间。

因此，为帮助大家完成学习闭环的每一步，下面尝试梳理大学生常见的企业家精神学习资源和路径设计策略。

二、培育大学生企业家精神的体系

所有大学生在校期间都面对一个可以采用多种方式、多种形态培育自身企业家精神的教育资源体系。我们需要从该多元的教育资源体系中，分门别类地理解各种资源的企业家精神教育价值，并针对自身状况进行有序的组合，最后通过不同的评估活动了解自身企业家精神的发展状况，再分阶段调整这一组合，实现动态的个性化培育目标。也就是说，无论同学们自身企业家精神水平如何，都可以通过适配性设计和动态评估，自主地设计自身所需的资源培养活动，分别从认知、态度和行为三个环节来强化自身企业家精神的各个维度，使其得到均衡发展。

我们采用张福利教授[①]的研究成果，按照全日制大学生双创能力发展的一般规律，将大学有关企业家精神教育资源按教育活动发生的场景分类，分别纳入双创认知课堂、专创融合课堂、校内双创实践、校外产教融合这四个模块，构成体系横坐标；同时将认知、态度和行为三个基本层面和基本发展环节，再加上有关自我发展路径的设计工作环节和发展状况的反馈评估环节，共五个环节，构成体系纵坐标。纵坐标与横坐标模块组合在一起，就组成一个大学生企业家精神自我培养的策略矩阵，构建双创学习闭环体系。

一般而言，双创学习闭环体系的使用方式如下：首先，每一位同学都通过双创课程了解自己学校在横坐标各种类型资源中的建设和供给情况。其次，在双创课教师或专业导师协助下进行企业家精神培养的“设计”工作环节：①对自身各个 DROPI 维度的认知、态度和行动的状况进行评估；②确定自己需要弥补和均衡发展的企业家精神维度目标；③有计划、有步骤地选择本校对应自己需要的有关教育活动(资源)类型，加入个性化的培育计划菜单中。最后，在每个执行培育计划的行动周期(如活动项目周期或学期、学年周期)后，再对照该体系表，进行新一轮的评估，并基于评估反馈结果对企业家精神学习活动计划进行调整。

实际上，大家看到的这一体系中横坐标的各个场景类型是大部分高校按照大学四年的一般性学习历程和大学生自身的知识、技能储备的变化规律，预先设置的企业家精神培育活动及有关资源的组织重点。绝大多数高校不但没有对同学们跨年级参与双创有关学习活动进行限制，反而鼓励大家这么做，所以同学们要根据自身真实情况，对整个大学期间可能接触到的企业家精神和双创教育机会与形式进行了解，再做出当前阶段的安排。

具体而言，第一类企业家精神培养的场景主要是提供双创认知的课堂，围绕企业家精神、双创事务，以及有关学习目标的认知进行教学，往往安排在一年级，在 RADAR 模型中用 D1、R1、O1、P1、I1 来分别表示在此阶段企业家精神五个维度的实际状态、计划行动内容或反馈/反思的结论。这类认知场景包括大一双创基础课，各种创新思维工坊、演讲和辩论大赛，各种才艺比赛和各类双创比赛的观摩学习机会等。这一阶段，同学们应该通过双创课堂和课后作业

① 教育部创业就业指导老师培训特聘专家、国际认证高级创业导师、国家高级创业导师、国家创新创业示范校标准起草人。

以及各类第二课堂活动的实践锻炼，从中听取老师和同学们有关自身在 DROPI 各维度状态的反馈，了解这一阶段行动的偏差和下一步的需要，可以根据这些反馈更好地设计下一阶段在以专创融合课堂为主的教育场景中的行动方案。

在专业基础课比较密集的大一和大二，我们一般建议同学们更多地将 DROPI 的思考带入和应用到每一门专业课的学习中去。比如在外语课程中思考、讨论和探求自身梦想维度与外交、外贸跨文化领域重大问题的可能结合点；通过商务专业课程学习企业的社会责任，或通过课堂小组协作去锻炼与不同个性和知识储备类型的小伙伴沟通及承担团队责任的能力；通过专业课程中的某些技能训练，发现市场或社会中尚未形成社会共识的科普机会或社区公益服务机会；通过专业阅读和社会实践，深化对本专业创业者面临的风险和压力的理解；通过学习心得笔记和专业课程作业的创作，锻炼自己的创新思维和内容创新的落地能力，提升应用观察、记录、对照、发散、验证等多种基本创新工作技能。

在大三，校内各种专业和跨专业的双创活动开展得如火如荼，学生们此时已经具备了专业能力的比较优势，也具有了更多的信心和伙伴资源，一般可以参加同学自发的创新技能学习社团、创业实训(俱乐部)活动，校外专业导师的行业经验、职业发展经验分享会，企业或社会公益组织的实习实践、校内初创公司的兼职或创业基地的助理工作，以及参与师生共创应用性科研活动，参加或发起感兴趣的创新项目或创业项目，甚至亲自组织学校暂未组织的专业内或专业外的各类创新大赛、实践大赛等。这个阶段，有一部分同学会参加海外(交换生)学习，往往也可以从中获得在不同社会、经济、文化体系冲击下对企业家精神各维度和双创技能的方方面面强化锻炼的机会。

到了大四，通常要准备人生下一阶段的发展计划，无论是升学深造还是工作，乃至以创业代替就业，都必须避免完成学业和创业实践两者间的冲突，进行更为精心的规划。大部分同学在这个阶段(包括寒假和暑假)会在大学的督促和组织协助下，更多地与校外企业进行职业性互动(实习、毕业论文项目调研、兼职)，也会有更多参加行业招聘会、国际交流、海外学习的机会，可以获取对专业、产业、社会、人才和企业家精神的提升与感悟。

表 2-4 是对虚设的小 A 同学(综合了多位大学生原型人物)运用 RADAR 模型进行个性化企业家精神学习路径设计和应用的工作表示范。表中，“双创认知课堂”“专创融合课堂”“校内双创实践”“校外产教融合”四列分别代表不同的教育场景，即通常在大一至大四年级参加的典型场景。“设计”行代表了小 A 同学在各个阶段自己计划锻炼的 DROPI 重点维度，“反馈与反思”行则代表获得有效反馈的维度，以及通过参加各种学习情境活动所获得的认知、态度、行为层面的实际提升。

表2-4 雷达RADAR体系的设计工作表范例

维度	双创认知课堂					专创融合课堂					校内双创实践					校外产教融合				
认知	D1	R1	O1	P1	I1	D2	R2	O2	P2	I2	D3	R3	O3	P3	I3	D4	R4	O4	P4	I4
态度	D1	R1	O1	P1	I1	D2	R2	O2	P2	I2	D3	R3	O3	P3	I3	D4	R4	O4	P4	I4
行动	D1	R1	O1	P1	I1	D2	R2	O2	P2	I2	D3	R3	O3	P3	I3	D4	R4	O4	P4	I4
设计	D1	R1	O1	P1	I1	D2	R2	O2	P2	I2	D3	R3	O3	P3	I3	D4	R4	O4	P4	I4
反馈与反思	D1	R1	O1	P1	I1	D2	R2	O2	P2	I2	D3	R3	O3	P3	I3	D4	R4	O4	P4	I4

由表 2-4 可以看出，小 A 同学在各个年级获得了比较丰富的、具有个性化而且均衡的锻炼机会。“认知”“态度”“行动”三行记录的是小 A 在认识、态度、行动模式上的实际提升，“设计”“反馈与反思”两行分别记录了小 A 自己规划要在本阶段重点参加的企业家精神培育有关活动的提升维度目标，以及在最终获得的反馈中体现需要进一步强化的维度。

比如通过大一年级的双创课堂和专创课堂的学习，小 A 在所有 DROPI 维度上都刷新了认识，对自身责任感(R1)和捕捉机会勇气(O1)的态度有了较大的改变，参加的实践活动也符合自己规划的课外活动类型，主要围绕理解专业前景、发现职业梦想(D1)和捕捉专业技能提升机会(O1)。小 A 高兴地发现自己找到了喜欢的行业类型并显著提高了专业学习动机，这一切源自小 A 通过创业课程导师和班级导师的专业评估获得了反馈，以及课外与几位班级好友及同乡刻意交流自身各维度的感受和想法，而得到了关于需要树立专业梦想(D1)和对行业社会责任方面(R1)加深了解的宝贵反馈。

到了大二，小 A 在专业课后向老师请教难题的过程中，了解到了一些专业上的创新趋势(I2)，也加深了对行业创新机会(O2)的认识；通过面对小组协作的不和谐情境和阅读本专业模范企业家的创业案例，改变了对责任感(R2)和坚毅品质价值(P2)的轻视态度，从而使学习更为踏实、更加勤奋，也更加重视表达与沟通能力的锻炼，因此小 A 调整了自我提升的规划重点，计划在大三加强团队领导力和责任感(R2)、坚毅品质(P2)和创新意识(I2)的提升。通过有创意的申请，小 A 如愿以偿地获得了一个心仪的大公司的市场经理兼职助理暑期实习机会。

到了大三，小 A 在保持业余社团兴趣活动的同时，如愿以偿地加入了院内专业创新先锋社团，组队报名参加了校级双创比赛和院内专业竞赛，并拿到了一个不错的名次。通过这些学习，以及专业评委的反馈，小 A 深化了自己对专业创新的理解和信念，并通过记录实习日记和专业笔记，不断地积累了专业创新的思路。大三下学期，小 A 的优异表现带来了海外交换生的留学机会，她在留学期间加入了这所国外大学的创业团队，获得了宝贵的跨文化创业团队的沟通经验，也进一步受到了海外有关专业、行业的创业趋势的启发，在回国后保持了与海外团队的联系，并开始规划自己创业所需的条件和路径。这一年来，小 A 的收获令自己惊喜不已，她变得更为踏实、可靠(R3、P3)，对专业创新也有了更深的甚至在同辈中独到的理解(I3)，创业梦想也在萌芽当中(D3、O3)。

升入大四后，小 A 通过综合各位导师、业内人士和团队伙伴对自身创业梦想与职业能力优势进行评估(D4、O4、I4)，决定先不草率创业，而是一边继续进行专业技术学习(I4)，一边加入行业领军企业去学习自己所不够了解的运营问题(I4)。小 A 通过早有准备的毕业论文成功地完成了对新技术的文献研究和初步市场调研(I4)，获得了优秀论文奖(O4)。同时结合自己的跨文化比较兴趣和写作兴趣，自己当主编，带领在国外认识的好友一起编写、出版了一套对比国外本专业实践教育模式和特色的双语小册子(I4)，被同专业的同学们视为神作。通过这本双语小册子带来的业界研讨会机会，她主动认识了国内业界大咖(D4)，并被推荐进入了心仪的头部公司，成为该公司第一个直接任职研发项目部经理的应届毕业生。小 A 在勇于挑担子、负责任的 3 个月项目实习期后(R4)，获得了直接被派驻海外分公司负责重大项目落地实施的机会(O4)。通过这个项目，她非常有把握获得跨国创业所需的专业技能与经验。回想大学四年，她不禁感慨，要不是从一开始就坚定地重视因地制宜、不断反馈和反思的闭环式企业家精神的学习，说不定还在为找工作和跳槽忙碌。

从以上的示例，我们可以得到这样的启发：无论个人条件如何，目前的企业家精神短板有多少，只要通过采用系统性的闭环式学习设计，自己就能更自觉、自主地将大学期间的各种教育资源、环境和学习机会盘活，为我所用；在有利于企业家精神高效培养的大学环境中对自己的认知、态度、行为进行有效反馈和反思，全方位地发现和弥补自己的企业家精神维度短板，并在这个过程中利用被强化的企业家精神来加速自身的成长。

总而言之，培养企业家精神不单是可行的，而且越早越好。大学阶段必须有意识地培养创业精神和企业家精神。企业家精神的培养路径是多种多样的，但首先要从正确认知企业家精神入手，扭转基于认知误区的学习态度，然后通过与导师和他人共同设计，促使自己走上符合自身条件和状况的、不断加速的充满企业家精神的成长道路。

在此过程中，同学们需要特别注意以下三点。

第一，企业家精神的锻炼要从认知、态度和行为，以及不同类型课内、课外活动等多角度切入，多元化开展。但凡有通过与他人互动来实现自身目标的活动，都是锻炼的捷径。我们要力求通过彼此的正向感染，营造一个无处没有企业家精神的大学生活氛围。

第二，如果我们希望高效成长，那么除了需要榜样的参照与对照，还需要多方面沟通与反馈，更需要在这些反馈基础上的独立反思，也就是要保证闭环的形成。只有围绕学习方法的提高进行学习训练，才能真正提高学习的效率。心理学家 K. Anders Ericsson 的研究被媒体套用了“刻意练习：一万个小时可以成就天才的定律”而误导了一部分人，以为只要重复训练足够多次，就能够成为任何技能的世界级大师。这一误解被原作者澄清，他的大多数研究样本中，有效的练习时间不过几百小时而已！因为学习者的大量重复练习是机械性的，并没有刻意针对自己的短板来调用全部的感受和创造力来调整，而是在“舒适区”里反复逗留。对于企业家精神的自我培养也一样，真正有效的训练需要在反馈基础上的纠正，通过正视有效反馈基础上的深刻的反思，才能提升原有认知，开启新一轮更高水准的练习。为了获得自己认同，也最适合自己的个性化的企业家精神实践的反思，我们应当刻意走出“舒适区”，尝试新体验，听取异见，从而获得具有更高指导价值的反馈。在瞬息万变的创新时代，我们要对学习本身具有坚韧不拔的精神。

第三，必须分清读万卷书和行千里路的区别，即认知和行动在学习效能上的差别。“学而不思则罔，思而不学则殆”，希望同学们不要满足于来自阅读感悟所获的新认知本身，不要被纸面的计划混淆了现实行动，又或者被计划本身的复杂性或被自身做计划时的完美主义所打倒。无论从名人传记中汲取情景理解，还是与同学和同龄人的交谈，乃至以感兴趣的行业意见领袖为榜样，都能够极为有效地帮助我们理解自身实践的问题，都能够帮我们潜移默化地改善自己的行动参照系。但无论你现在对企业家精神和创新创业的认知水平怎样，都不妨先从实践行动开始，从第一次行动所获的感性认知出发，开始新一轮闭环学习。

编者围绕 DROPI 层次，总结出以下具有普适性的大学生企业家精神行动参照系。

(1) 大学生要培养梦想，就需要对他人的梦想感兴趣，在对理想、愿望和梦想的交流、探索与尝试中照见自己，在实践中照见梦想。

(2) 大学生要培养责任感，就需要关注各类社会问题，关注社区与家乡命运，关注学院和学校环境，关注集体的学习生活，思考自己应如何为班集体良好的文化和气氛塑造、为校园文明和环境的优化做出更多贡献。

(3) 大学生要培养捕捉机遇的能力，就需要释放自己的激情，努力放下妄自菲薄、怨天尤人的负面情绪，努力放下走出“舒适区”和求助他人的迷茫与顾虑，多尝试和体验有兴趣的事、力争心到手到。要学会不设过高的目标，聚焦自己的初心，体会血性、勇气和亮剑精神。

(4) 大学生要培养坚毅品质，就需要刻意面对不适的学习体验，勇于面对不利的生活条件，同时建立信心，笑对“成功之母”；要坚持锻炼体魄，“打卡”培养值得长期坚持的好习惯。

(5) 大学生要获取和保持创新思维，就需要刻意学习创新的工作方法，要乐于观察，多换位思考，多阅读，拓宽谈话对象，并且勤写心得笔记。习惯于应试学习方式的部分大学生，尤其需要学会少关注自身得失，多关注他人感受，在丰富多彩的校园生活中学会广义的爱的力量，从而通过这些锻炼突破自身局限，提升对他人感受和对社会现象本质的观察敏锐度，获得更多元的视角和更好的共情能力与沟通力。

(6) 要多在专业学习、校园生活和实习工作等常规活动中刻意运用创新技巧，提升基于基本经验的自信心。通过尝试各种拓宽视野的新体验充实生活阅历，更好地做出人生决策和捕捉机遇。

拓展阅读2-7

大学创业故事1——陈安妮的1%梦想

1992年11月23日，陈安妮出生于广东省汕头市赤港镇一个普通家庭，从小就喜欢在课本上乱涂鸦，画黑板报，梦想成为漫画家。那时家里环境比较拮据，一家四口挤在一间狭窄的小房子里，学美术的花费家里负担不起，她只能把所有精力用在学习上。升高中时，陈安妮由于成绩优秀，免学费升入广东省汕头市金山中学南区分校，大学考入广东外语外贸大学。

大二那年，漫画家杨笑汝的讲座让陈安妮重新开始了对漫画的追求。她向同学借了500多块钱，买了一个数位板，开始画手绘漫画，后来以“伟大的安妮”为名在微博连载作品。在生活中寻找灵感，把大学里的糗事、搞笑事、小感悟画出来，真实的故事得到了读者共鸣。

作为拥有600万粉丝的微博博主和著名“90后”美女漫画家，人们心中对陈安妮的印象往往停留在漫画里那个和普通女生一样粗心大条又善良可爱的女主角——“安妮”。而陈安妮在南开大学的演讲，却给观众们展现了一个过着“百分之一”人生的，漫画之外不平凡的、“伟大”的安妮。

“我经历过很多看起来只有百分之一概率实现的事情，但是我都实现了。”

陈安妮从小爱好画画，但是生在普通家庭的她，并没有得到父母的支持。读大二的时候，偶然的一次漫画家讲座，让她重拾起以前做画家的梦想，坚定了零基础画漫画的决心。

“那时候，很多人觉得我成为漫画家的概率只有百分之一。但是我就是立志要成为一个画家，我买了很多漫画书，买了数位板，并尝试在微博连载漫画，慢慢地，看我的漫画的人越来越多。我成功地实现了那百分之一的可能性。”

陈安妮说，现实生活中，99%的人是没有资格说自己为了某种压力不得不放弃梦想的。“有时候，实现梦想最重要的就是跨出第一步，没有实现梦想的人，往往是不愿意为梦想付出的人。”

而陈安妮的生活并不仅仅局限于漫画创作中。今年才22岁的陈安妮不仅仅是一个漫画家，还是“梦当然”工作室的创立者。在连载漫画爆红网络之后，陈安妮开始挖掘漫画背后的商业价值，迈出了创业的第一步。

“开始创业时，我并不被看好，大家都认为漫画作者很难成为一个创业者。”然而，陈安妮又一次勇敢地向百分之一的概率迈步。

孤身一人来到北京，一个人撑起一个工作室团队，巨大的花销让陈安妮感到异常的艰辛。“很多人都觉得我这样太冒险了，但是我觉得做任何事都是要交‘学费’的。决定了，就要无所顾虑的付出，哪怕最后一无所有，也绝对会是你今后人生路上的一笔财富。”

现在，陈安妮的工作室发展顺利，开始和尼康、冷酸灵、好丽友等知名品牌合作。她说，工作室的目标是要让设计的形象风靡全国。

工作室业务步入正轨之后，在好友的推荐下，陈安妮开始尝试互联网产品的开发，获得了成功，让投资商刮目相看。

“我做成了三件只有百分之一可能的事，我相信，只有过百分之一的生活，你才能真正领先。”

在接受采访时，陈安妮提到了对今后漫画创作的设想：“现在，我还在摸索和学习阶段，我不想对自己下定义，也没有过多地注重与别人的比较，我觉得22岁的自己充满着许多可能。”陈安妮还对喜欢画漫画的同学鼓励道：“这是一个很好的时代，动漫和绘本深受欢迎，要抓住机遇，创作自己的作品。”

2020年2月15日，陈安妮荣登福布斯中国发布的“商界潜力女性榜”，并入读马云创办的湖畔大学。

(资料来源：摘自百度百科“伟大的安妮”词条，广东外语外贸大学创新创业教育学院网站《创客风采》栏目稿件，有删减)

思考：

1. 大学本科时的陈安妮和现在的你有何相似之处和不同之处？你打算如何向陈安妮学习，弥补自己企业家精神中暂时不足的维度？你能结合RADAR模型谈一谈吗？

2. 你认为专业外的兴趣如何在学业繁重的大学学习生活中得到发展和满足？

拓展阅读2-8

大学创业故事2——从大学拿C、大疆无人机创始人，到“机甲大师”工程师世界杯的缔造者汪滔

前段时间，美国政府在对华为等企业实施打压的同时，也不忘对国内其他高科技企业实施打压政策，其中代表全球无人机最高水准、拥有所有技术自主开发专利的大疆就在美国打压的“黑名单”下。美国政府曾明令禁止购买大疆无人机，甚至也不允许盟友购买，然而非常“打脸”的是，美国军方抢购了30架御Mavic Pro系列无人机。后来美国政府又以大疆的产品存在“网络安全漏洞”为由禁止采购大疆无人机，而后当然再次被“打脸”，美国军方又偷偷购买了17架大疆无人机。

令国人感到自豪的是，自大疆被美国制裁以来的一年里，大疆在美国的市场占有率同比上升了2个百分点，达到惊人的75%，在北美地区的市场占有率更是达到了85%，而大疆的市值更是达到了惊人的1600亿元。美国的军工科技非常发达，这是全球有目共睹的，但是它主要侧重于军用无人机领域，在民用无人机领域却被后起之秀大疆所超越。大疆到底是一家什么样的企业呢？谈到大疆就不得不介绍一个人，那就是大疆的创始人汪滔。

汪滔，大疆创新科技有限公司创始人兼CEO，2003年入读香港科技大学电子与计算机工

程学系。汪滔儿时就着迷玩模型飞机，2005 年，他将自己的毕业论文题目定为“直升机自主悬停技术”，那时他就已经对进军无人机领域产生了浓厚的兴趣。经过他的不懈努力，终于在毕业前夕完成了样机的开发，然而造化弄人，就在他进行课题汇报的过程中，他设计的飞行器在空中演示时却掉了下来，最终只拿到了一个 C 的成绩。

这次的挫折并没有打击汪滔的信心，反而激发了他的斗志，他一心想要开发一套成熟的直升机悬停系统。于是，他只身跑到深圳，开始自己钻研悬停技术，终于在 2006 年开发出了一套样机，赢得了航拍爱好者的一致好评。而后，汪滔开始自主创业，与之前在课题组的两个小伙伴成立了大疆创新科技有限公司。

在深圳，一家初创公司的存活概率可能还不到 5%，大疆的初期也是无比艰难。公司初创时位于一个居民区内，招聘的过程无比艰难，往往好不容易找到一个人，而看到办公地点后，那个人掉头就走。而汪滔又是一个极端完美主义者，要求员工每天中每个小时的工作内容都要有详细的记录，创始人的强势加上不成熟的管理模式，公司内部出现了很多纷争。

“天将降大任于斯人也，必先苦其心志，劳其筋骨，饿其体肤……”每个成功的创业者在创业之初都会经历这样的痛苦，但是只要能坚持下去，就一定会有出路。果然，经过不懈的努力，大疆在成立 2 年后，推出了一套直升机悬停系统 XP3.1，填补了当时中国直升机自主悬停技术在民用市场的空白。这套系统的诞生在业内引起轰动，而这样的一套系统在当时的售价为 20 万元。

由于售价过高，系统的销售并不是很理想。当时，多旋翼无人机航拍开始流行，多旋翼无人机具有价格便宜、更易编程的优点，于是大疆开始考虑转型。由于航拍摄像机需要重新购买再搭载在无人机上，这个过程非常烦琐，于是汪滔就想，为何不能做一套集飞控系统和相机系统于一体的无人机呢？

之后，大疆开始研发一体化的无人机。2012 年年初，在德国纽伦堡的 Toy Fair 展览上，大疆演示了在无人机上搭载大疆禅思 Z15 云台摄像头的超强防抖能力，而这次的展览也让大疆禅思 Z15 云台一骑绝尘。2013 年，大疆精灵问世，大疆精灵初代机并没有集成相机系统，而后的精灵二代也没有集成相机系统，直到 2015 年，大疆精灵 3 首次搭载大疆自研的相机，实现了集飞控系统和图传系统于一体的完美设计。大疆精灵 3 以 1000 美元的超低价格和超强的性能，彻底打压了其他的无人机开发商，奠定了大疆在消费级无人机市场的统治地位。

2016 年，大疆推出精灵 4，在精灵 3 的基础上提高了机身强度和飞行稳定性，螺旋桨采用快拆式设计，可快速装卸，另外首次加入障碍感知、智能跟随、指点飞行三项创新功能，使这款无人机被称为史上最强消费级无人机。同年，精灵 4 发布后不久，大疆在纽约又发布了旗下首款折叠多旋翼无人机 Mavic Pro。Mavic Pro 的精致小巧和可折叠性使其成为历史上第一次将性能和便携性做到了完美融合的多旋翼无人机。而后，大疆又推出了 Mavic Air 和 Tello 系列多旋翼无人机，彻底占领了多旋翼无人机市场，成就了大疆在多旋翼无人机领域的霸主地位。

2018 年，大疆再次出“大招”，发布了搭载瑞典传奇相机品牌哈苏相机的性能怪兽 Mavic

2 Pro，刷新了人们对消费级无人机的认知上限，可以说这个时候的大疆在无人机领域真正站在了金字塔的顶端。

面对大疆如此恐怖的发展态势，特朗普开始坐不住了，展开了对大疆的打压和制裁，但是却发现大疆的产品从设计到底层，所有的零件都是自研的，操控系统的底层代码也是自研的，产品用到的专利、外观设计都早已申请专利，甚至无人机市场的规则都是由大疆制定的。美国的很多无人机厂家的零部件也都是由大疆提供的，大疆在无人机领域真正掌握了核心技术，是真正一骑绝尘的市场领袖。

而在大疆强大的研发力量的背后，有着汪滔培养下一个“汪滔”的雄心壮志。2016 年起，大疆创新发起并承办了面向大学生的机器人比赛 RoboMaster (机甲大师)。参赛选手需要独立研发制作工程、步兵、英雄等多种地面和空中机器人，操作手通过第一视角操控机器人发射弹丸攻击敌方并进行防御。

从 2015 年起，RoboMaster 已连续举办四届，如果 RoboMaster 是一所大学的话，那么今年这所学校也已经迎来了第一届毕业生。4 年近 3 亿元的投入，第一届毕业生不足 20 人进入大疆工作，被外界视为“大疆变相的高价招聘会”的 RoboMaster 似乎并没有较好的收益。大疆这笔赔本的买卖意在何为？

软硬件、机械、结构、视觉、控制算法……RoboMaster 技术总监杨硕介绍说，比赛所考量的都是大学工科专业教材中的知识点，比赛只是搭建实践教育平台。RoboMaster 每年的规则都会进行迭代升级。2015 年，第一届比赛确定 5 对 5 机器人对抗射击的形式；2016 年，增加了提供全局视角的空中机器人；2017 年，基于仓储机器人概念，在比赛中加入用于补给弹丸的工程机器人；2018 年，增加全自动的哨兵机器人、具备攻击功能的空中机器人，以及考验机器人稳定性的回血复活机制。

“我们希望比赛的标准是选手跳起来能够得到的。”高建荣表示，每年的比赛规则除了融入新兴技术之外，组委会也会考虑参赛选手的水平，让比赛更具有教育意义。

每年近 8000 万元，四年近 3 亿元的投入，大疆却没有构建可从中获利的商业化模式。参加 RoboMaster 比赛的第一批学生大部分继续考研深造、创业。参加 2015、2016 赛季的垄普毕业之后成立了机器人培训机构——北京时创未来智能科技有限公司，郑子杰成立了与大疆形成竞品关系的广州市极臻智能科技有限公司。罗镇华说，无论是从情怀，还是从商业角度来说，大疆旗下的基金都很愿意投资靠谱的“大疆系”创业团队。也许 RoboMaster 是在寻找下一个“汪滔”，而下一个“汪滔”们将会组成下一个行业独角兽。

培养青年工程师文化是大疆一直强调的办赛目的。想要真正创造出新的流行文化，不仅需要大疆这样的先行者，也需要更多的同行者。汪滔率领的大疆，想把 RoboMaster 大赛打造成工程师的 F1 和世界杯。

(资料来源：http://www.elecfans.com/jiqiren/725578.html，有删减)

思考：

1. 你如何看待汪滔儿时热爱玩飞机玩具模型的经历对他的学业发展和创业之路的影响？你有类似“不务正业”却乐此不疲的爱好吗？你对你的爱好有哪些满意和不满的地方？请详细表述。

2. 汪滔有开发无人机的技术。你有热爱的技术吗？如何将这一技术进行水平升级？有无比赛可以参加？你可否发起比赛？

3. 如果你已经是这一技术的王者，那么你能否看到这一领域的未来方向？请描述并寻找改善未来发展方向的机遇。

4. 围绕你的爱好，用 DROPI 模型来描述自己企业家精神的五维度的愿景。

5. 请用 RADAR 模型来规划自己在校期间逐年培育企业家精神的路径。

本章小结

通过本章学习，我们完成了对企业家精神这一宏大话题的讨论，在多个维度对企业家精神有了深入理解。不仅如此，我们还见证了中国特色社会主义企业家精神 DROPI 模型的创造过程。通过多个案例，相信同学们已经感受到了企业家精神议题的重要性，认识到对企业家精神进行多维度、批判性思考的重要性，还了解了自主培育企业家精神的系统性路径和方法。相信通过实践，同学们加深了了解和友谊，有了圆满的收获。学而无涯，希望本章开启了大家创新创业学习的新篇章。

拓展研读

Z老师对同学所提问题的回答

Q1：在你的印象中，“创新创业”是西方资本主义经济发达的不传之秘，还是中国特色社会主义必经的强国之路？

A1：都是，也都不尽然。创新创业是有关人类如何解决自身和社会难题的努力，它存在于所有社会中，与意识形态、政治体制或经济制度都无关。但是，对它的理性认知是从商业高度发达的现代社会开始，而全球范围对它的重视在今天与日俱增，中国亦不例外。老师希望你们通过创新创业学习，更好地助力自主自强成长，从而帮助中华民族更好地实现伟大复兴，促进人类命运共同体愿景的实现。

Q2：企业家精神本质上是雇员“要自己当老板”这一愿望的学术化表达，对吗？它是帮助白手起家的小企业主做大做强自己企业的必备心理条件，还是所有自由职业者固有的心态？企业家精神是因还是果？如果是因，什么是果？成功的企业吗？如果是果，什么是因？

A2：企业家精神不同于所有创业者都需要的奋斗精神，更不是当老板可以“我说了算”的意气。它是激发、指引和帮助所有人去面对和解决重大难题的复合型心理基础，涉及当事人的精神态度、思维方式和对解决难题的观念认知。企业家精神和创新创业的成功互为因果，不可分割；创业、企业和企业家个人人生的成功，都是创新创业成功的表现。从逃避问题到敢于自我革新基础上的创新创业，再到善于结合社会需求的持续创新创业，就是企业家精神从无到有、从弱到强的塑造过程。

Q3：我没有成为企业家的理想和现实家庭条件，所以只想找一份感兴趣又安稳的工作，过美满、安逸的生活。我最向往的就是“富二代”的生活方式——金钱、萌宠、环游世界、游戏人生。这种生活，老师您难道不向往吗？

A3：老师向往追求自由，但是人们所应当追求的自由，不见得和你所表述的“富二代”的生活方式一致。美满、安逸的生活是一种宝贵的自由，但可以肯定地说，如果你是“富二代”，你内心所追求的自由一定不是他人所羡慕的这些你已经唾手可得的物质自由。而如果你不是“富二代”，你想不奋斗就得到它的机会接近零，而不奋斗就可以长期这样生活的可能性更等于零。为了得到它你不得不辛苦地竞争，要付出牺牲其他自由的代价——我鼓励你为了得到这样的自由而奋斗，这就回到了企业家精神的重要性。没有企业家精神，没有人能够获得自由的突破和真正意义的成长。企业家精神和成为企业家无关，也和家庭条件无关，和我们内心是否愿意为追求而付出有关，和这种追求与付出能否持久有关。

Q4：企业家精神和创新都很重要，但为什么要把这两者结合在一起强调？企业家就必须创新吗？不能复制别人的成功吗？有创新的公司才有企业家精神吗？两者之间有什么必然的关联吗？

A4：企业家精神是为了解决难题，创新就是成功解决难题的基础。企业家和不想当企业家的任何人，希望成功解决自己感兴趣的难题，就必须敢于创新、能够创新和不断学习创新。创新不等同于科技专利或新发明。在机遇发现、管理方式、公司文化等每个企业问题上，我们都能找到创新机会。即使是复制别人的成功，也一定会因为你和被复制者的不同，以及应用复制的场景、环境不同，而成为创新的成功复制。比如大家熟悉的日式快时尚连锁品牌 Miniso(名创优品)，就因为中国市场复制式创新而大获成功，又因供应链管理创新不足而在品质口碑上历经危机。企业家精神是创新之源动力，创新是企业家精神之光华。

Q5：我喜欢购买创新的商品和服务，但社会并不需要每个人都是创新者吧？也不可能每个人都有成为创新者的天赋！我既不是商科专业的学生，也不是科学、工程或艺术专业的学生，

作为外语和文学类专业的文科生，我们毕业后从事的工作，比如在培训机构当老师，会需要创新创业吗？

A5：在购物的场景中，或许在没有让你满意的商品、服务，或者没有钱去买日思夜想的心爱产品时，你就能更强烈地感受到创新机会无处不在。社会越繁荣、稳定，就越说明有各种创新者解决了影响繁荣、稳定的各种问题；反过来，越是遏制创新，社会的问题就会积累得越来越多，势必影响每个人的生存发展和需求满足。诚然，不是每个人都有创新天赋，可那只不过意味着你没有超凡的创新成功效率而已。创新的本质是一种行为，它并不依赖天赋，每个人都有可能做出对人生有重大意义的创新，因为无论是学什么专业、做什么工作，都有工作成就感的需要，也就都有了克服约束、解决工作难题的需要，也就有培养创新能力和创业精神的需要。

【其他快问快答】

Q6：企业家精神和创新是否是用于缔造企业和经营企业的商业语境术语？

A6：不是。所有人生和事业场景都存在企业家精神和创新思维应用的机会，它们是重要的通识能力。虽然它们在解决创立和经营企业的问题上体现得淋漓尽致，但绝不仅限于此。

Q7：创新是否指商业操作、科技发明和艺术作品、商品等推陈出新的创造？

A7：不是。广义的创新指对解决任何领域、任何类型的问题首次组合及有效运用特殊要素的行为和方式。除了物质产品的创新，也可以是服务和体验的创新，还可以是思想和内容的创新。

Q8：是否仅仅在商业竞争中，企业家精神才和创新有密切关系？

A8：不是，企业家精神试图解决重大难题，而任何难题能够不同以往或者更高效地解决都与创新有关。

Q9：什么是自觉和不自觉的创新？是否与个人条件有关？

A9：创新离不开问题解决者自觉或不自觉地应用创新意识这一自身要素。不自觉的创新意识是创新者无知者无畏的探索，是集腋成裘、聚沙成塔的经验积累，是工匠精神的体现；自觉的创新意识应用是创新者艺高人胆大，是心有灵犀一点通，是“明知山有虎、偏向虎山行”。

Q10：离开创业语境，我们是否可以不谈创新和企业家精神？

A10：所有存在难题需要解决的情境，都可以受惠于创新意识和企业家精神自觉或不自觉的应用，而与如何使用这些词汇交流无关。

(资料来源：编者 Z 老师的课堂问答对话实录，有增删)

回顾与思考

1. 在学习本章之前，你对企业家精神概念的理解是否仅仅停留在企业家个人的精神层面？你现在如何看待这一概念的集体和社会层面的内涵与价值？你现在能给出企业家精神的更准确的定义了吗？

2. 在学习本章之前，你已经想到企业家精神能与DROPI模型的哪几个维度关联在一起？包括责任维度和创新维度吗？现在你认为自身具有了DROPI模型中哪些维度的良好基础？

3. 本章在带领读者探索企业家精神概念与内涵的过程中，在强调与世界对话的思想指导下，展示企业家精神在学术上的中外渊源和特色，从而创建了中国特色社会主义企业家精神模型DROPI，这对你进一步理解创新创业有何启发或帮助吗？

4. 在学习本章之前，你认为自己具有企业家精神吗？你觉得使用编者提出的RADAR雷达体系来指导个性化企业家精神发展，是否有可行性？你觉得自己在平时的专业课程的学习中，哪些DROPI维度可能发展不足，需要进一步提升？你最愿意与谁交流你的培养方案，并从他那里得到反馈？你愿意尝试从你觉得最不可能给予肯定反馈的人那里获得反馈吗？

课后训练

5元创业盈利赛

——一次克服资源约束的企业家精神的锤炼

本练习旨在通过创新和积极思维的集体运用，提高个人对资源约束的敏感阈值的企业家精神表现。资源约束是最基本的创业现象，克服创业资源约束在本质上能体现对社会需求机会的捕捉能力、创新思维能力、集体共情与协作能力等。

- 作业形态：分小组完成。
- 小组人数：每组人数相同，4~8人不等。
- 完成周期：2周。
- 作业名称：5元创业盈利赛。
- 目标：在5元现金资本的限制下，小组成员共同努力寻找创业机会，磨炼创业本能，提升创新思维、高效协作、有效沟通、克服客观困难等创业心态与技能。
- 要求：同学们将从老师那里获得每组5元的“种子资金”作为启动资本，来从事任何类型的盈利项目。期间，不能追加任何来自团队个人的现金，可以且应当努力调用自己能够免费获得的任何其他类型的资源。2周后，向班上其他人展示创业结果，比一比谁赚取的利润多。当然，将5元种子资金归还老师后，利润均由团队成员留存、分配。
- 评分标准(总分100%)如表2-5所示。

表2-5　5元创业盈利赛评分标准

得分	标准
50%	2 周后完成创业的计划与落实过程并现场汇报，其中口头简报的沟通质量占 50%，落实过程的证明如照片或小视频占 50%
20%	群体创造力和创新精神的发挥
10%	对 5 元现金局限的突破层次
20%	创业利润总额

寻梦牛人组
——伙伴团队构建

发掘你身边具有企业家精神特质的同学，你能够在身边找到更多这样的人吗？你自己是否具有某些方面的企业家精神特质？别人有什么机会发现你的这些特质吗？你可以和具有什么特质的朋友一起组成一个追求兴趣或事业的梦想团队？

- 作业形态：分小组完成。
- 小组人数：每组人数相同，4~8人不等。
- 完成周期：2周。
- 作业名称：寻梦牛人组。
- 目标：通过策划、组织与参与一项社交活动，分享自己希望在校期间实现的梦想，争取在2周内熟悉8~10位班上同学的梦想，争取和其中4~5位禀赋差异大，但面对共同梦想能求同存异的同学，组成一个具有多元化资源的“牛人”团队，并进行团队成立的演讲。
- 评分标准(总分100%)如表2-6所示。

表2-6　寻梦牛人组评分标准

得分	标准
30%	活动策划利于社交分享，利于发现多元禀赋
30%	找到和自己的梦想高度一致的同学
20%	为团队设计的队名、队徽、打气口号符合梦想的调性
20%	演讲的沟通效果

第三章
设计思维原理与应用

The only way to do it is to do it.

只要你开始去做了，就已经走在了成功的道路上。

——斯坦福大学设计学院内的标语

本章目标

1. 了解设计思维领域下创新、创业的相关概念和知识；
2. 了解成长型思维、创新自信力的概念和意义；
3. 掌握设计思维模型的三元素和五步法；
4. 体验设计思维运用的过程；
5. 掌握设计思维五步法的要点和相关工具；
6. 了解设计思维的应用领域与其他思维方式的区别。

导入案例

用设计思维改造的核磁共振仪

道格•迪兹是一个技术型人才，他主要设计核磁共振仪(MRI)等大型医用成像设备。他在通用电气公司工作，有非常成功的事业，也曾有很沮丧的时刻。他在医院里观察他的核磁共振仪(见图 3-1)的实际使用时，看到一个小女孩被吓哭了。经过了解，道格心情沮丧地发现，医院里将近 80%的儿科患者需要服用镇静剂才能做核磁共振。这令道格大为受挫，因为在此之前他一直为自己的工作感到骄傲，他觉得自己设计的这台机器能拯救生命，然而事实给了他很大打击：这台机器给孩子们带来的是恐惧。

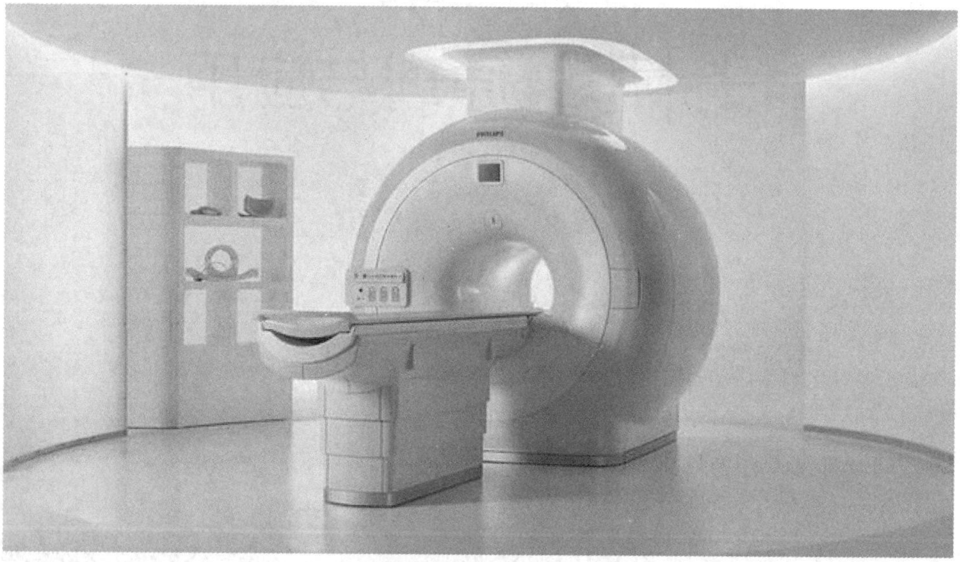

图3-1　核磁共振仪

当时，他正在斯坦福大学设计学院学习关于同理心以及迭代的原型设计等设计思维的流程，运用这些新知识，他重新设计了扫描检查的全部体验，海盗版核磁共振仪问世，如图 3-2 所示。

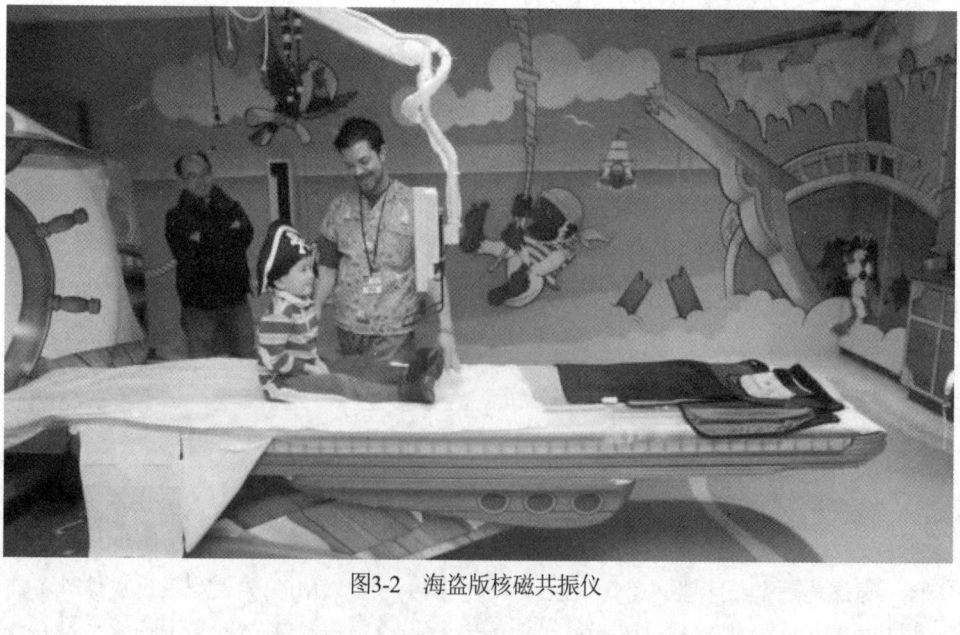

图3-2　海盗版核磁共振仪

他把核磁共振检查变成了孩子们的大冒险，在墙上和机器上画上图案，并给孩子带上海盗帽子，请懂孩子心理的人对医务人员进行培训。进行核磁共振检查对孩子们来说成为一次独特的体验，医生给孩子们解释噪音和检查舱的运行，他们对来检查的孩子说："好喽，你现在将要潜入这艘海盗船。别乱动，不然海盗会发现你的。"

后面的结果是非常令人惊喜的——需要服用镇静剂的孩子从80%降到了10%。医院和通用电气公司对此都很高兴。医院不用一直找麻醉师了，每天的检查数量有了显著提升，这个定量结果十分显著，但道格真正在乎的其实是定性结果。他曾陪同一位母亲等待她的孩子完成检查，小女孩做完了检查后，她跑到妈妈那儿问："妈妈，我们明天还能来吗？"

(资料来源：http://www.ringtown.net/info/?id=637，作者有修改)

第一节　设计思维下的创新创业

不同领域的人对于创新、创业、创造力等概念都有不同的理解，也因此产生了一些创新创业教育、交流方面的阻碍，影响了知识传播的效果。为了更好地开展设计思维的学习，本节首先对设计思维领域下的创新创业相关概念做了如下定义。

一、想象力、创意、创新、创业的定义

(1) 想象力，指想象出不存在的东西。比如，你幻想身边有个大明星在为你唱饶舌歌曲。

(2) 创意，指应用想象力来提出解决问题的方案。这意味着要能够发现问题、分析问题并提出解决问题的办法。

(3) 创新，指把创意落地实施，形成独一无二的新解决方案。这是设计思维五步法完成后的结果。

(4) 创业，指把创新的方案变成现实的产品或服务，同时需要能够把它推广和规模化，即得到市场认可。

由此看来，创新创业是一个循序渐进的过程，就像一个婴儿的牙牙学语，从发声、说字词、念句子到讲故事，有层层递进的逻辑关系。

二、固定型思维与成长型思维

人是可以变聪明的，你信吗？有研究发现，人们常常迎接挑战，学习新东西，突触会变多，从而使大脑灰质增多，人的智商就会提高。而能否很好地迎接挑战，这往往取决于一个人的思维。

全球奖金最高的教育奖项“一丹奖”首届得主为卡罗尔·德韦克教授，她提出固定型思维与成长型思维两种思维方式对于人的发展有重要意义，这两种思维方式也与设计思维的学习密切相关。

(一) 固定型思维

拥有固定型思维的人认为，无论尝试任何有意义的方式，一个人的性格、智力或者创造力都是天生的、固定不变的，一个人想要获得成功与天生的智力息息相关，努力获取成功或避免失败成为这些人毕生追求的目标。拥有固定型思维的人一旦失败，往往自怨自艾，一蹶不振。

(二) 成长型思维

成长型思维也叫发展型思维，拥有这种思维方式的人通常乐于接受挑战，他们认为自己的基本能力是可以通过努力去培养的。拥有成长型思维的人遇到挫折通常不会怨天尤人，而是把失败作为成长的跳板，积极地去扩展自己的能力。

举个例子，比如一个人某一天早上起来，刷牙时牙刷断了，收衣服时发现上面有鸟屎，到了教室发现迟到了还忘记带书，被老师骂了一顿，跟同学讨论又发生了争执，自己的意见又被其他同学否决了，晚上回宿舍想给爸妈打电话诉苦，结果跟爸妈大吵了一架。这时候，拥有两种不同思维方式的人的区别就显现出来了，拥有固定型思维的人的第一反应是今天糟透了，我今天就不该出门或者我这人就压根不懂跟别人沟通，没办法，我干脆不社交吧，这些东西都不适合我。这样的人会有一系列负面的情绪产生，认为这一天真的太糟糕了，自己能够逃避就逃避。拥有成长型思维的人会想以后晾衣服小心一点，要多注意细节，不能忘了带书，要把自己的时间管理抓起来。为什么讨论的时候大家要否决我的意见呢？是不是我表达得不够清楚？我什么时候找机会再跟大家沟通一下？我是否能从同学们身上学到更重要或者更正确的方法？

事实上，这两种人就生活在我们身边，甚至成长型思维和固定型思维会集中在一个人身上。人们在成长的过程中，要不断地激发自己对于成长型思维的认知，并且刻意训练用成长型思维来面对生活，这时候才会发现自己的消极情绪在逐渐减少，而积极情绪会增多。

成长型思维是一个人突破界限的“钥匙”。拥有成长型思维的人，不怕失败，甚至拥抱失败，认为失败越多越好，越早越好，因为这些经历都能促使一个人更加强大，能使一个人更接近成功。

拓展阅读3-1

如何训练成长型思维

我们每个人都同时拥有成长型和固定型两种思维方式，只不过有些情况下成长型思维会占上风，而有些时候固定型思维会占上风。一个人更应该具备成长型思维，那我们应该怎样去训练和强化这种思维方式呢？下面列出了三个步骤。

第一步，理解大脑的可塑性。

人类的大脑和肌肉一样，可塑性很强。大脑中神经元之间负责传递信息的组织叫作突触，突触会根据环境的刺激不断生长。人们每次突破自己的舒适区去学习新的知识、迎接新的挑战时，就会产生新的突触。人们强化已有的知识和技能时，突触就会得到巩固。突触的产生和巩固会使让人们变得更加聪明的大脑灰质增多，也就是说，经常通过思维训练，人会变得更加聪明。

研究结果显示，出租车司机的大脑往往比公交车司机的大脑有更多的灰质，这是因为公交车司机都是常年行驶在固定的路线上，而出租车司机会经常到不同的地点，走不同的路线。

第二步，更加注重过程。

与结果相比，我们更应该注重努力的过程。如果你在做事时听到别人对你说“你真聪明，做的太棒了”或者“你很努力了，但你可能并不适合做这件事”，这些以能力和结果为中心的评价往往会使你的后续行为呈现固定型思维特征。因为你会无意间把自己和结果联系在一起，如果自己努力过但没有获得好的结果，就会选择回避挑战，从而避免失败。

但如果你在做事时听到的是“你对这件事很负责任”或“你做的这些尝试很有效果”，这些以行动和努力为中心的评价往往会使你的后续行为趋向于呈现成长型思维特征。因为你会把自己和努力联系在一起，并对自己的努力过程进行反思，做出一些优化和改善。所以不妨经常在做事的过程中肯定自己、鼓励自己。

第三步，敢于跳出舒适区。

为了训练和强化成长型思维，我们必须经常跳出自己的舒适区。那些不愿意跳出舒适区的人，往往会把取得的成果归功于自己的天分。这样的人一直成功还好，一旦遭遇失败，他们就会认为自己天生没有这个能力，根本不会去思考做事的过程，也不会反思究竟为什么会失败。

经常跳出舒适区，会促使人从固定型思维转化为成长型思维。一个人原本不会做或者不敢做的事才能称为挑战，一旦你尝试去迎接这些挑战，你就会把目光聚焦于努力的过程，想方设法来提升自己，从而赢得这些挑战。比如平时你是一个不愿意多走一步的人，但你为了挑战自己，决定三个月后参加 42 公里的马拉松赛跑。为了完成比赛，这三个月里你会坚持训练，不断让自己跑得更快、更远。所以，即使三个月后你没有在比赛中取得名次，这个努力迎接挑战的过程也会使你获得成长。

想要一直保持成长型思维并不容易，需要时刻警惕避免陷入固定型思维，特别是当周围的人对你说三道四时，这很容易使自己失去信心。所以，重要的是保持独立思考，牢记自己的目标，不忘初心。

(资料来源：https://www.zhihu.com/question/357692213/answer/909447119)

三、创新自信力

创新是发展的第一动力，无论是对于社会，还是对于个人，这句话都有重要意义。但创新绝不是少数人的天赋，而是人人都有的能力，人人都可以带着意识去改造世界。

(一) 创新自信力的概念

创新自信力，就是相信自己拥有改变世界的创新才能，在心理学上，这种自信也称为自我效能。自我效能是指人们对自己是否能够成功地进行某一成就行为的主观判断，它与创新自信力是同义的。一般来说，成功的经验会增强自我效能，反复的失败会降低自我效能。高自我效能的人通常都是乐观的，能够积极行动，勇于承担挑战，并且努力克服障碍。

(二) 创新自信力的来源

人成年后往往变得谨慎，因为有着对不确定性的恐惧，因此学会了经验判断，习惯将自己安置在舒适区里面，尽量在公众面前保持一种专业的姿态，避免“露短”，甚至不愿意去做一些有可能会失败的事情。而重新找回创新自信力，首先需要有勇气迈出第一步，哪怕这一步可能是错的。正如本章开头所说的，“The only way to do it is to do it”。

(三) 培养创新自信力的方式

(1) 克服失败恐惧症，与自己达成和解。每个人都有恐惧，包括对于未知的恐惧，对于失败的恐惧，对于他人言语的恐惧等。不妨豁达一些，与自己达成和解，敢于承认错误，允许自己暴露脆弱的一面，反而有利于轻装上阵。

(2) 在鼓励建设性失败的环境中逐步训练创新自信力。创新自信力如同肌肉的力量，是可以培养的。许多世界知名院校的课程就要求学生团队不断突破极限，从“健康”的失败中培养韧性、勇气和谦逊。

(3) 把注意力放在“他人”身上，运用同理心进行洞察；而非把关注点放在自我推销上，花心思赢得别人对自己的认可。越是没有安全感，越会影响创新自信力的发挥。

(4) 从团队中获取力量。这里的团队不仅指项目团队，还指社群。没有最好的个人，只有最好的团队。在好的团队中，成员之间可以相互激发，相互鼓励，在这种氛围下，很多难题更容易被克服。加入一个有创新自信力的团队，会帮助你成为一个自信的人。

(5) 养成反思的习惯，永葆激情，敢于放下。要不时地对自我所处的阶段进行识别，当觉察到自己面对现实的挑战已经不那么兴奋，甚至有些疲累的时候，可以回归初心，思考一下自己的目标究竟是什么。当现实偏离了目标的时候，要有勇气放下一些东西，做出积极的改变。

创造力不是天赐的才华，而是人生而拥有的。为创造力插上现实的翅膀，拥有敢于创造的自信心，人才能真正认识并掌控自己。

拓展阅读3-2

皮克斯公司是怎样培育集体创造力的

皮克斯是著名的动画制作公司，它创造了许多知名的动漫故事和动漫形象(见图 3-3)。1986 年，史蒂夫•乔布斯(Steve Jobs)成立了皮克斯动画工作室。2006 年，皮克斯被迪士尼以 74 亿美元收购，成为迪士尼公司的一部分。

图3-3　皮克斯公司的动漫形象

本文选自《哈佛商业评论》，作者为卡特姆，他是皮克斯公司的联合创始人，皮克斯和迪士尼动画电影厂总裁。以下为正文内容。

各大制片厂的高管们称，成功作品的核心问题不在于找到优秀的人，而在于找到绝妙的创意。对这样的说法，人们几乎总是半数同意，半数反对。我极端不同意这些制片厂高管的观念，这些观念的根源在于，人们对创造力的认识受到误导，夸大了原创作品制作过程中初始想法的重要性，反映出人们在如何管理创作突破性产品的巨大内在风险方面有深层次的误解。我认为，皮克斯动画作品的持续成功主要不是因为运气，而是在于坚持了一整套管理创作人才和风险的原则与做法。

(1) 人才是难得的。

(2) 讲真话必须是安全的。

(3) 我们必须不断地挑战我们的全部假设，不断地寻找可能破坏我们文化的漏洞。

一、什么是创造力

在电影制作业及类似的复杂产品开发行业，创造力就是有不同学科背景的一大批人有效合作而产生的能力，可以解决大量的问题。面对顾客的高要求，公司高管应保持战战兢兢的态度，但同时还必须抵抗、规避风险或最小化风险的自然倾向。敢于冒风险并有能力从失败中恢复的关键在于人才，这样的人才并不容易找到，同样困难的是让这些人才通力协作，这需要信任和尊重，只有岁月方可铸就。公司高管要做的就是营造一种孕育信任和彼此尊重关系的环境，释放每个人的创造力，措施得力就可以打造一个有活力的社群。

二、文化的根基

我坚信，聪明的人比绝妙的创意更加重要。

1. 授权创作人员

把一个一流的创意交给一个中不溜的团队，他们会把它搞砸。可是，把一个中不溜的创意交给一个一流的团队，他们会把它做成。为了突显创作梦想是最为重要的，我们是以电影制作人为主导的。实际上，一个电影制作团队有两个领导人：导演和制片人。他们组成强有力的合作团队，不但要力争制作出伟大的电影，还要在时间、预算和人员的约束之下开展工作。在电影制作期间，公司高管将运营决策权交给影片的领导人，而不会猜忌他们。

2. 对等的文化

每个人都全身心地投入，帮助其他人更好地完成工作。每个人都真正地感受到，人人为我，我为人人。

3. 智囊团

皮克斯的导演智囊团会对制作中的电影提供建议，不过，制作团队的领导人可以决定哪些给予采纳，以及哪些不予理睬。

4. 日评活动

日评活动是一种对等合作的工作模式，是公司文化的核心，不限于导演和制片人群体。

打消顾虑：每天展示尚未完成的作品让人们放手去冒险，尝试新事物，对初次的成果不要求完美。

好处：加强沟通，及时反馈，避免无效的工作；有利于影片的创作和员工的相互学习。

三、技术 + 艺术 = 魔术

平等对待不同学科背景的人，与平等对待相同学科背景的人一样的重要，但是要做到前者却困难得多。

皮克斯所奉行的做事原则如下。

第一，每个人必须拥有与任何人沟通的自由。

第二，每个人提出的想法必须是安全的。

第三，我们必须密切跟踪学术界正在出现的创新成果。

我们还试图用其他的方法来打破学科之间的藩篱。例如，我们有一个提供一系列内部课程的机构，并将其称为皮克斯大学。皮克斯大学强化了这样的观念，即我们都在学习，一起学习很好玩。

又如，办公大楼的结构设计是乔布斯的主意。办公大楼中央是一个巨大的天井，里面设有自助餐厅、会议室、卫生间和信箱，如图 3-4 所示，这样，每个人每天都会有强烈的理由反复地去这里，让不同部门的人不期相遇的机会最大化，大家就有机会进行更多的交流。

图3-4　皮克斯公司的办公大楼

四、保持正确的行动路线

公司面对的最艰难的挑战有两个：一个是剖析自身，这非常难做到，要客观对待更是不舒服和困难的；另一个是制度性地与自满情绪作斗争，在公司取得成功的时候发现问题，这也是很困难的。皮克斯是这么做的：

1. 事后检讨

一是尝试变换进行事后检讨的方式；二是要求每个小组列出最愿意重复做的五件事和最不想做的五件事。

公司管理人员需要懂得，参加一个会议后大吃一惊是再正常不过的事情。

不管什么事，用大量的数据进行评价。大多数过程所涉及的活动和交付都是可以定量的，尽管动画电影厂是一个创作型组织，但数据可以客观地反映问题。

2. 新鲜血液

成功的企业在引进新人时会面临两个挑战：一个挑战众所周知，即水土不服症；另一个挑战往往被忽视，即心存敬畏症，这是公司年轻新员工的问题。前者对公司不成问题，因为公司有开放的企业文化，持续进行变革的方式让新来者不是那么具有威胁性。较难做到的是让年轻的新人敢于发言，为此公司高管会在新人入职仪式上谈论公司曾经犯过的错误和学到的教训。

(资料来源：http://www.360doc.com/content/15/0915/11/18597149_499263924.shtml，作者有修改)

第二节　设计思维模型

设计思维模型是设计思维的核心，是开展创新创业思想活动、产生好创意的有效工具。在设计思维模型中，你会神奇地发现，你似乎学习到了它的逻辑，后面可能会发现它又好像没有逻辑、十分发散，充满变数和无限可能。唯有不断地使用和锻炼设计思维，才能更好地使用它，并在复杂问题带来的挑战中不断成长。

一、设计思维的定义与特点

(一) 设计思维的定义

设计思维是一种以人为本的创新方式，它提炼自设计师积累的方法和工具，将人的需求、技术可能性以及对商业成功的需求整合在一起。

(二) 设计思维的特点

设计思维的特点如下。

(1) 以人为本。

(2) 目标导向。设计思维是先有目标，再寻找中间的解决方案。

(3) 失败越早越好，因为前期的失败成本往往比较低。

(4) 开展设计思维实践的环境是轻松自在的。

(5) 应对设计挑战时，一般要有社会情怀。

二、设计思维模型的三元素与五步法

设计思维的核心是以人为本，设计思维模型包括三元素和五步法，三元素用于判断项目是否具有实施的可行性，五步法用于一步步做出最终能投放市场的好产品或服务。

(一) 设计思维模型的三元素

一个创新创业项目的落地离不开对可行性的判断，没有可行性的项目是无法落地实施的，更不用说推广到市场。例如想要设计一个按钮，一按下去就回到人们最美好的时光，但这不是现代科技可以完成的。设计思维的三元素分别是用户需求性、科技可行性、商业延续性，如图 3-5 所示。

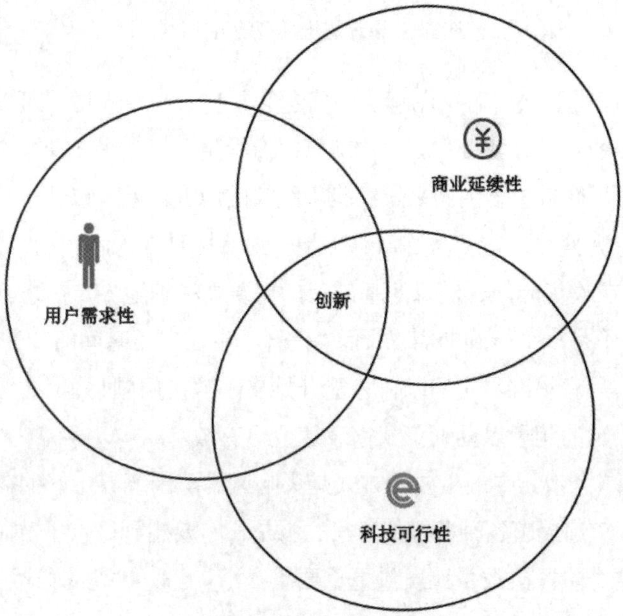

图3-5　设计思维模型的三元素

(1) 用户需求性：项目必须是能够满足用户需求的。

(2) 科技可行性：项目的落地实施必须是现有科技可以实现的。

(3) 商业延续性：项目要能够投放到商业市场中并推广，要具有规模化、可持续发展的潜力。

(二) 设计思维模型的五步法

设计思维的五步法是非线性的、可随时返回重做的模型，如图 3-6 所示，包含共情、界定需求、生成想法、原型实现和测试五个步骤。五步法具有一定的逻辑性，但如果在这个过程中发现某个步骤的结果不理想，可以随时返回到前面的步骤再次进行。比如，在界定需求的时候发现这个需求不太准确，切合不到用户核心需求，觉得之前的需求是一个“伪需求”，那么可以返回去再做一次共情，以期得到更准确、更真实的需求。

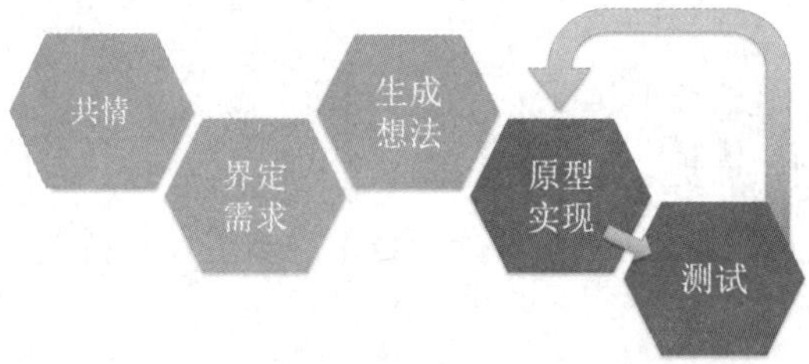

图3-6　设计思维模型的五步法

(1) 共情。共情就是要获得对试图解决的问题的共鸣。简单来说，可以理解为换位思考。比如你希望改善学校的教室环境，那么，你就可以像学生一样，坐在课桌旁上一整天的课来体验教室的环境。或者，你希望学生们来解决班级纪律的问题，就可以让一位学生来做一天的老师。常用的方法还有观察法、访谈法等，这个步骤的目标是深入解读用户，收集大量信息。

(2) 界定需求。在收集的调查信息的基础上，需要更精确地界定需求。例如“让学生的成绩更好”就太宽泛，不是一个精确的需求；而“提升学生在自习时间的专注力”则是更精准的、切入点明确的需求。只有精准界定需求，才能开始着手解决问题！

注：表示需求界定的句子以动词形式来表达会更有效。

(3) 生成想法。这个步骤中最主要的方式是头脑风暴。围绕界定好的需求，跳出局限，打破惯性思维，天马行空地提出各种各样的点子。不是一定要想到好点子，而是要在一百个点子里选出最好的。在这个阶段，数量比质量更重要。

生成想法的工具有头脑风暴、思维导图、身体风暴、游戏风暴、故事板等。

(4) 原型实现。这个步骤的目标是快速做出可以是粗糙、简单的产品或实现产品中的特定功能的原始模型，用于测试上一步骤提出的解决方案。原型可以是一个具体的产品的模型，对于服务类的创新原型实现，也可以是一个小规模的环境或过程的简单模拟，比如想要改善一个饭店的点餐体验，可以角色扮演去做饭店老板，邀请一个家庭来模拟点餐的场景。

(5) 测试。这个步骤中会使用实现的产品原型或模拟环境来严格测试问题是否得到解决，需求是否得到满足。这个阶段非常重要，一些想法可能会在这个过程中被重新定义，甚至发现新的问题。

初次完成五步法后，就要快速迭代产品，并将它推向市场。

拓展阅读3-3

Embrace婴儿保温箱

根据世界卫生组织 2012 年 11 月的数据，全球每年大约有 1.3 亿婴儿出生，在第一个 28 天内死亡的婴儿数高达400万，而这种情况多发生在发展中国家。在全世界范围内，印度的新生儿死亡人数最多，占全球的30%，几乎每3个印度新生儿中，就有1个低体重新生儿或早产婴儿。

Embrace是斯坦福大学的一个课堂小组，在设计思维课堂上遇到了一个设计挑战：目前市场上的婴儿保温箱价格约为20 000美元，他们的挑战目标是用300美元的产品去解决婴儿保温的问题。

于是，Embrace小组在尼泊尔的首都加德满都开始了需求发现的工作。(注：需求发现可以理解为“共情+界定需求”这两步结合。)

到了尼泊尔，他们在加德满都医院观察新生儿的出生情况，他们发现当地医院根本就不缺婴儿保温箱！然后，他们又到农村去了解早产儿的护理情况。他们有两个惊人的发现：第一，尼泊尔绝大多数早产婴儿出生在农村地区。第二，大部分早产婴儿在去医院的途中就夭折了。他们意识到，无论婴儿保温箱的设计有多么好，它都不会帮助到大部分的婴儿，因为大部分的婴儿并不是在医院出生的！

了解相关事实后，该小组重新考虑了这个问题。他们认为设计的婴儿保温箱需要具备以下特点：

(1) 成本低。

(2) 易于操作使用。

(3) 可供生活在偏远地区的人员使用。

经过上百次原型的开发，小组得出的最终结果是设计一个附有特殊插入设备的小睡袋，达到保暖的效果。但Embrace小组的工作至此并没有结束。在发明婴儿睡袋后，他们又回到了现场，向婴儿们的母亲和医护人员收集了使用反馈。他们就产品的使用方法、使用中是否遇到问题、产品是否易于使用等问题进行了讨论。Embrace小组知道，虽然他们成功发明了婴儿睡袋，但他们还需要了解是否有人愿意使用它。如果没有人愿意使用产品，问题还是不能得到解决。

根据使用反馈，小组设计出了婴儿睡袋的最终版本，并命名为Embrace婴儿保温箱。这个产品由睡袋、加热器和一个育儿袋组成，只需将育儿袋放进加热器加热之后，并将其放进睡袋，即可为婴儿持续提供46个小时、37℃左右的温度。Embrace婴儿保温箱体积小、重量轻，方便运输到农村且成本低。整个睡袋可在沸水中消毒。它比传统婴儿保温箱在使用上更加直观，并能很好地配合“袋鼠式护理”，“袋鼠式护理”是指一个母亲可以抱着她的孩子紧贴在她的皮肤上。与价值20 000美元的传统保温箱相比，Embrace婴儿保温箱(见图3-7)的成本只有25美元。

现在，Embrace婴儿保温箱产品已遍布22个国家，受益的低体重新生儿和早产婴儿的数量达20万以上。

(资料来源：http://dy.163.com/v2/article/detail/DBU3NSKN05198R53.html，作者有修改)

思考：请用设计思维五步法复盘Embrace婴儿保温箱案例的共情、界定需求、生成想法、原型实现和测试分别对应哪些内容。

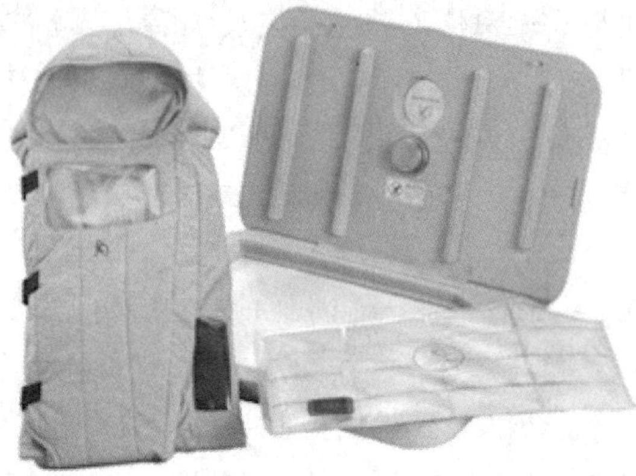

图3-7　Embrace设计的廉价婴儿保温箱

第三节　设计思维实践案例与体验

本节通过设计思维的实践体验，帮助学生加强对设计思维模型的了解。

一、IDEO公司设计购物车的案例

IDEO 是全球知名的设计公司，它曾经设计出苹果电脑的第一款鼠标和第一代笔记本电脑、无印良品的壁挂式 CD 机、宝丽来的口袋相机等一系列传奇产品。扫码观看视频，了解他们如何设计超市购物车(见图 3-8)。

扫码看视频

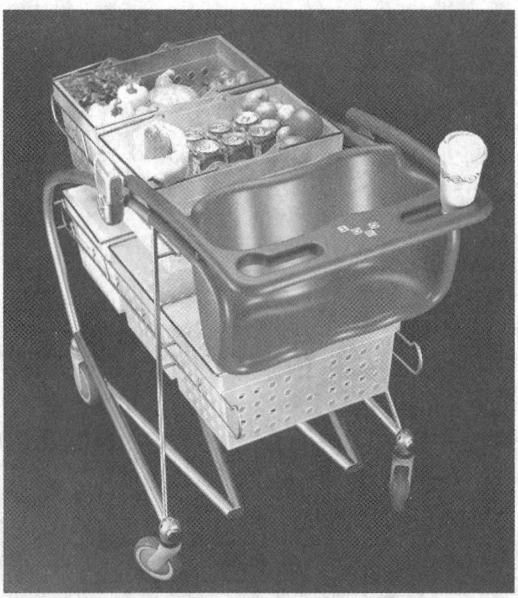

图3-8　IDEO公司设计的超市购物车成品图

值得注意的是，他们的设计团队里没有设计购物车的专家，为什么？因为购物车的专家有固定的思维模式，他们会想我原来设计的购物车经常出什么毛病，哪个地方有什么问题，引起这个问题的原因在哪儿，怎么修改才能把问题解决掉，因此，他们很难做到颠覆式创新。

IDEO 公司的设计团队是怎样的？IDEO 公司的设计团队是由营销专家、语言学家、生物学家等组成，每个人贡献的想法完全不同，所以得到的设计可能是一个完全不同的东西。

思考：通过了解 IDEO 公司设计购物车的过程，大家还发现了什么？

二、设计思维实践体验

体验主题：送礼体验。

必须遵守的规则：

(1) 体验开始之前要有好的学习心态，不骄傲自满。

(2) 严格遵守时间计划，做好计时，互相监督。

材料包准备：透明胶、双面胶、剪刀、橡皮泥、一次性纸杯、扭扭棒、彩带、卡纸、便利贴、废传单、废报纸等。

(一) 共情

共情访谈的5个小技巧：

(1) 采访中多去挖掘访谈对象的故事和内在情感。

(2) 不要提建议，也不要评价好坏。

(3) 不要暗示或引导访谈对象。

(4) 每次只问 1 个问题，否则容易乱。

(5) 尽量问开放式的问题，不要问答案都是“是”或“不是”的问题，也不要问有诱导性、评判性的问题。

说明：不要怕遇到极端用户，相反，极端用户的答案更有价值，比如可以问他们为什么不送礼？他理解的送礼体验应该是怎样的呢？如果进行全新的设计会不会更有趣？

完成图 3-9 共情环节的记录。

【问题】为什么要共情？

(1) 共情解决的不是“我”的问题，而是“用户”的问题。

(2) 共情可以发现人们表述出来的和隐含的需求，这是为了在设计解决方案的时候可以满足他们真正的需要。

(3) 人们其实并不知道真正要解决的问题是什么，除非能够准确理解用户，而共情是一个好的方式。

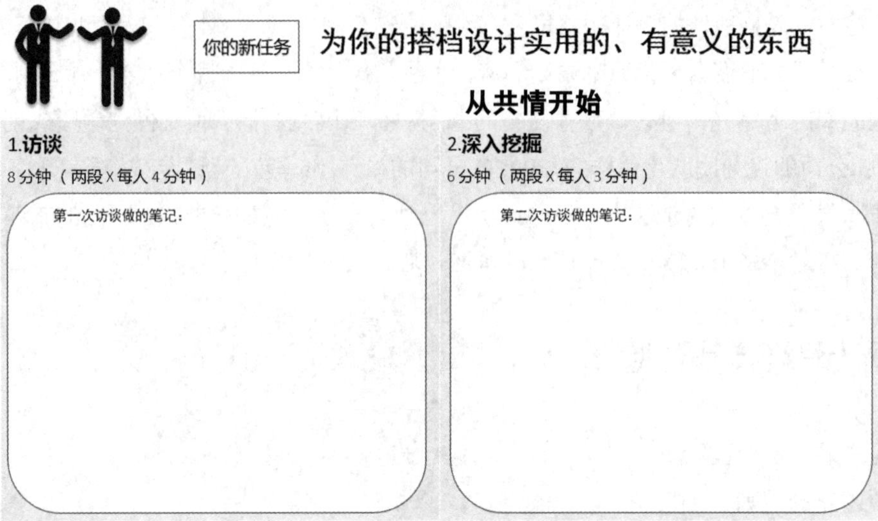

图3-9 共情环节的记录

(二) 界定需求

界定需求，要清楚问题之所在，找到应该发力的焦点：对收集到的信息进行综合整理、分析和合成，总结出来有意义、可执行的观点陈述。对用户需求的洞察力不是自动出现的，而是在合成分析过程中逐渐清晰的。完成图3-10界定需求环节的记录。

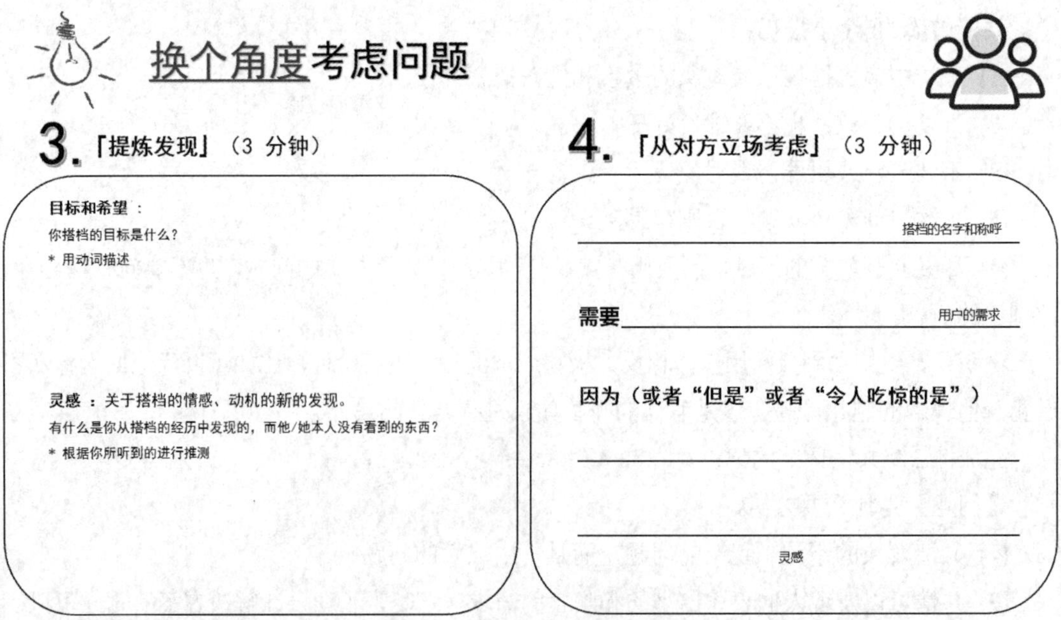

图3-10 界定需求环节的记录

(三) 生成想法

在这个环节，请尽情释放大脑，天马行空，不需要“正确”的想法，而是需要更多、更广泛甚至“奇葩”的想法！

可以把想法用画笔画出来，如非必要，请不要用文字。别怕画得丑，点、线、面、圆圈、火柴人，喜欢的图案都可以用上！

完成图 3-11 和图 3-12 生成想法环节的记录。

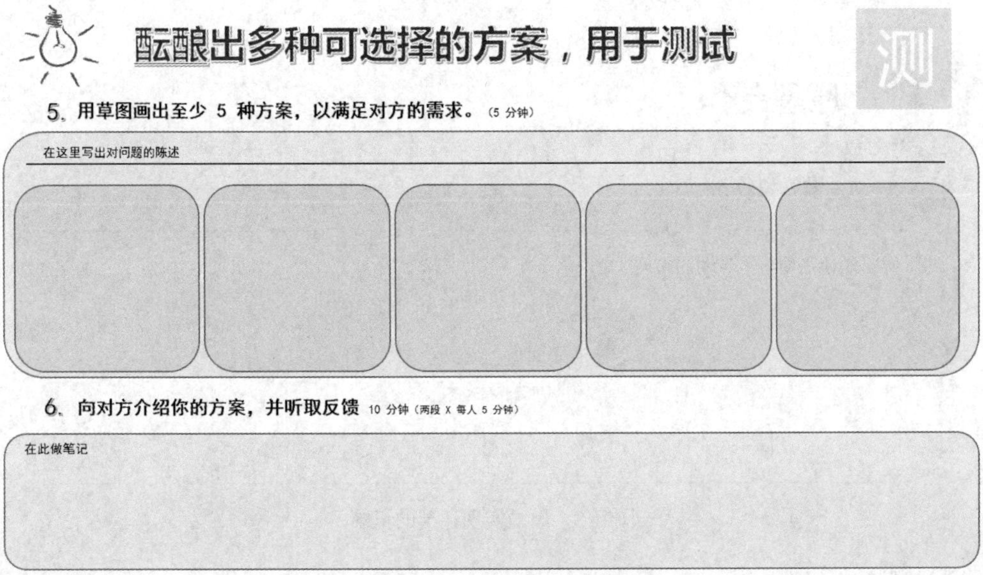

图3-11　生成想法环节的记录(一)

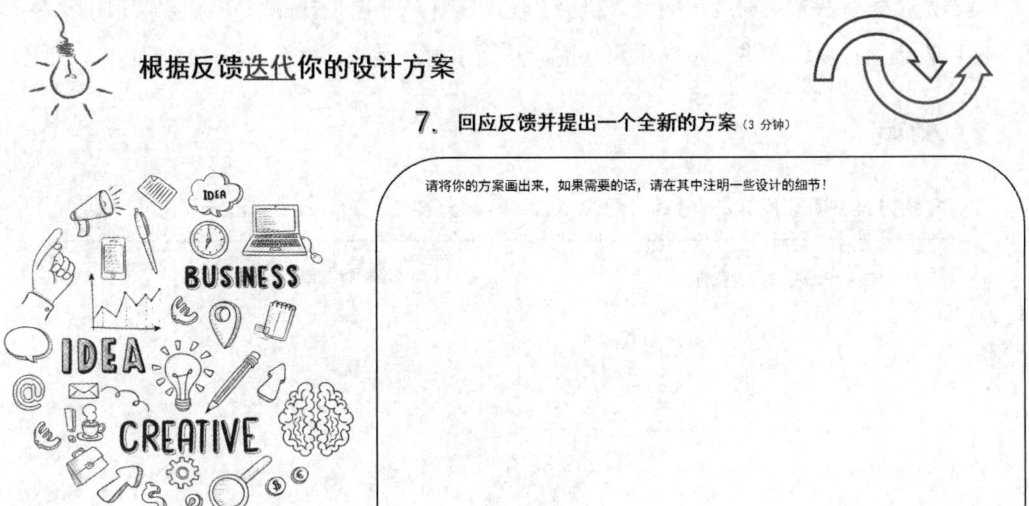

图3-12　生成想法环节的记录(二)

生成想法这一环节是从界定问题到产生解决方案的过渡，是对用户及需求的理解，并将其与自己的想象力、创造力相结合。生成大量的想法，是为了穷尽表面的方案，只有这样才可能生成真正创新的点子，后续的步骤中可以测试点子的可行性与正确性。

(四) 原型实现

一图胜千言，一个原型胜千图，原型制作出来后，可以更好地与用户进行沟通。原型实现要快，成本要低，可以边做边思考，首先重点做出原型中想让用户体验的部分。拿起身边的材料包，动手做起来！完成图 3-13 原型实现环节的记录。

原型制作

8. 动手做原型（7 分钟）

做出能让搭档与之互动的东西

[不是画在这里]

图3-13　原型实现环节的记录

(五) 测试

测试是了解解决方案和用户的绝好机会。使用实际产品原型样品或实际场景让用户亲身体验，然后收集用户反馈，进一步与用户共情，从而了解其需求。完成图 3-14 测试环节的记录。

测试

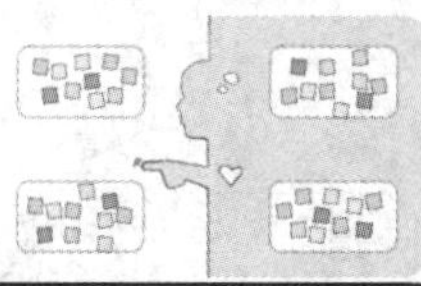

9. 介绍方案并听取反馈 8 分钟（两段 X 每人 4 分钟）

+ 哪些特性是有效的、需要保留的...	— 哪些是需要改进的...
? 疑问...	! 新点子...

图3-14　测试环节的记录

测试不是为了证明自己的原型多么完美，而是一个持续学习的过程。通过测试，充实对自己想法的理解，打破团队或自我的自恋。

整个设计思维体验实践游戏到此已经结束了，相信这次体验能让你有个不错的感受。请分别用“我喜欢”“我学到”“我希望”做个小总结，如图 3-15 所示。

图3-15　3段式课后总结

第四节　设计思维五步法的要点和工具

本节主要介绍设计思维五步法的要点和工具，旨在深化学生对设计思维五步法的掌握并帮助学生学习、认识一些有效的设计思维工具、方法。

一、设计思维五步法的要点

设计思维是一种思维模式，也是一套创新的流程和工具。设计思维五步法的要点有以下 4 个。

(1) 创新一定要有自信心。最怕的就是，还没干呢，就说不会、不行、没学过。创新能力是人与生俱来的能力，需要不断地去实践才能不断提高。

(2) 延迟评判。当别人提出一个想法的时候，不管在任何情况下，都不能直接说不可能，不能直接说你错了，要延迟评判，因为很多好的想法就是在延迟评判的过程中发现了可行性。

(3) 鼓励大家提出天马行空的想法。生成想法的阶段只讲究数量，不讲究质量，随意发挥，记得把点子记下来。

(4) 小步快跑，快速迭代。先低成本、快速地把事情做成，交给用户测试，发现问题，再调整、迭代。

设计思维不是教会大家 5+5=10，而是让大家主动思考几加几等于 10。

二、设计思维五步法的工具

(一) 共情

共情可以理解为换位思考，通过观察法、访谈法等方式去理解用户的内心，从而了解他们的需求。

在设计思维背景下，访谈法是一种探究受访者背景、顾虑和需求的谈话方法。

访谈前的准备如下。

(1) 头脑风暴想问题。写下团队可能出现的所有潜在问题，借鉴彼此的想法，以便丰富访谈主题。

(2) 主题的识别与排序。类似于“信息分组”，让团队确定主题或确保大多数的问题符合主题；一旦确定了主题域，明确顺序，就能使对话顺利进行。构建访谈流程，降低访谈偏离主题的潜在可能性。

(3) 问题的改善。一旦把所有的问题都按主题和顺序分了组，就会发现有一些多余的谈话内容或者不恰当的问题。请确保在计划中预留出足够的时间，重点提出“为什么”的问题、“请告诉我上一次你_____”的问题和关于用户感受的问题。

访谈技巧如下。

(1) 要积极询问具体事例，尽量提出一些便于人讲故事的问题。

(2) 提出开放式问题，如“请告诉我上一次你_____”

(3) 多问为什么。如果某人说“我认为”、陈述意见或表现出有倾向的态度，那么本次对话没有结束。去询问为什么，哪怕自认为已经知道了答案，有时真实的答案会令人感到吃惊。

(4) 每个问题尽量简短(询问问题的时间应占对话的 25%)。

(5) 不要给出二选一的问题，不提引导式问题，要持中立的态度提问。

(6) 不要惧怕沉默。采访者常常觉得有必要在休息时提出另一个问题。如果能留有思考的时间，一个人就可以反思刚刚说过的话，并且有可能揭示更深层次的东西。

(7) 关注非语言暗示。注意访谈对象的肢体语言和情感。

(8) 寻找矛盾所在。有时候人们说的和做的是不一样的，这些不一样往往隐藏着一些有趣的灵感。

(9) 确保做好了收集信息的准备。最好两个人一起去采访，如果做不到，应该使用录音设备，因为一个人不能在与用户沟通的同时又做好详细的笔记。

(10) 了解一般访谈流程，如图 3-16 所示，掌握节奏，做到心中有数。

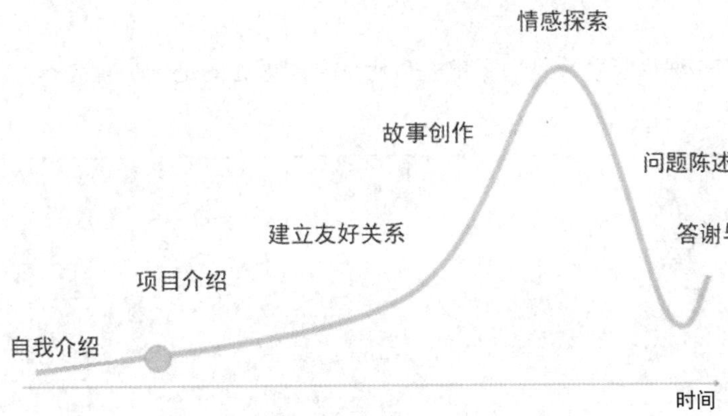

图3-16　一般的访谈流程

(二) 界定需求

界定需求的 4 个工具如下。

1. 客户体验图

客户体验图是一种可视化流程工具，能够系统地反映用户的体验过程。流程细节的绘制可以揭示潜在的机会。客户体验图侧重于那些与设计思维挑战直接或间接相关的环节，例如用户出门购买奶茶的流程图、女大学生上早课的流程图(见图 3-17)，或者产品从制造到上架再到用户手中的流程图。

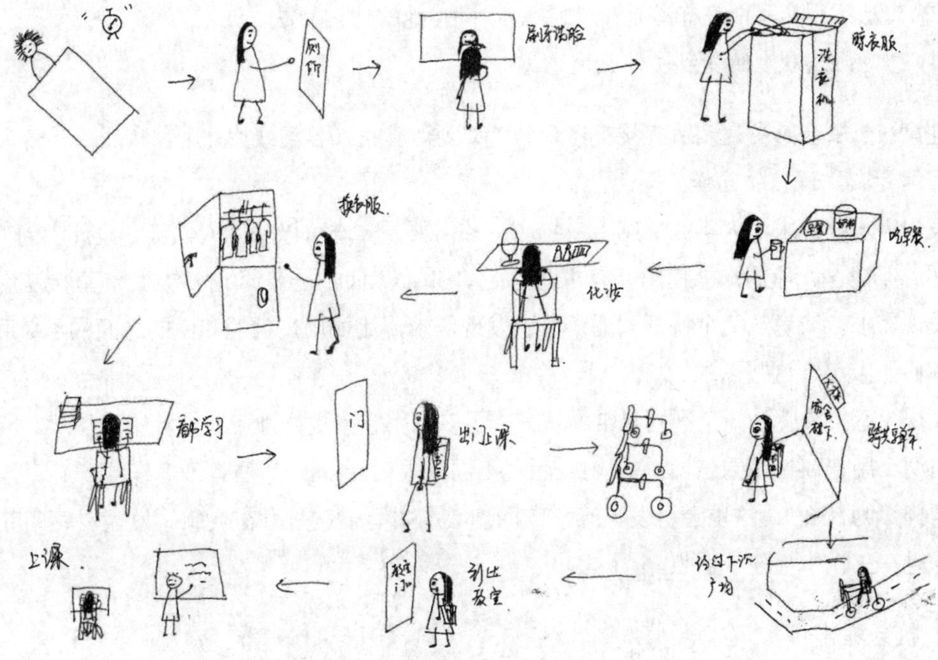

图3-17　客户体验图：女大学生上早课

2. 同理心图

好的设计是建立在深入了解设计对象的基础上的。同理心图是一个有助于整合见闻和激发灵感的工具，如图 3-18 所示。

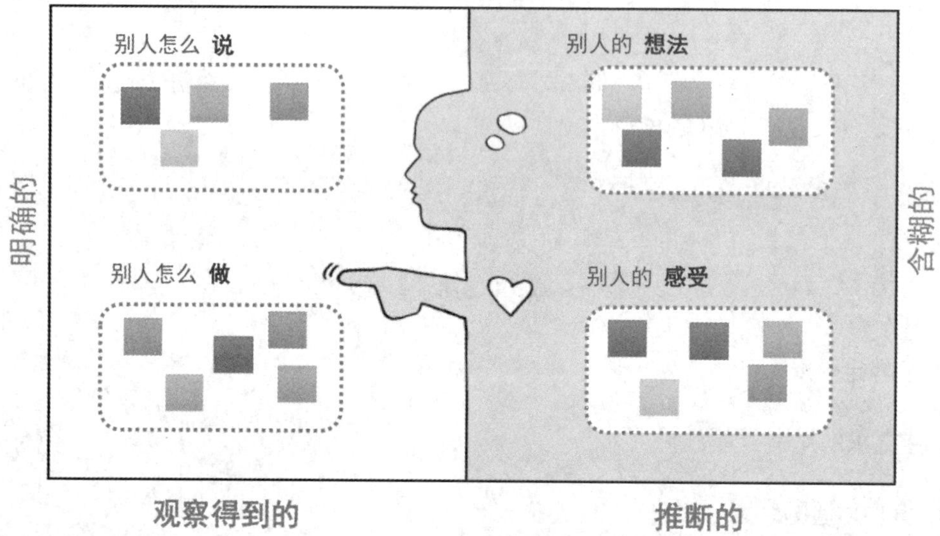

图3-18　同理心图

同理心图是一个四象限图，共分为说、做、想法、感受 4 部分。

(1) 说：用户说了什么引述和解释性的词语。

(2) 做：观察到了什么行为和动作。

(3) 想法：用户可能在想些什么？这说明了他/她的什么看法。

(4) 感受：主观上感受到了什么情感。

注意：想法和感受是无法直接观察到的，必须认真关注各类线索才能推断出来。请注意语调、用词和肢体语言的选择。

发现需求：需求是人类在情感上或物质上的需要。需求可以帮助人们确定设计中的挑战。请记住：需求是动词(用户能使用并有帮助的活动和愿望)而不是名词(解决方案)。直接从用户特征中发现需求，或者从两个特征间的矛盾中发现需求，比如用户说的和做的之间的不关联性。在同理心图中写下这些需求。

发现灵感：灵感是一个不同寻常的认识，可以利用它来更好地应对设计中的挑战。灵感通常来自两个用户属性(位于一个象限内或两个不同象限内)之间的矛盾，或者在注意到奇怪的行为时自问“为什么”，这也会引发灵感。在同理心图中写下这些潜在灵感。发现灵感萌芽的一种方法是在工作中抓住矛盾点。

3. 机会陈述

以同理心图和灵感为依据，用一句话描述用户的需求及灵感，而这也是对自己的创业机会的陈述。参考格式如下：

__(谁)__需要__(填动词)__，因为/让人意外的是__(灵感，解决问题的方向)__。

注意：从用户的视角出发去思考，不要求正确，可以发散思维多列举几个机会陈述。这一步只需要有前进的方向，不需要直接给出解决方案。

比如：

__小学生小明__需要__学会煎包蛋的具体做法__，让人意外的是__他一点都不想让人知道他不会做，也不想被人忽悠__。

__贫困地区的早产儿__需要__简单、便宜的方式保持温度__，因为__他们没有足够的温度就会夭折__。

4. HMW问题——我们该怎样

根据前面的机会陈述，可以转化为“我们该怎样”(how might we…)的问题，简称HMW问题。例如：

我们该怎样帮助__小学生小明自学煎荷包蛋__。

(三) 生成想法

生成想法可以简单理解为头脑风暴，而进行头脑风暴要掌握一定的原则，才能更有效地促成产生更多、更好的点子。具体原则如下：

(1) 点子的数量重于质量；

(2) 延迟评判，鼓励大家勇敢说出自己的创意；

(3) 拥抱失败，遇到失败是正常的，重要的是从中学到什么；

(4) 讨论时，大家没有地位高低之别；

(5) 不同领域、多元背景的人一起讨论效果更佳；

(6) 组织者的主要任务是把控时间和不让主题跑偏。

个人练习头脑风暴的方法如下。

基础练习：随便选择一个主题，要求自己5分钟内想出30个点子，并在纸上用思维导图的方式呈现出来。

进阶练习：从30个点子中选择3个自己最满意的，继续分别做3次基础练习。

(四) 原型实现

产品原型的实现形式多样，除了做出实物产品，还可以采用故事板描绘、视频电影、角色扮演、流程草图、小组实操演练等多种形式。

(五) 测试

测试是加强对用户的理解的过程。测试新的产品或服务时，有以下 5 个要点：

(1) 不要事先剧透给用户这是什么；

(2) 用户可以随意体验，不要怕原型被破坏；

(3) 测试后再次进行共情，这是一个好机会，要多问为什么；

(4) 假设自己是错的，然后去挖掘自己错在哪里；

(5) 做测试不是为了证明自己是对的，不需要为自己辩解或者做防御批评。

思考：在设计思维的世界里，万物皆可设计。那么，人生可以设计吗？你觉得要如何用设计思维去设计自己的人生呢？(提示：从共情开始，向自己共情，界定自己的需求，然后想出不同的方法，设计出不同的人生。设计出来后，可以进行快速的产品原型制作和测试迭代。)

第五节　设计思维的应用

经过前四节的学习，相信你对设计思维充满好奇，会有很多疑问。比如，我们听说过很多思维，如商业思维、工程思维等，它们和设计思维有什么区别呢？设计思维在现实生活中主要应用于哪些领域？适合解决哪一类问题？另外，设计思维的极致状态是什么呢？我们一起通过本节内容来学习吧。

一、设计思维与其他思维方式的区别

思维方式是指思考问题的根本方法。人在不同领域处理不同问题时，为了更有效率地解决问题，应采取不一样的思维方式。比如，面对鸡兔同笼这类比较明确的问题，运用工程思维去列方程就可以计算出来，没必要用设计思维一步步去完成。

常见思维方式的区别如表 3-1 所示。

表3-1　常见思维方式的区别

思维方式	方法	一般应用领域	工具
工程思维	解题方法	数学、物理等	方程式、分析
商业思维	优化方法	商业、管理、生产	最大化、满意度
研究思维	逻辑方法	科学实验、社会调研	演绎法、归纳法
设计思维	构建方法	解决棘手、复杂的问题	同理心、头脑风暴、制作原型

二、设计思维的应用领域

设计思维更适合解决棘手、复杂的问题，这类问题的特点如下:

(1) 没有对错，只有好坏；

(2) 没有公认的操作方法；

(3) 每个问题都很独特，解决方案也不一样；

(4) 这个问题可能是另一个更棘手问题的表象。

在实际生活中，人们会遇到各种问题，为了更好地解决问题，不仅可以根据实际需要选择合适的思维方式去解决问题，也可以配合其他思维一起解决问题。

设计思维很像猎人打猎的过程，如图 3-19 所示。比如，一个猎人家在 A 点，要去森林打猎，他并不知道猎物在哪，也不知道中间会不会有什么意外发生。作为猎人，为了打到猎物，他可能会自己摸索，也可能向别人请教，了解猎物习性，准备武器装备，多次迭代，来提高打猎成功的概率。在一次打猎的过程中，猎人的打猎路线是不明确、不规则的，他不知道猎物一开始在 B_0，最终追踪到 B_1 才打猎成功。但打完猎物后回家，猎人可以选择直线回家，因为两点之间直线最短。

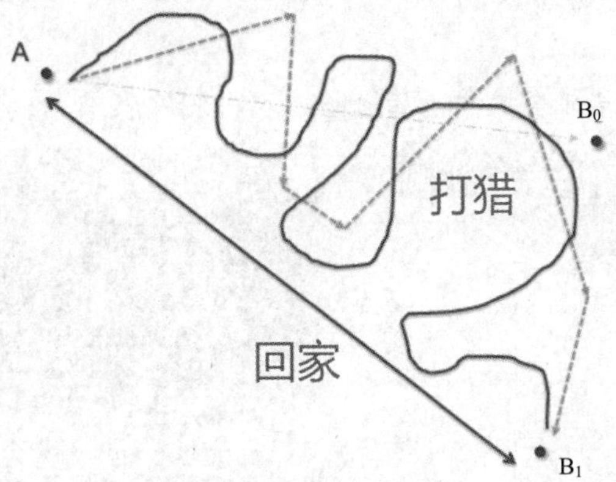

图3-19　猎人打猎路线图

设计思维就像打猎的过程，面对未知、复杂的挑战，你只有一个明确的目标，在朝着目标前进的过程中，要随时准备面对失败并快速站起来，吸取经验，继续迭代。而工程思维就像回家的过程，一条直线，简单明了。

三、设计思维的极致状态：匠人精神

设计思维的极致状态是匠人精神，匠人精神的核心是设计思维。

所谓匠人精神，就是专注于一件事情并做到极致，而在这个过程中不可缺少的是反复与用户共情，界定更准确的需求，天马行空地思考大量的点子，以及快速地制作各种原型并进行测试。

拓展阅读 3-4

日本闻名世界的匠人精神

把一件简单的事做好就是不简单，把一件平凡的事做好就是不平凡。无数人同意这句话，却少有人能做到。

在日本，总有随处可见的设计、服务和细节，一再刷新人的眼球。在日本，会开车的人不一定能当出租车司机，要拿到出租车驾驶执照，必须有 10 年以上驾龄，且 5 年内不得有任何违章违纪记录。此外，还必须对所运行城市的所有道路烂熟于心，相当于移动的地图。对方找回零钱时，从不会有人一再辨别真假，即便是最大面值的钱币，也不会有假。纵然如此，绝大多数人出行还是会选择地铁，不仅仅因为地铁快捷、方便，更因为它的每一个人性化设计的细节。

买地铁票时，区分成人票、儿童票已是屡见不鲜，但是你肯定想不到，在日本购买地铁票有多人“套餐”：两个成人、三个成人、一个成人和一个孩子、两个成人和一个孩子……排长队购票？不存在。

如果遇到紧急情况或者不会操作时，马上会有人出来帮你。日本地铁售票机如图 3-20 所示。

图3-20　日本地铁售票机

楼梯处的扶手永远都有两个：正常扶手、低扶手或波浪扶手，如图 3-21 所示。低扶手是为了方便儿童；波浪扶手的防滑、防摔性能简直太贴心。

图3-21　高低扶手和波浪扶手

在地铁里，你站的地方离洗手间有多少米，途经每站需要几分钟，下趟车何时到，所有的疑问不需要问人，都有标识。

由于多数日本上班族通常西装革履，车内空调通常开得很足，为了照顾穿得比较少或者比较怕冷的乘客，地铁皆有弱冷空调车厢，如图 3-22 所示。

图3-22　地铁的弱冷空调车厢

此外，特设女性专用车厢，如图 3-23 所示，专为上下班高峰期乘坐地铁的女性设立，限定时间外，男女均可乘坐。不仅如此，为了杜绝“咸猪手”，车站里随处可见提示标语，更有鼓励女性勇敢反抗的宣传画。

图3-23　地铁的女性专用车厢

为了防止地铁站中发生自杀事件，一排排蓝色的候车椅前张贴着温暖的海报，如图 3-24 所示。

图3-24　候车椅前张贴海报

真正令人惊奇的是散发着冷光的蓝灯。看似平淡无奇的蓝色灯光，让这个站台的自杀率在十年间下降了 84%。

小到总令人忽视的细节承载着一个社会的文明，它源于态度，体现素质。细节不是细枝末节，而是用心，是一种认真的态度和科学的精神，是一种匠人精神。

(资料来源: https://www.sohu.com/a/328267394_653397，作者有修改)

四、匠人们的设计理念

匠人是设计思维领域的大师，每个人都有应对设计挑战的不同方式、方法，都对设计思维有不同的理解。

要注意到人们自然而然会做的事情。

——工业设计师 深泽直人

用小鸟或小猫的视角来观察城市。

——都市景观设计师　韩亚由美

看一看四季变换的大自然。

——IDK 设计研究所株式会社社长　喜多俊之

不妨先从大家都不做的事情做做看，这么一来就有全新的视野。

——图案设计师　仲条正义

去想象，如果怎样会怎样。

——无印良品的设计总监　原研哉

我一直都在思考，要如何专注在事物的本质，如何去逼近它。一旦我们能够把我们自认为是好的本质的东西传达给世界上许许多多的人，那就表示我们已经掌握了人们内心的感动。

——创意总监 藤原大

经过整理，本节将一些优秀匠人的设计理念归纳如下。

(1) 观察要细致入微。

(2) 试着用绘画的方式去画出你认知的事物、想法等。

(3) 万物都可以拆解和重组，包、铅笔、西兰花都可以被拆解至细微，并重新组合。请在拆解、重组中享受学习和动手的快乐。

(4) 换位思考不一定只站在人的视角，试着从动物的视角、从一个茶杯的视角看世界，也许会有不一样的收获。

(5) 试着从多个角度去看问题，试着从更多人身上了解对同一个事物的看法。

(6) 学会提出疑问，并自行去解决疑问。比如固话的电话线为什么都是卷的？为什么有些电梯只能到达20～40层？

以上设计理念只是茫茫学海中的沧海一粟，可能对，可能错，可能适合你，可能不适合你，需要在实践中不断探讨，寻找真正适合自己的理念。

拓展阅读 3-5

互联网创业唤回匠人文化

大家好，我是“快货运”的李金城。我是浙江大学的博士研究生，我所在的企业作为创业企业，有幸获得了“创青春”中国青年互联网创业大赛的冠军，因此有机会在大会上与各位精英交流。我们公司有幸成为在世界互联网大会上发言的一家最小的公司。今天我作为创业者参加文化论坛，与大家分享一个话题：互联网创业唤回匠人文化。

先说一个小故事：去年出差的时候，有个朋友很兴奋地跟我说，我带你去路边摊吃一个最好吃的鸡蛋饼。我觉得很惊讶，一个普通的鸡蛋饼很难让现在的中国人这么兴奋了。她说，我从小就吃他家的鸡蛋饼，做得非常好吃，已经吃了快 20 年了。这句话让我很震撼，为什么这么简单的一个食物，能让一个忠实的粉丝追随 20 年？后来我思考了一下，可能会是这样一个过程：因为摊主长期专注做鸡蛋饼，当有客户说加点芝麻可能会更好吃，他后来就增加了芝麻；偶然又发现，和面时加点油会让鸡蛋饼更香，就又增加了这个步骤；然后火候和工具也不断改进。这种改进行为用互联网语言来描述就是迭代。他做鸡蛋饼足够专注，并且两个月迭代一次，20 年就可以迭代 120 次，可以想象，他的鸡蛋饼一定很好吃。我认为这就是传统的匠人精神，也是互联网创业非常需要的一种精神。

互联网上有许多一夜暴富的神话，但大潮退去，我认为最终只有那些用匠人精神做产品和服务的人，才会在互联网时代长久生存下去。这是乔布斯等许多企业领袖告诉我们的，也是我们在创业过程中的真实感受。

匠人精神的关键是做极致产品

过去，如果一个产品做得很一般，这家企业也可能活得挺好，因为用户在周边很难找到更好的产品，信息不透明会保护它们。今天，在互联网上能一键搜索出成千上万的同类产品，还有无数用户的评价帮你做选择。选择我们的产品，还是竞争者的产品，对用户而言只是一次点击的差别。互联网让 80 分的产品无法生存，要生存下去就不得不追求极致。

现在，大家相信朋友的评价胜过相信广告。用户用社交软件彼此连接，一个用户可以把赞美和抱怨传达给他的 200 个朋友，而这些朋友又会传递给更多朋友。互联网放大了口碑的力量，会让那些体验不够好的产品无人问津、退出市场，即使它来自一家知名公司。互联网也给了好产品脱颖而出的机会，即使它来自一个名不见经传的小企业，甚至是一个家庭主妇。

大家看，同样是电动车，可以做成这样，让人没法记住，也可以做成那样，漂亮、轻便，可以提上地铁和公寓。在技术上也许并没有大的突破，但是否用匠人的心去体会用户和雕琢产品，则会使产品产生巨大的差异。在对产品的改进上，只有努力到让自己感动，才能够让用户感动。

做到极致的一个重要原则是单点突破

我们在创业过程中发现，包括我们在内的许多创业者是贪婪的，心里面总想做更多产品、实现更多功能，去满足更多用户的需求。全面满足用户需求这本身没错，但创业者和团队的资源与精神是有限的，所以最好专注于单点进行突破。我们看到的许多优秀企业，阿里、谷歌、滴滴、优步有丰富的产品线甚至产品生态，但它们早期基本都是单点突破，用少数甚至单一的产品，让一部分用户的一部分需求先得到很好的满足。当资源和经验足够丰富时，才开发新产品、开拓新的用户群。如果它们创业初期就同时做多个产品，虽然短期内样样都有，但大多会样样平庸，我们今天可能就听不到这些公司的名字了。

对我们而言，为细分用户做极致产品是我们要突破的单点。之前有一段时间，许多投资者会看重短期的单量和交易额增长。我们要做出艰难的选择，是“烧钱”开发更多产品、做更多广告、开拓更多客户，从而让自己看上去成长很快？还是集中有限的资源和团队精力，继续改进产品体验？我们庆幸多次找对方向，拒绝了一些诱人的机会，也忍痛割舍了一些已经启动的战略，做了减法而不是加法。

为什么要单点突破？太阳的能源非常丰富，但如果让阳光普照，就只能达到让草原暖洋洋的效果。大家小时候都玩过一个游戏，用一个放大镜，将巴掌大的阳光聚焦于一点，就可以点燃这块草皮。在互联网时代，一块草皮可能连接了整个草原。大家可以想想，现在自己电脑上用的是什么浏览器？虽然微软拥有最丰富的资源、最强的技术能力和十亿级的用户，但体量百分之一的小公司倾其所有在浏览器上单点突破，让用户拥有极致的体验，也会吸引用户纷纷下载。

不仅资源要聚焦，思想也是如此。微信、淘宝都是绝好的方向，但如果创业者和团队比较贪心，两个方向都想要，就像一艘船中有两个方向不同的引擎，它们会彼此拉扯，让我们前进缓慢、难以走远。创业初期，聚焦产品、功能和用户，用有限的资源和精力去点燃一块草皮，星星之火，可以燎原。

做到极致的另一个重要原则是持续迭代

在每一个产品和工作上持续地改进是我们公司遵循的价值观。我们为中国 80 万中小物流企业做了一个 App，让它们能像优步、滴滴打车一样轻松地叫到货车。我们基本坚持每周吸收用户需求、迭代一个版本，上线 8 个月已经迭代 50 多次。这种节奏使团队很辛苦，但我们仍要全速奔跑，因为用户舍弃我们而选择竞争者，只需要动动手指下载一个新 App 就可以了。

迭代的力量是惊人的。假设在座的各位中，有 10 人组成一个团队，开始做鸡蛋饼。每天迭代三个版本，不断品尝，吸收建议，持续改进原料、技能、流程和工具。一年下来超过 1000 个版本迭代，我相信很快就会把鸡蛋饼做到世界第一好吃。那个卖鸡蛋饼的摊主，花了 20 年做出让粉丝难以忘记的味道。如果我们有一颗持续迭代的心，也许两年就能做出不可思议的产品。

近年来，中国经济增长速度放缓，新增需求没有那么多了，许多企业家感觉日子很难过。其实，人们对产品性价比和体验的追求始终如一。

中国还有 99%以上的产品和服务仍有着巨大的改良空间。创业者不一定非得做电商、大数据、App，一颗螺丝钉、一个蛋糕、一双鞋、一辆电动车，都可以用匠人的精神来改造。有匠人精神的创业者，永远都有创业机会。

在很多细分领域，用单点突破、持续迭代的方式去做极致产品，小创业者无须惧怕大公司。但在低头打磨产品的时候，还须抬头看路。我们需要理解互联网时代发生的商业逻辑的变化，未来属于具备“匠人精神+互联网思维”的创业者。

(资料来源：http://www.chuangkem.com/archives/100746)

本章小结

本章主要讲解设计思维的理论和实践。第一节介绍设计思维下的创新创业定义、成长型思维、创新自信力等重要概念，是开展设计思维的重要前提；第二节介绍设计思维模型的三元素和五步法，并在第三节和第四节的实践体验和拓展讲解中深化；第五节是对设计思维应用领域与局限性的讲解，以及对设计思维极致状态的探寻。

拓展研读

挑战永无止境

你以为 Embrace 团队的故事结束了吗？

不，那只是一个开始。

在一次采访中，关于 Embrace 团队遇到的创业以来最大的挑战，负责人 Jane 说：“我觉得是找到对的商业模式，让我们能够规模化。”

当初团队在斯坦福课堂上做出第一代原型之后，便因突破性的设计一炮而红，但直到毕业后整个团队搬到印度，花了足足 3 年的时间，才终于做出可以上市的产品。此时却碰到更大的难题：该怎么卖？卖给谁？

即使每个保温箱的成本已压缩到传统保温箱的千分之一，但对每天收入只有 1 美元的村民而言，还是负担不起。卖给当地诊所？“谢谢，但我们先订一个就好。”长途跋涉深入偏远乡村各个诊所中，一次却只能卖出一两个产品，似乎不符合经济效益。

“我们认识到创新不应只体现在产品上，也要发生在商业模式中。”在印度的那几年，Embrace 的商业模式经历了无数次转换，从卖给私人诊所、大医院到卖给印度政府全都试了一轮。

最近的一次转变，他们把脑筋动到美国市场：何不利用 Embrace 现有的科技，拿来为美国的新生儿做设计？2016 年，Little Lotus 婴儿睡袋正式在美国上市，采用受 NASA 太空衣启发的专利布料，让宝宝随时处于恒温状态，不会因为急剧的温度变化而导致婴儿猝死症。

团队采用“买一捐一”模式，将在美国销售产品的收入用来支持要捐赠给发展中国家的产品，当每个新生儿在 Little Lotus 中安睡，世界另一端也会有一个宝贵的小生命得以延续。

这个新商业模式的愿景是让 Embrace 的产品能够规模化，拯救更多婴儿的性命。“我们的目标是拯救全球 100 万名婴孩。”Jane 说。

一年过去了，“我们现在运营得很好，在美国卖产品真的容易多了，”Jane 认为，随着消费者越来越具有社会意识，在这个时间点推出“买一捐一”的模式其实正合适，“我们发现，当一个女性做了母亲，她会尽自己一切的力量去帮助其他有需要的孩子。”这种为人母的共情让 Little Lotus 在美国获得广大回响，Jane 期待透过这个产品串联起全球性的互助社群，借由每一个母亲的消费，帮助世界另一端的母亲。

挑战永无止境，Embrace 的故事还在继续，千千万万的创业故事也被精彩地编写着。

(资料来源：http://dy.163.com/v2/article/detail/DBU3NSKN05198R53.html，作者有修改)

回顾与思考

1. 在设计思维领域下，想象力、创意、创新、创业的定义是什么？它们的关系如何？
2. 设计思维的三元素是什么？
3. 设计思维的五步法是什么？
4. 界定需求的工具有哪些？
5. 设计思维与工程思维有什么区别？
6. 固话的电话线为什么都是卷的？为什么有些电梯只能到达 20～40 层？

课后训练

运动对人的健康很重要，试着用设计思维与你的小伙伴一起设计一双运动鞋吧！看看你们会有什么不一样的收获？

第四章
创业项目的来源与选择

首先想好自己要做什么，想解决什么问题，再来成立公司。

——扎克伯格

本章目标

1. 掌握从专长维度探寻创业项目来源的三种方法；
2. 掌握从市场维度寻找创业项目来源的八种工具；
3. 了解市场调查的主要内容：用户满意度调查、行业前景调查；
4. 掌握市场分析的三种方法：PEST 分析法、波特五力模型、SWOT 分析法；
5. 理解创业项目评估的六个维度：用户问题、产品(服务)创新、市场需求、可盈利性、行业趋势、行业竞争。

导入案例

泰笛洗涤

姚宗场经历了两次创业，结果均以失败告终。2012 年，即将进入而立之年的他开始了第三次创业之旅。这次应该做什么？他完全不知道。他经常下班回家送脏衣服去洗衣店却碰上洗衣店打烊，发现这个问题后，他决定解决它。于是，他花了三个月的时间了解工厂的洗衣流程，研究了一套仓库计算模型以后，泰笛洗涤正式上线了。泰笛洗涤提供 24 小时免费上门取衣、送衣服务。用户通过免费 400 电话或网站下单，由泰笛洗涤的派送员上门取件，将取回的衣服送到最近的仓库，然后送入洗衣工厂；洗好的衣物会运回最近的仓库，再由派送员送给用户。泰笛洗涤运营的第二年获得 A 轮融资 1000 万元。目前，泰笛洗涤已经在多个城市开设分店。

(资料来源：https://max.book118.com/html/2017/1127/141758643.shtm)

思考：以上案例表明创业的第一步是什么？

第一节　创业项目的来源

在讲授“创新创业基础”课程的过程中，同学们常常提出类似的问题：我手里有笔钱，却不知道做点什么好，在若干项目中不知道该选择哪一个；认定一个行业很有前途，却不知从哪里开始；我能吃苦而且很努力，想创业却找不到方向；有哪些适合大学生创业的项目……

这些林林总总的问题可以归结为一个关键词——创业项目。与此同时，在百度中输入“创业项目”四个字，会发现很多创业商机网站，打开网站页面会发现绝大多数所谓的创业商机就是连锁或者加盟。这就容易使同学们形成误解：想创业就是连锁或者加盟。但事实真的如此吗？除了连锁和加盟以外，还有哪些找到创业项目的办法？本节将回答这一问题。

如果把创业的过程比作一场马拉松比赛的话，毫无疑问，这场比赛的起点就是寻找创业项目，因为创业项目基因的优劣直接决定整个创业过程是否能够长久。探寻好项目的思路可以从下面两张图片中获得启发。图 4-1 所示是苹果智能手机和智能手表。iPhone 4 是在 2010 年问世的，乔布斯改写了手机的历史。生产一部智能手机需要企业掌握一定的技术，不是谁都能够生产出来的。例如，能够生产智能手机的国家不足一百个，有相当数量的国家不具备这项技术专长。图 4-2 所示是人们非常熟悉的手机自拍杆。最便宜的自拍杆只需要十几块钱，它的生产不需要太多的技术。这款产品的出现正是企业在深入探究用户需求(自拍)的基础上诞生的。智能手机和自拍杆的图片给了我们启发，如何探究创业项目的来源呢？可以遵循两个维度：专长和市场。首先应在专长维度完成对创业者自身的剖析。作为一名创业者，在创业之初先想清楚自己“能干什么”，也就是完成“知己”的分析。其次应在挖掘自身专长的基础上看看市场需要什么，即在市场维度完成“知彼”的分析。

图4-1 智能手机和智能手表

图4-2 手机自拍杆

一、专长

专长是别人没有的、先人发现的、强人之处的、与人不同的，可以体现在质量上、技术上、设计上、功能上、模式上等。创业者可以从三个角度分析自己是否具有可以转化成创业项目的专长，这三个角度分别是优势、兴趣和眼界。

(一) 优势

优势是创业者本人所具有的特长和强项，即优秀与特别之处。与别人比较，自己有而别人没有，自己很突出而别人很一般的方面即是特长；与自己比较，从自己能够做好的事情中找出做得最好的即是强项。发掘优势有两种具体的工具。

(1) 天赋、特长。金津是浙江义乌工商学院的一名大学生，他的嗓音非常好，在大学期间屡屡担任各种大赛、晚会的主持人。金津在大四的时候选择了自主创业，回到了他的家乡龙游，在当地开了一家婚庆公司，自己既做老板又做司仪，几年下来在当地小有名气。金津创业凭借的专长“嗓音好”即属于他的天赋、特长。

(2) 支配、运用资源。哈尔滨有一家红肠店非常火爆，仅此一家，不开分店。每天 7 点钟开始营业，早上 5 点钟就排起了长队，即使在零下二十几度的寒冬也不例外。这家店已经经营好多年了，地点位于哈尔滨某大学的对面。这所大学有一名学生，从大二开始就做起了一项“生意”，每天 5 点钟起床，去学校对面排队购买红肠。购买的数量根据微信群里的订单数量确定，然后发快递，每斤加收 8 元钱。这件事情，他从大二下学期做到了大四，一年多的时间收入 12 万元。根据第一章中的定义，该名同学的行为特征算不上“创业”，但此处想强调的是他具备一种能力，可以称之为支配、运用资源的能力。把身边的资源变成自己的资源，这也是一种能力。“支配、运用资源”这一工具启发我们认真观察身边有哪些资源，是否可以通过驾驭这些资源进而找到创业项目。

需要特别说明的是，大学创新创业课堂中所指的优势主要指专业优势，即从专业出发，变所学为所用，将专业优势转变为创业优势。

2014 年，获得全国创新创业设计大赛银奖的一个项目叫作“基因饰品”。项目团队是来自某高校生命科学与工程学院的学生。提取 DNA，并把 DNA 进行着色处理是该专业的学生本科阶段就能完成的一项实验。有一名女同学在做实验的过程中突发奇想：既然每个人的 DNA 的形状都不一样，经过染色之后能否镶嵌在水晶吊坠里面，做成独一无二的首饰？基于这一思路，这名同学开始组建团队，制作原型，进行商业模式验证……最终有了“基因饰品”这一项目。此类创业项目即属于与专业充分融合，将专业优势转变为寻找创业项目来源的思路。

(二) 兴趣

创业的最佳状态是把兴趣变成能赚钱的事情，直到成为生活的内容与生存状态。许多能赚钱的事情是能够与自己的爱好合二为一的，兴趣与事业是可以结合为一体的。对很多人而言，寻找创业项目其实是给自己的生活和身心寻找一个方向。比如吉利的董事长李书福曾坦言，“吉利就是圆我的造车梦”。从兴趣角度出发，创业者在创业之初应反问自己“我喜欢干什么”，顺着这一思路去探寻创业项目。兴趣是最好的老师，兴趣也是寻找创业项目来源道路上的明灯。爱因斯坦 26 岁的时候就提出了狭义相对论，这是人类历史上的一件大事，是人类认知上的一次革命。但是，他不是在 26 岁才开始思考这一问题的。当他还在念书的时候，有一次他给当时的女朋友、后来的夫人写信时就写道：“我对电动力学非常感兴趣。”而电动力学就是他后来在狭义相对论里做出革命性贡献的领域。这证明爱因斯坦还在念书的时候，就对他后来取得重大成就的领域产生了兴趣。1953 年，生物学取得了一个突破性的重大进展——发现了 DNA 双螺旋结构，这是美国生物学家沃森(Watson)和英国生物学家克里克(Crick)取得的成就。如果你看过沃森的《双螺旋》一书，你就会发现他们对这件事是多么有兴趣，浓厚的兴趣是他们成功的基础。大疆无人机创始人汪滔从小对模型飞机有浓厚的兴趣，他说：“小时候不断地想，长大以后，如果我能发明一种飞机，带着我自由自在地在天空飞翔，让我体验到飞翔的感觉，那该有多好！”有了兴趣才会有激情。乔布斯说过：“如果你没有对某一件事情充满激情，你就不应该创业，绝不要为了创业而创业。”马云认为，创业就是找到一个自己感兴趣的方向，并坚持做下去，这就是成功的秘密。

拓展阅读4-1

漫画达人陈安妮

陈安妮，广东外语外贸大学经济贸易学院 2010 级国际经济与贸易专业学生，现任快看漫画 CEO。

2011 年 12 月，上大二的陈安妮和当时的学弟，现礼物说 CEO 温成辉一起创办“M 方工作室”，并利用开发文化产品获得的盈利开始他们的公益行动，包括给街边流浪汉送大衣，给云浮的孩子们送字典，为大学生公益项目提供资金援助等。2014 年 6 月，陈安妮大学毕业，前往北京创业并成立梦当然(Dream for granted)工作室。工作室开发了快看漫画 App，并于同年 11 月 23 日上线，在苹果应用商店上线仅 3 个月，用户规模就达到 200 万。快看漫画是一款条式漫画软件，摒弃了传统翻页漫画，适合手机阅读。2016 年 12 月，快看漫画已拥有 7000 多万用户、2500 万月活跃用户，并宣布完成 C 轮融资 2.5 亿元，估值攀升至 15 亿元。2019 年 8 月 27 日，快看漫画宣布完成新一轮 1.25 亿美元的融资，由腾讯领投，是 2019 年二次元领域额度最大的一笔融资。

央视《经济半小时》节目曾经对陈安妮有一期专访。当被问及为何选择漫画作为创业项目时，陈安妮坦言她小时候的梦想就是当一名漫画家，她很喜欢画漫画，考入广东外语外贸大学之后，这颗梦想的种子有了发芽的土壤……

(资料来源：编者根据相关资料整理)

(三) 眼界

眼界是见识、是阅历。目力所及要大，见识所及要多，思维所及要宽，创业者只要放宽眼界，好项目便可以产生。

拓展阅读4-2

奥运会带来的商机

西西是东北林业大学国际经济与贸易专业的学生，2008 年正在攻读研究生的她正好赶上了北京奥运会，有幸成为北京奥运会的一名赛会志愿者。上午去网球场馆值班，下午的自由活动时间，她便经常光顾清华大学附近的一家名字叫作“光合作用书房”的店铺，这家店铺的商业模式在当下看来没有什么特别之处，售卖书、饮品和甜点，也可以不买书，只买一杯咖啡，然后静静地坐着看自己的书。但是在十多年前，这种模式还是很新颖的。吸引西西的除了这种模式，还有一项特别之处：清华大学的学生在这里用笔记本上网，竟然不需要网线！有一天，她便忍不住问旁边的同学是怎么上网的，同学告诉她：“WiFi。”这是西西有生以来第一次听说这个词汇，印象极其深刻！从那以后，西西每天下午也拿着电脑体验无线上网。一个月的时间很快过去了，西西即将返回哈尔滨。她想：“在我的家乡哈尔滨，像我一样没有听说过 WiFi 的人应该不止我自己，能不能仿照光合作用书房的模式开一家店呢？”说干就干！回到哈尔滨之后，西西立即开始租房，张罗开咖啡店的各项事宜。2009 年年初，西西同学在就读的母校东北林业大学附近开了一家店，取名“梦墨书房”，主要经营咖啡、饮品和二手书交易。前三年，这家店的生意很火爆，原因应该不只饮品和甜点的味道，更主要的是提供 WiFi，因为当时的哈尔滨，WiFi 还没有覆盖大学校园。说起这段创业经历，西西感慨地说：“感谢奥运会带我去北京！”

(资料来源：编者根据亲身经历整理)

上述案例启发了我们沿着专长这一维度探寻创业项目来源的第三个角度：眼界。因为地域之间的差异是普遍存在的，比如，2008 年 Airbnb 即在美国上市，而我国“共享经济”概念的出现是在 2014 年。又如，2010 年 7 月，Uber 在美国的加州上线运营，而我国滴滴打车的出现是在 2012 年 12 月。对于创业者来说，所生活的地域与其他地方存在差距、差异并不是糟糕的事情，而恰恰相反，这是挖掘商机、寻找创业项目的出发点，因为“最快的复制即是最好的创新”，差距、差异正意味着商机。在此有必要说明一点，开阔眼界的途径不一定是出国或去一线城市体验生活，开阔眼界的途径更重要的是用心去感悟。

拓展阅读4-3

陈泽民和他的三全食品

陈泽民原来是一名外科医生，曾是郑州市第二人民医院的副院长，他从小就闲不住，心里总想着“自己干点儿什么”。1990 年，陈泽民出差到了哈尔滨，时值隆冬季节，细心的他发现家家户户窗户外面都放有五颜六色的塑料袋，非常壮观。于是他好奇地问当地人。当地人告诉他，户外零下二十多度，是一个天然大冰箱，人们一次包很多饺子，吃不完就放在外面，想吃的时候随时拿进屋里，非常方便。这样一件事情一下子点燃了陈泽民创业梦的火种。他的妻子喜欢包汤圆，每逢春节都做好多汤圆送给亲戚朋友，吃过的人都赞不绝口。于是陈泽民想，饺子可以冷冻，汤圆应该也可以。于是从哈尔滨回到郑州之后，陈泽民毅然辞去了副院长职务，开始专注研究速冻食品，三全食品就这样诞生了。2019 年，企业销售额达到 20 亿元，稳居中国速冻食品企业龙头地位。

(资料来源：编者根据相关资料整理)

二、市场

创业者在完成对自身的分析之后就要反观市场。下面沿着市场这个维度介绍发现创业项目的 8 种工具。

(一) 列举法

(1) 缺点列举法。每个缺点即是创新的起点。认真观察市场中的产品存在哪些缺陷与不足，然后试着去改进它即是一个创业项目。例如，人们一提起感冒药，最直观的感觉就是服用之后容易犯困，于是市场上诞生了一个新的产品“白加黑”，白天吃白片不瞌睡，晚上吃黑片睡得香。有一种方便面的价值主张让人印象深刻：“拒绝油炸，留住健康”，直指方便面的弊端，这就是五谷道场方便面。2014 年，滋源洗发水问世，它的品牌理念是“一切只为健康头皮”，针对硅油会造成脱发的问题推出了无硅油洗发水。曾几何时，体检是一件劳心费力的事情，需要在医院的各个科室之间来回跑，非常不方便。现在，市场上有了专业的体检机构，提供一站式服务，体检之后有一顿营养早餐，体检报告可以直接在手机客户端查询，而且配有详细的解读。上述项目无论是有形的产品还是无形的服务，都有一个共同的特点，即弥补原有产品的缺陷。因此，有一双发现问题的眼睛，一个好的创业项目就可以产生。

拓展阅读4-4

QBHouse的诞生

1995 年的一天，日本人小西国义在一家理发店等待了很久以后，终于坐到了理发师身前的椅子上。但是，理发并没有立即开始，洗发小工们先是给他递上一条热毛巾，然后是没完没了地按摩肩部和手臂，之后又开始推销各类美发产品……大量不需要的服务浪费了很多时间，最后还要收取他几千日元的费用，而他真正想要的只不过是快点把头发剪短。这种理发店的不方便让小西国义进一步思考：如果有一个地理位置便利、只提供简单理发、收费合理的理发店，人们会感兴趣吗？小西国义带着这样的问题进行了市场调查，他觉得只要有 10%的人愿意，就有机会试一试。调查结果显示，和他有同样想法的人竟然高达 43%。于是，简单、省时、省钱的 QBHouse 诞生了。经过十几年的努力，QBHouse 已经成为日本最成功的连锁理发店之一。截止到 2015 年，QBHouse 在中国香港也开设了 30 多家分店。它在成立后几年时间就实现了年收入 40 亿日元(约 2.9 亿元人民币)，而这个项目竟是由一个从来没有开过理发店的外行人创办的。

(资料来源：编者根据相关资料整理)

【课堂讨论】：你希望手机能干什么？

(2) 希望点列举法。创新在希望中诞生，沿着“你希望***能干什么”这一句式思考，就可以产生创业项目。

图 4-3 所示的这款产品叫作 Lopfit“走路自行车”，这是一款集运动、省力、速度于一体的“神器”，有了它，你就再也没有理由不锻炼了。你只要用平常走路的速度，就可以提供 250W 的马达动力，拥有 6 挡变速，最高时速可达 25km/小时，是成人步行速度的 4 倍，续航可达 55km。这款产品诞生的过程是这样的：荷兰有一位大叔名叫 Bruin Bergmeester，他从小就喜欢拆装物品，是远近闻名的“维修工”。成年后，Bruin 顺利成为一名高级机械工程师，繁重的工作让他的身体健康受到损害，他开始用跑步机锻炼。某天，Bruin 看到年轻人骑着自行车呼啸而过，就想把跑步机装到自行车上，进行户外锻炼不是更棒？沿着“我希望自行车能够跑步”这样一个思路，善于组装机械的 Bruin 开始生产“走路自行车”，随后将自行车在网上售卖，他把宣传视频传到 Facebook 上，瞬间引爆社交网络，“走路自行车”也被抢购一空。德、美、日、荷等

国的电视台和媒体纷纷报道此事。在 Bruin 的个人网站上，“走路自行车”以每辆 2495 美元的价格出售，同时提供租车服务。

图4-3　Lopfit“走路自行车”

【课堂互动】

(1) 观察图 4-4 和图 4-5，探讨表面希望与内心希望、现实希望与潜在希望、一般希望与特殊希望。

图4-4　课堂互动之一

图4-5　课堂互动之二

(2) 分小组讨论：怎样的衣服最为理想？怎样的汽车最为理想？怎样的宿舍最为理想？

(二) 组合法

组合法是指把两个以上的产品(服务)进行合并以产生创业项目的方法。例如，山东有位农民，他的兴趣爱好是绘画，但是他画画的颜料很特殊，是五颜六色的粮食，这就是目前山东某地的一种旅游纪念品“杂粮绘画”；又如，从枫林晚的招牌“学术书店+咖啡屋”可以明显看出组合的逻辑。

“互联网+”是于 2012 年 11 月提出的一个新概念，本质是互联网和传统行业相结合，沿着这一思路产生了很多新的品牌，如互联网+坚果=三只松鼠、互联网+白酒=江小白、互联网+教育=VIPKID……

组合法分为两种：主体附加法和异物组合法。主体附加法的原理是 A+B>A，如耳机+蓝牙(耳机为主体)，奶瓶+温度计(奶瓶为主体)等，多一个功能就多一分竞争力。可以利用组合坐标法进行主体附加法的组合，并根据实际需求判定这种组合有无实际意义。异物组合法的原理是 A+B=C，即组合之后产生一个新产品。异物组合法可分为功能组合、意义组合、构造组合、成分组合、材料组合。

(三) 赶海

去过海边的人都会有这样的发现：在海边，有的人喜欢冲浪，游走在风口浪尖上，非常刺激和炫酷；有的人喜欢安全地站在岸边，每当夕阳西下的时候捡一些贝壳、小螃蟹……这个过程我们称之为“赶海”，由此引出了沿着市场这个维度寻找创业项目的第三种方法。

究竟什么是赶海呢？我们先来看一个案例：李维·斯特劳斯和他的牛仔裤。李维 1829 年出生于德国，1847 年从德国移民到美国，1853 年到西部淘金。在去西部淘金的途中，一条大河拦住了去路，许多人感到愤怒，但李维却租了条船做起了摆渡的生意。到了矿区之后，他没有找到淘金的工作，却发现矿工饮水紧张，于是又做起了卖水的生意。当发现矿工的裤子磨损得特别快，并且矿区里有许多被人丢弃的帆布帐篷后，又开始了用帆布做工作服的生意。1855 年，李维放弃帆布，改用一种结实、耐磨的蓝色粗斜纹布制作工装裤，并用铜钉加固裤袋和缝口。坚固、美观的长裤迅速受到市场的青睐，大批订单纷至沓来。李维开始以自己的名字 Levi’s 为品牌，向普通服装市场进军。这就是李维斯牛仔裤的起源。

李维的创业思路即是赶海的思路：当淘金大潮涌来的时候，不去淘金，而是为那些淘金的人们提供牛仔裤。为创造新需求的人们提供服务，为那些追逐市场大潮的人们提供服务。在赶海的思路下，要寻找正在兴起的、已经澎湃的潮，基于这些“潮”的需求，发现它的衍生物、配套物、保障物，即做某一个产业大潮的周边。例如，2010 年当苹果手机的大潮涌来的时候，“生产手机壳”就是赶海的思路。再如，当“大众创业、万众创新”这股大潮涌来的时候，不去创新创业而是教别人如何创新创业，开展相关的培训，做“创新创业”这股大潮的衍生物、配套物、保障物，这些都是赶海的思路。

要想沿着赶海的思路寻找创业项目，首先需要完成对“潮”的研判，即分析未来消费大潮、生活变化潮流都有哪些，进而做这些潮流的周边。

(四) 借势

2012 年有一首歌曲迅速红遍全球，成为韩国的一张文化名片，这就是《江南 Style》。2012

年 11 月，杭州有一家新开张的饭店，短时间内吸引众多媒体争相报道，这家饭店的名字就叫作“江南 Style”，饭店的服务员都是跳着骑马舞上菜的。创业项目，名字起得好非常关键。无独有偶，有一款白酒的商标叫“莫言醉”，商标注册人未必是读了莫言的书，这款商标的原意是“不要说喝醉了”，随着莫言获得了诺贝尔文学奖，“莫言醉”这款商标的身价翻了一万倍。

借势的创业思路即是让创业项目与名人、焦点、热点、流行元素发生关联，借势发力，凭借、依靠、借助某种强势，获得可为己使用的力量。孙子说：“故善战人之势，如转圆石于千仞之山者，势也。”打仗需要借势。《三国演义》有一句话，“万事俱备，只欠东风”，“东风”即是势。孟子说的“虽有智慧，不如乘势”也说明了这个道理。

名人代言、名人故里之争都是借势的思路。比如，提起“中甸”这个地方鲜有人知晓，但提起“香格里拉”无人不知。云南省的香格里拉原来的名字即为中甸，为了发展旅游，将地名做了更改。类似的还有陕西省的中部县，现已更名为黄陵县。

(五) 挖掘

挖掘是项目发生的一个途径：面向已存在的、天然的、隐蔽的资源，经过寻找而发现，经过选择而确定，经过提炼而结晶，经过加工而提升，使其成为有市场价值的东西。许多资金不多的小创业者都是依靠准确抓住某个不起眼的信息而挖到“第一桶金”的。

拓展阅读4-5

凭“收破烂”白手起家，后成身价百亿女富豪

1957 年，张茵出生在广东韶关。1985 年，27 岁的张茵放弃了深圳一家待遇优厚的合资企业的财会工作，仅带着 3 万元只身到香港闯荡。由于之前曾受我国一家造纸厂的委托去香港收购废纸，当时张茵开始涉足将稻草浆造纸改为环保造纸这个领域。很快，她就了解到内地纸张短缺的情况并从中发现了巨大的市场潜力。我国的森林资源相对贫乏，特别是造纸用速生林建设严重滞后，因此大部分高档纸的原料都需要进口的废纸和木浆。发达国家和地区的废纸在那时成为解决我国造纸原材料瓶颈的重要途径。这个门槛不高、还被称为“收破烂”的行当吸引了不少客商，香港则成为他们最重要的集散地。于是，张茵就在香港做起了废纸回收生意，之后更是凭借“收破烂”白手起家，成为身价百亿的女富豪。1987 年，张茵在香港做了不到两年，就开始在大陆寻找造纸厂作为合作伙伴。

（资料来源：https://www.360kuai.com/pc/954a36fbcc47f48ce?cota=3&kuai_so=1&sign=360_57c3bbd1&refer_scene=so_1）

沃尔玛公司是一个善于“挖掘”的典范。在沃尔玛有经典的“十英尺态度”和“三米微笑”文化，即距离顾客十英尺的距离时，你就应该关注到他，什么时候对你的顾客微笑呢？太近不

太好，太远看不到，最佳距离是三米。类似这样的细节，沃尔玛都挖掘得如此精准。此外，沃尔玛还有一个关于“挖掘”的经典案例：啤酒与尿不湿。大数据显示，在沃尔玛购买尿不湿的人通常为 25～35 岁的年轻父亲，这一数据有何意义呢？沃尔玛看到了其背后隐藏的商机，做了一个商品位置摆放的调整。为何这样做呢？他们深入挖掘了消费者心理：照顾孩子很辛苦，所以买尿不湿的同时会拎一箱啤酒犒劳一下自己。正是这样一个商品位置摆放的调整，使得沃尔玛啤酒的销售额激增，因为数据显示 30%～40%购买尿不湿的父亲会同时为自己购买啤酒。

(六) 解构

乐高创立于 1932 年，公司总部位于丹麦。乐高积木在全世界拥有众多的粉丝，其用户遍及各个年龄段。2018 年 12 月，乐高入围 2018 年世界品牌 500 强。这种积木有何神奇之处呢？这是一款塑胶积木，积木一头有凸粒，另一头有可嵌入凸粒的孔，形状有 1300 多种，每一种形状都有 12 种不同的颜色，以红、黄、蓝、白、绿色为主，用户自己动手动脑，可以拼出变化无穷的造型，令人爱不释手，被称为“魔术积木”，如图 4-6 所示。

赛百味是起源于美国的跨国快餐连锁店，如图 4-7 所示，主要销售三明治。2011 年 3 月 7 日，赛百味的分店数量超越百胜及麦当劳，成为全球分店最多的快餐店，全球加盟店超过 26 000 家，分布在 80 多个国家，成为国际速食业的一个领先者，近几年被美国《企业家》杂志评选为排名第一的连锁加盟系统。2017 年 6 月“2017 年 BrandZ 最具价值全球品牌 100 强”公布，赛百味排名第 45 位。为什么赛百味的三明治如此受欢迎，原因之一就是每个三明治都是在顾客的面前当场制作：顾客先选面包，然后选择面包的尺寸，接着选择金枪鱼、培根或其他肉类，再接着选择蔬菜，最后选择调味酱。就这样，充分满足顾客个性化口味需求的三明治制作完成。

图4-6　乐高积木

图4-7　赛百味快餐店

为何要介绍乐高和赛百味呢？原因是这两个品牌具有相似之处：解构。乐高是将传统的玩具进行了解构，变成了用户可自由拼接的玩具。赛百味是将制作三明治的流程进行了解构，实现了三明治口味的 DIY。

解构的原理是将一个产品或服务解构成多个部分，再将各部分重新组合，以实现新功能或以新形式呈现某个已有的功能。这一产生新项目的方法可以分解为以下 5 个步骤。

(1) 列举产品或服务的内部组成部分。

(2) 以任意一种方法解构(功能型解构、物理型解构、保留型解构)。

(3) 想象解构后的结果。

(4) 思考新产品或服务有什么潜在的价值和优势？有无市场？谁需要？为何需要？它是如何发挥功效的？

(5) 思考有无可行性？是否可付诸实践？原因是什么？是否可通过调整提高其可行性？

解构的三种方法如下。

(1) 分离(功能型解构)，是指挑出产品或服务中的特定功能的某个部分，将其独立出来成为一个新项目。比如，索尼公司的一位工程师曾提出将原来磁带式录音机的功能进行分离，即仅保留收听的功能，去掉录音的功能。不能录音的设备还是录音机吗？1979 年，一款划时代的产品诞生了，这就是 Walkman(随身听)。又如，唱吧的出现即是把原来 KTV 的功能进行了功能型解构，仅保留唱歌的功能。再如，平板电脑的诞生也属于功能型解构，仅保留信息获取的功能，去掉信息输入的功能。

(2) 分割(物理型解构)，是指将产品按随机原则分解为若干部分。例如乐高积木、赛百味、拼图游戏、培训、员工授权均属于物理型解构的案例。物理型解构具体而言又分为三种方法：任务外包(把原有的内部任务分配给一个外部构件或已有部件)、内部重组(最大限度地利用现有的内部资源)、由内而外(让内部元素发挥某个外部元素的功能)。

(3) 压缩(保留型解构)，是指将产品缩小，依然保留原功能和特性。沿着压缩的思路，产品的功能、特性保持不变，即是一个新项目。比如，异军突起的江小白就是压缩思路下的典范，将原来 1 斤装的白酒变成了 2 两装。类似的案例还有很多：小罐茶、小袋食品、旅行套装、便携式电扇、便携式台灯、车载冰箱、分时租赁……

【课堂讨论】每个团队负责 1 个项目，分别完成表 4-1。

表4-1　项目分析

A 列举内部组成部分	B 选择一种解构方法	C 设想新组成的产品或服务	D 有何优势和价值	E 谁需要？ 为何需要？	F 可行性及原因

(七) 整合

整合是资源的叠加。整合的逻辑是找到各种独立资源和要素的关联，在它们的关系中发现利润点。整合的路径包括：

(1) 发现资源之间的或者别人没发现的某种联系、功能和用途；

(2) 把看似不相关的资源进行复合、改造而产生新的效用；

(3) 把各自独立的利益关系联系在一起而产生新的利润点；

(4) 把自己可借助的各种资源优势集中在一个点，实现市场突破；

(5) 在成长的产业链中找到缺陷、缝隙、薄弱环节并加以改进；

(6) 对潜在的、具有商业价值的元素进行挖掘、改造和提炼；

(7) 在开阔眼界、提升视角的前提下探索新模式、新业态、新手法。

综合上述路径，利用整合的思路寻找创业项目最直接的方法是发现那些被浪费、被闲置的资源，并最大化这些资源的商业价值。

图 4-8 拍摄于加拿大某高校。该校一个学生社团运营一项“暑期旅馆”(Summer Inn)的项目，即在暑假期间把一栋宿舍楼变成对外经营的旅店，让学校外面的人住进大学的学生宿舍，价格仅为外面酒店价格的一半左右。除了住宿之外，客人还可以到学校的食堂用餐。吸引人们光顾暑期旅馆的不仅仅是低廉的价格，很多人都想有机会体验一把当学生的感觉。

图4-8　大学宿舍变身假期旅店

发现被闲置的资源(如暑期的学生宿舍)并最大化它的价值，实现资源的充分利用，即是整合的思路。

(八) 细分

当你想购买一款洗发水的时候，你会选择哪一款呢？要去屑，你可能会购买海飞丝；要柔顺，你可能会购买飘柔或者潘婷；喜欢鲜花的味道，你可能会购买伊卡璐；秉持价值导向型的消费理念，你可能会选择沙宣。但是，无论你购买上述哪一款洗发水，你都是在购买宝洁公司的产品。宝洁公司成功的秘诀之一即把产品的细分做到了极致。

细分是寻找创业项目的工具之一。用细分的理念可以打造出好项目。比如最开始专注图书的当当、最开始专注于销售家电的京东、专注于销售化妆品的聚美优品、专注于名品打折的唯品会。在当下，做一个“大而全”的生意越来越困难，创业者要学会聚焦，在一个大的版块上找到一个发力点，然后将一个细分的市场做通透。这就是细分的思路。

细分有三种方法，分别是地理细分、人文细分、心理细分。地理细分是按照地域的不同打造新产品和新业态。例如，只有在中国才能在肯德基吃到老北京鸡肉卷。再如，我们对沃尔玛的初步印象是开设在郊区的大超市，但是沃尔玛目前也有开设在社区的精品便利店 Neighborhood Market。人文细分的维度有很多，最重要的两种细分的维度是性别和年龄。以传统行业的理发店为例，理发店可以按性别维度细分，即专门对男性(女性)开放的理发店；理发店也可以按年龄维度细分，目前市面上已经有了儿童理发店，座椅是汽车的造型，从镜子、剪刀到店内装修都非常卡通。心理细分即探究消费者的心理，为迎合消费者的心理而进行细分，比如 iPhone 针对中国市场推出的中国红限量版。

当下，细分正在成为创业者寻找创业项目越来越重要的思路和工具。在中国市场上，细分正当时。例如，在改革开放以前，当温饱的问题还没有解决的时候，人们是不会需要有机食品的。随着人们生活水平的提高，当前的社会主要矛盾已经转化为人民日益增长的美好生活需要和不平衡不充分的发展之间的矛盾。因此，如何以新的产品和服务满足消费者精细化的需求既是现实诉求，也是启发创业者寻找创业项目的思路。

本节基于专长和市场两个维度介绍了创业者寻找创业项目的 11 种工具。基于专长的维度介绍了优势、兴趣、眼界三种工具；基于市场的维度讲解了列举法、组合法、赶海、借势、挖掘、解构、整合、细分八种工具。

第二节　创业项目的选择

创业项目的选择是建立在对创业机会理性评估的基础上的，而评估结论的产生是建立在市场调查、市场分析的基础上的。本节借鉴香港城市大学梁波学者的观点，重点介绍市场调查的主要内容、市场分析的主要方法和创业项目的评估。

一、市场调查的主要内容

(一) 用户满意度调查

用户满意度调查是企业了解产品(服务)被用户认可程度的直接途径。产品(服务)是企业的生存之本，是企业经营的核心价值，企业能否正常运行取决于产品(服务)的被接受程度。初创企业更应重点关注产品(服务)是否解决了用户的问题，有多少人愿意为产品(服务)买单。对产品满意度信息的收集包括两个部分：用户需求调查和购买意向调查。

1. 用户需求调查

在商业环境中存在三个公众耳熟能详的关键词：痛点、痒点和卖点。一切产品(服务)设计的起点都离不开这三个关键词。某项产品(服务)的价值主张脱离了其中任意一个关键词都不可能成功。这三个关键词的含义是什么呢？

(1) 痛点。随着科学技术的日新月异，我们的生活变得越来越便利，但完美是没有极限的，人们生活中仍然存在令人纠结的问题、不方便的问题。这些问题就是痛点，是必须为用户解决的事情。例如传统的吸尘器需要定期清理除尘袋，而且有长长的电源线，戴森推出的没有除尘袋、无绳的吸尘器就解决了这一痛点。

(2) 痒点。痒点是让用户对某项产品(服务)特别兴奋、特别向往的点，成功抓住痒点的产品(服务)会让用户在看到或者听说的瞬间激起购买的欲望。例如苹果手机的“发烧友”每当看到新产品发布的时候就控制不住内心的激动，一部新手机对他们来说并不是必需品，但却能触动他们内心的痒点，满足某种期待，实现巨大的心理价值。

(3) 卖点。卖点是从卖家角度所说的，指产品(服务)本身的特色，即商业模式画布中描述的价值主张。这一价值主张并不一定能被用户发现，但是等商家一说出来，用户会突然对产品的特色有怦然心动之感，具有“杀伤力”的卖点能在瞬间打动人心。例如“经常用脑，多喝六个核桃”，给了学生家长一个购买该产品的非常充分的理由。

2. 购买意向调查

在进行购买意向调查之前，企业应首先问自己这样一些问题：用户会真正购买这项产品(服务)吗？他们购买这项产品(服务)的理由是什么？用户对产品(服务)的需求是真需求吗？除此之外，企业还要对行业竞争者开展细致的研究，以此构建企业自身的竞争优势，使企业以更加优秀的产品(服务)满足用户的需求。

购买意向调查表是一种检验产品(服务)市场定位准确与否、是否真正解决用户问题的工具。购买意向调查表是针对特定产品(服务)的目标用户而设计的，通常情况下，该调查表是以提问的方式了解用户对产品(服务)最真实的评价，要尽量设计简短的问题，文字内容尽量简洁。

即时调查工具(如问卷星小程序)、电话访谈或者面对面的采访都是进行用户购买意向调查的方式。如何确定需要进行调研的样本数量和调研地点是初创企业经常面临的问题。一般情况下，对于样本数量没有明确的要求，数量越大意味着调研的准确性越高；对于调研地点，则要根据产品(服务)的特点来确定，应该选择目标用户群经常出现的场合。

(二) 行业前景调查

影响企业发展的重要因素包括市场规模、行业结构和成长性。创业企业所面临的市场和所身处的行业是其发展最为基本的商业环境。那么，应如何评价创业企业所处的行业前景呢？本书对市场和行业的细分如表 4-2 所示，可以通过网络获得相关二手数据，但最好的方式是通过对同行业企业家或行业专家进行一对一的访谈来获得这些数据。

表4-2 市场和行业细分指标

市场及行业情况	专业分析	结论
行业所处阶段	新兴、成长、成熟、平稳、衰退	
规模天花板	整个行业的年销售额	
这是一个好的行业吗	行业处于成长期，能从中占有市场份额	
这是一个坏的行业吗	行业处于衰退期，难以渗透，竞争激烈	
竞争优势	用户会选择本企业产品的理由	
供应商的现状	行业是否被供应商所控制	
有无替代品	是否存在相似产品或替代品	
潜在竞争者	还会有谁进入这个行业	
占有市场份额的比例	如果在行业处于成长期的情况下，企业都不能占有一定的市场份额，则说明这个行业不适合本企业	

(资料来源：孙洪义. 创新创业基础[M]. 北京：机械工业出版社，2016.)

二、市场分析的主要方法

(一) PEST分析法

宏观环境又称大环境，是影响行业和企业发展的各种宏观因素的组合，进行市场分析的方法有很多，PEST 分析法是总结和分析企业大环境(宏观环境)的方法之一。PEST 四个字母分别对应政治环境(political environment)、经济环境(economic environment)、社会环境(sociological environment)和技术环境(technological environment)。虽然不同企业根据其自身所处行业的差异进行宏观分析的方法也会有所区别，但都离不开上述四个方面。

(1) 政治环境。政治环境主要包括政治制度与体制、政局、政府的态度等。在分析政治环境时应重点关注以下方面：政治环境是否稳定；国家政策是否会改变经济政策，从而增强对企业的监管并收取更多的赋税；政府所持的市场道德标准是什么；政府的经济政策是什么。

(2) 经济环境。经济环境是指一个国家的经济制度、经济结构、产业布局、资源状况、经济发展水平及未来的经济走势等。构成经济环境的关键要素包括 GDP 的变化发展趋势、利率水平、通货膨胀程度及趋势、失业率、居民可支配收入水平、汇率水平、能源供给成本、市场机制的完善程度、市场需求状况等。由于企业是处于宏观大环境中的微观个体，经济环境决定和影响其自身战略的制定，经济全球化还带来了国家之间经济上的相互依赖性，企业在各种战略的决策过程中还需要关注、搜索、监测、预测和评估本国以外其他国家的经济状况。

(3) 社会环境。创业企业所在国家或地区的居民的宗教信仰、风俗习惯、审美特点、价值观念、受教育程度等构成了社会环境。企业在经营发展的过程中必须充分考虑这些制约企业发展的社会环境因素。比如，宗教信仰或风俗习惯会禁止或者抵制某类产品(服务)进入市场；企业的价值主张如果与目标市场的普世价值观念相一致就会起到事半功倍的效果，使消费者认可企业的产品(服务)；审美观点会影响企业的产品设计；居民的平均受教育程度会影响目标市场的需求层次等。

(4) 技术环境。技术要素不仅包括那些引起革命性变化的发明，还包括与企业生产有关的新技术、新工艺、新材料的出现、发展趋势及应用前景。变化最快的领域是技术领域，如微软、苹果等高技术公司的崛起改变着世界的发展趋势和人类的生活方式。同样，技术领先的医院、大学等非营利性组织，比没有采用先进技术的同类组织具有更强的竞争力。

(二) 波特五力模型

波特五力模型旨在定义市场吸引力的高低程度，是迈克尔・波特于 1979 年提出的。波特五力模型的核心观点是：有五种不同的力量共同作用而影响市场的吸引力，这五种力量并非之前认为的总体经济学层面的因素，而是存在于个体经济学层面的。波特五力模型将五种不同的因素汇集在一个简单的模型中，以此来分析企业所处行业的基本竞争态势。波特五力模型确定了竞争的五种主要来源，即供应商的议价能力、购买者的议价能力、潜在进入者的威胁、替代品的威胁，以及来自同行业的竞争，如图 4-9 所示。不同行业中，上述五种因素的特性和重要性因行业与企业的不同而存在差别，任何因素力量的改变都可能导致企业进入或者退出市场。

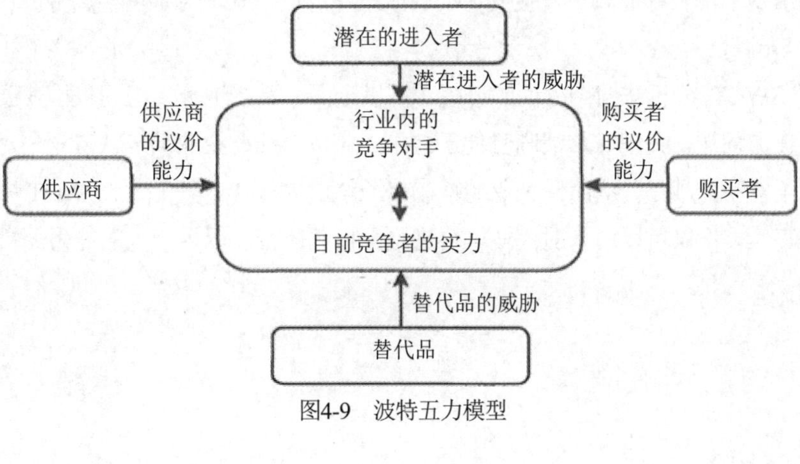

图4-9　波特五力模型

(三) SWOT分析法

SWOT 分析法是深入、细致地研究和分析与创业企业相关的各种内部与外部要素，通过调查研究将企业的优势、劣势、机会、威胁一一列举出来，并依照矩阵形式排列，然后应用系统分析的方法，基于对内部竞争环境和竞争条件的态势分析把各种因素匹配起来，从中得出一系列相应的结论的研究方法。运用 SWOT 分析法可以系统、全面、准确地分析研究对象所处的情境，进而根据研究结论制定相应的战略、计划、对策。SWOT 分析中，S(strengths)代表优势，W(weakness)代表劣势、O(opportunity)代表机会，T(threats)代表威胁。

企业所处的各种环境因素(外部环境因素和内部环境因素)是 SWOT 分析法调查研究的对象。对企业发展有直接影响的有利因素(机会因素)和不利因素(威胁因素)共同构成了外部环境因素，它们是影响企业发展的客观因素。影响企业发展的主观因素属于内部环境因素，包括优势因素和劣势因素，它们是企业在发展中自身存在的积极因素和消极因素。在分析调查上述四种因素时，要综合考虑历史、现状和未来的发展趋势。下面对优势、劣势、机会、威胁这四个方面进行简单的诠释。

(1) 优势。优势是组织机构所拥有的独特的地方，具体包括领先的技术力量、优良的产品质量、足够的市场份额、充分的成本优势、强大的广告攻势、有利的竞争态势、充足的资金来源、良好的企业形象等。优势属于组织机构的内部因素。

(2) 劣势。劣势是组织机构与其他组织机构相比存在差距或不足的地方，具体包括创业团队整体能力偏弱、内部管理混乱、关键技术缺失、研发投入不足、管理经营不善、融资通道不畅、生产设备老化、产品积压严重、竞争力差等。劣势也属于组织机构的内部因素。

(3) 机会。机会是组织机构在发展过程中面临的机遇，是组织机构的外部因素，具体包括研发出新产品、发现了新市场、洞察到新需求、竞争对手发展中出现问题、外部市场壁垒消除等。机会属于组织机构的外部因素。

(4) 威胁。威胁指组织机构在发展过程中遇到的挑战，也是组织机构的外部因素，具体包括相关市场出现萎缩、行业政策发生变化、整体经济滑坡、竞争对手增多、可替代品增多、出现突发应急事件等。

通过对 SWOT 分析法四个方面的分析，可以全面、系统地分析组织机构发展面临的内外部环境和存在的问题，条理非常清晰且便于检验，还可以帮助企业准确认清竞争对手，并精准制定针对竞争对手的战略，从而使企业能够在市场竞争中保持竞争优势。SWOT 分析法是一个非常强大的工具，不仅可以用来对商业机会进行分析，还可以用于个人的能力分析从而制订职业发展计划。

三、创业项目的评估

在创业激情的感召下，寻找创业项目只是“万里长征”的第一步，如何对创业项目进行评估以及如何理性地从多个项目中选择最优的项目是更为重要的问题。接下来，本书将为创业项目评估提供六把“标尺”，创业者可以据此衡量、评估自己的创业项目。这六把“标尺”分别是可盈利性、用户问题、产品(服务)创新、市场需求、行业趋势及行业竞争。

(一) 可盈利性

评估创业项目的第一把“标尺”是可盈利性，无论商业计划书中描绘的愿景多唯美，不能赚钱的创业项目都是空谈。因此，拟创建的企业能否盈利是衡量创业项目能否成功的最重要的指标，在创业项目启动之前非常有必要提前对创业项目的可盈利性进行评估。具有较高的且可持续的毛利率的潜力对于初创企业而言非常重要，因为这意味着企业可以更早地达到盈亏平衡点。达到盈亏平衡点是创业企业发展的重要里程碑。根据大数据显示，对于有潜力的创业企业而言，通常在两年的时间内达到盈亏平衡并获取正现金流，如果这一时间超过三年便意味着企业发展的潜力相对较弱。因此，初创企业要想获得成功必须有清晰的盈利模式，即想清楚企业如何赚钱。盈利模式的标准化表述是：依据初创企业利益相关者划分的企业的成本结构、收入结构以及相应的目标利润。盈利模式是企业在市场竞争中逐渐形成的赖以生存的商业结构。通俗而言，企业赚钱的渠道就是盈利模式。

(二) 用户问题

用户问题是衡量创业项目的第二把“标尺”，用户问题是创业项目的来源，同时也是创业项目后续一切指标的依据和前提。一个创业项目是否可以持续在很大程度上取决于它为客户解决了什么问题，用户的需求是否得到了满足，即产品(服务)为用户创造的价值。判断商业计划是否解决了用户的问题是创业项目评估的第二步。进行用户问题调查最直接的方式是访谈或调研具有代表性的用户。

【课堂讨论】列举你熟悉的三项产品(服务)，分析它们分别解决了用户的哪些问题。

(三) 产品(服务)创新

没有创新的创业就是在制造竞争，只有基于创新的创业才是可持续的。因此，对于产品(服务)的创新性评估是必不可少的，产品(服务)创新是衡量创业项目的第三把“标尺”。创新是一个循环往复的过程，需要注意的是，创新分为不同的层级：核心级创新、延伸级创新、颠覆式创新，其中核心级创新和延伸级创新属于连续性创新的范畴。新发明和新发现，比如火车的出现取代了马车，苹果手机引领的智能手机时代都属于颠覆式创新，创新的结果是使原有市场重新洗牌，产生颠覆效果，市场占有率快速提高，创新企业获得巨额利润。在巨额利润的感召下，很多“后来者”要么开始了像素级的模仿，要么开始了以发现现有产品缺陷为主要逻辑的核心创新，随着这两种行为的日趋增多，巨额利润被逐渐摊平，此时又有创业者开始了以改变产品边界为逻辑的延伸级创新，此类创新虽然没有颠覆式创新那样激烈，但会对在位企业、巨头造成重大的冲击。随着核心级创新和延伸级创新的不断涌现，市场的连续性创新越来越逼近极限点，从而开始引发新一轮颠覆式创新，经济和社会就是在这样的创新更替中不断向前发展的。在评估创业项目的时候，首先要判断该项目是否具有创新性，进而具体判断其所归属的创新层级。

(四) 市场需求

对产品(服务)市场需求的研判是衡量创业项目的第四把“标尺”。对创业公司而言，最糟糕的状况莫过于投入大量时间和资金生产出来的产品(服务)投入市场之后发现没人需要、没人买单。为了避免这种现象的出现，就要在研发投入之前进行充分的市场需求调研。可以选取三个角度对市场需求进行研判，分别是：谁是我的目标用户？用户对产品是否有需求？产品的市场规模可以达到多少？具有高潜力创业机会的产品(服务)是直指用户痛点、能够为用户真正解决问题的产品。

创业企业都希望找到高潜力的创业机会。而高潜力的创业机会一般是指面向成长性的、规模天花板高的市场销售产品。在规模天花板高的市场中，即使分得的市场份额很小，但由于基数巨大也能获得可持续的高额利润。例如，在一个 10 亿美元需求的市场上，只要抓住 1%的市场份额就能得到 1000 万美元的销售额，而且不会引起竞争对手的注意。除了考虑市场规模，在判断高潜力创业机会的时候还需要考虑市场类型。建议创业企业进入一个成长型的市场而不是成熟型的市场，因为成熟型的市场过于成熟、稳定，要在成熟型市场分得一杯羹意味着要与世界 500 强公司同台比拼，这对创业企业来说，风险是巨大的。

(五) 行业趋势

行业趋势是衡量创业项目的第五把“标尺”。行业发展存在着生命周期，一般而言要经历萌芽、发展、成熟、衰退的过程。创业项目在启动之前要理性评估行业所处的生命周期。有些行业看上去规模天花板很高，但是已经进入了行业发展的成熟阶段，行业内的竞争已经到达了白热化的状态。创业者在进入这样的行业时就需要特别谨慎，因为这样的行业本身已经形成了强大的进入壁垒，对初始资本的数目要求高，竞争会十分激烈，因而缺乏创业潜力。与之相反，处于萌芽和发展阶段的行业是创业企业进入的首选，因为正处于这两个阶段的行业尚没有出现行业巨头，也没有形成统一的行业标准，初创企业在秩序相对混乱的状态下反而有着发展的潜力和机遇，容易找到企业发展的一席之地。

需要注意的是，行业生命周期是动态发展的，而非一成不变。因为社会发展趋势会影响用户的消费偏好，用户会随着社会发展趋势的变化而变化，这将导致相关行业的生命周期出现变化。社会的发展进步会刺激用户的潜在需求或催生新需求，因而充斥着创业的新机会，创业者进而将机会实现商业化，从而在市场中衍生出新产品(服务)。与此同时，极为细小的利基市场常常是创业机会诞生的另一个原因，在这些利基市场中常常会出现“小趋势”，然而小趋势不是趋势的小时候，小趋势往往能引爆大趋势，新兴市场由此出现。至此新一轮的行业发展生命周期开始启动，行业发展又进入萌芽、发展、成熟、衰退新一轮的循环。

(六) 行业竞争

衡量创业项目的第六把“标尺”是行业竞争。在商业计划书中，我们常常看到类似的表述“目前该项目所处的行业尚没有竞争对手”。自信和乐观是创业者应具备的品质，但过分自信和乐观是不可取的，因为没有竞争对手的创业几乎是不存在的。创业者在初期之所以有这样的想法是因为他们把竞争对手想象得过于狭隘。竞争对手不仅包括现存行业已知的竞争对手，还包括行业中潜在的竞争对手(例如可替代产品)。放宽对竞争对手的定义范围就会发现，非但不是没有竞争对手，而是竞争对手非常之多，很多创业者就是因为强大的竞争壁垒而无法进入该市场。因此，定义竞争对手非常重要。

比定义竞争对手更重要的问题是思考如何保持竞争优势。如果一个企业无法将行业内的竞争对手阻挡在壁垒之外，那么这样的创业项目是缺乏吸引力的。首先，基于某项专利所有权、代理权(分销渠道的排他权)、特许经营权等的创业机会是非常具有吸引力的，因为能够屏蔽很多竞争者。其次，在核心技术、优秀产品、市场容量、资源优势等方面领先的创业项目的发展潜力大，因为与竞争对手相比具备了先天优势。此外，品牌是一种无形资产，能在短时间内建立起行业内知名度和美誉度的创业企业会积聚巨大的优势，而且这种因品牌形成的优势是其他竞争者很难模仿的。创业企业一旦建立起品牌优势，尽管上述两个方面的优势较弱也没有关系，同样会在该行业的市场上分得一杯羹。

本章小结

本章包含了两节，分别是创业项目的来源和创业项目的选择。第一节创业项目的来源，从专长和市场两个维度介绍了寻找创业项目的 11 种方法。从专长的维度，即对创业者自身进行剖析，分别讲解了优势、兴趣、眼界三种思路；从市场的维度，即从需求方入手，分别介绍了列举、组合、赶海、借势、挖掘、解构、整合、细分八种工具。第二节创业项目的选择分别介绍了市场调查的主要内容(用户满意度调查、行业前景调查)、市场分析的主要方法(PEST 分析法、波特五力模型和 SWOT 分析法)，以及创业项目评估的六个维度。

拓展研读

如何盈利？App创业的难题

2014 年，1990 年出生的余佳文带着一款“超级课程表”校园应用软件，成功获得第四轮数千万美元天使投资。余佳文本人不仅迅速成为媒体追逐的对象，也被不少“90 后”创业者尊称为导师。

长期关注余佳文的人不难发现，这位“90 后”创业导师每当被问到盈利模式的问题时，或回避，或用其他话来搪塞提问者。下载超级课程表 App 并使用后会发现，其用户并不活跃。在社交板块“下课聊”中，除了部分人气用户的留言和大学生互相约会的邀请，剩下多数是微信、微博和淘宝网等网站的商品代购信息。

经纬创业投资基金中国区一名相关负责人也表示，盈利模式是 App 创业者必须解决的一个普遍问题，但显然多数创业者并没有突破“天花板”。以美图秀秀为代表的数名图片类 App 创始人都曾不止一次在公开场合表示，要做中国的 Instagram(Facebook 旗下手机照片、短视频分享工具)。而截至 2014 年 12 月 11 日，Instagram 宣布用户量超过 Twitter 时，依然没能传出实现盈利的喜讯。另外，以“托词”和“扇贝单词”为代表的单词类 App 也都未能找到清晰的盈利模式。

(资料来源：孙洪义. 创新创业基础[M]. 北京：机械工业出版社，2016.)

回顾与思考

1. 如何理解创业机会？
2. 为什么有的人看到创业机会，而另一些人却看不到？
3. 如何评价创业项目？

课后训练

1. 给每人一张小纸条，在上面写一件物品的名称。相邻的同学两两一组，将纸条上的物品进行组合，看是否可以实现产品的创新。

2. 举例说明近 10 年人们消费习惯的变化。

3. 谈谈你对共享经济的认识。

4. 以创业团队(或 5～9 人的小组)为单位，举行一次头脑风暴活动。利用本章所讲的探寻创业项目的 11 种工具，分析可能的创业机会。

(1) 优势(天赋特长、可支配运用的资源)。

(2) 兴趣(分享自己的兴趣、爱好)。

(3) 眼界(旅行见闻、参加活动，阅读资料等)。

(4) 列举(缺点列举法、希望点列举法)。

(5) 组合(主体附加法、异物组合法)。

(6) 赶海(探究趋势、做“大潮”的周边)。

(7) 借势(跟踪热点、借力创业)。

(8) 挖掘(准确抓住不起眼的商机)。

(9) 解构(功能型解构、物理型解构、保留型解构)。

(10) 整合(发现被浪费、被闲置的资源，从而最大化其价值)。

(11) 细分(地理细分、人文细分、心理细分)。

第五章
创业者与创业团队

许多大学生都错误地认为，只要有个好点子，就能拿到投资，再加上执着、激情、运气，就能成为下一个“马化腾”。但是，创业成功的真正关键在于团队、经验、执行力。大部分创业的失败不是因为点子不好，而是因为欠缺经验，没有团队，缺乏执行力——归根到底，积淀比点子更重要。

——李开复

本章目标

1. 了解创业者的素质与能力；
2. 了解如何组建团队；
3. 掌握创业团队管理的要点。

导入案例

雷军：创业时找到了好的团队就成功了一半

北京的中关村被誉为“中国硅谷”。2010 年 4 月 6 日，小米科技就诞生于此。那时，小米科技的团队不过 14 人，大家一起围坐在北京中关村保福寺桥银谷大厦 807 室，如今，小米科技已成为中国第四大互联网公司，就连它发布新手机的消息，媒体都不觉得是广告，而认为是新闻。

小米科技 CEO 雷军总结自己的创业经验及小米的成功之道，认为创业时找到了好的团队就成功了一半。

1992 年，雷军加入了金山软件公司；1998 年，雷军开始担任公司日常 CEO。在历时 8 年、历经了 5 次上市过程后，2007 年金山软件终于在香港上市。与百度、腾讯、阿里相比，金山起步早却发展缓慢，到 2014 年 12 月 30 日为止，市值才 178 亿港元。雷军在互联网企业家的排名中位于搜狐张朝阳和网易丁磊之后。

金山软件上市后两个月，雷军卸任 CEO，开始了天使投资人的工作。截至 2014 年 5 月，雷军共投资过30多家公司，其中不少公司都在各自领域有所建树，如拉卡拉、凡客诚品、UCweb、多玩、乐淘等。

通过天使投资，雷军跟一些公司的高层建立了联系，为小米的成立奠定了很好的人脉基础，其中包括擅长用户界面和人机交互的金山词霸前总经理黎万强、擅长软件工程的微软中国科学院前开发总监黄江吉、擅长硬件设计的摩托罗拉研发中心前高级总监周光平、擅长工业设计的北京科技大学工业设计系前主任刘德、擅长管理运营的谷歌中国工程院前副院长林斌。这是小米最初的管理层，可以说雷军搭建了一个融合金山、微软、摩托罗拉、谷歌的前高管和大学老师的专业团队。

有了好的创业团队，小米在手机领域做得风生水起，小米从行业的追赶者变成了全行业追赶、学习、模仿的对象，众多竞争者也在或多或少地学习小米模式。联想、魅族、酷派、中兴、VIVO 等有雄厚实力的手机厂商纷纷进军中低端手机领域。传统企业也在学习小米进行转型，初创团队更是梦想成为下一个小米。

思考：结合本案例，谈谈你对创业成功与创业团队的关系的看法。个人创业与团队创业的优势和劣势分别是什么？

(资料来源：http://www.zhuna.cn/zhishi/2009423.html)

第一节　创业者的素质与能力

《全球创业观察(GEM)》报告将创业能力归纳为创办企业的经验、对机会的捕捉能力以及资源整合的能力。大量事实表明，创业者具有先天素质，并可以在后天被塑造得更好。

一、机敏：对机会的识别和开发

创业者需要对商业环境和技术环境保持高度关注，在中国经济转型的背景下尤其要对政策环境和市场变化保持敏感，做出快速反应。

拓展阅读5-1

好食期：借鉴线下倒计时折扣的创业机会

有一次，雷勇在家乐福买了一袋意大利面，回家煮的时候才发现这包意面的保质期还剩下不到一个月的时间。出于食品行业从业者的敏感性，雷勇想到的是临期食品为什么还要卖原价。当然，对超市而言，正价销售保质期内的商品完全合法，只是对于消费者而言，包装食品买回家后有效存储期却大打折扣，总觉得有些吃亏。联想到线下面包店通常以倒计时折扣的方式来促销，比如从晚上 6:00 开始五折，每过半小时再降一折的促销方式，让周边来往的人看到这个促销活动，将本可能倒掉的面包和蛋糕卖出去。既减少了行业的浪费，也让价格敏感的消费者享受到更多实惠。

于是，雷勇在各大电商平台进行了搜索，发现没有一家电商平台会告诉消费者在售商品的保质期还剩几个月。于是他萌生了把倒计时折扣模式推广到包装食品行业的想法，希望包装食品在一个更透明的环境下销售，同时消费者能得到更多的实惠和更好的体验。就这样，好食期 App 诞生了，并在 2016 年 6 月投入试运营。说到创办的初衷，雷勇说希望食品尽可能在保质期前销售出去，减少到期卖不掉而导致的经济损失和社会浪费问题，实现手段则是利用商业模式创新和互联网技术，提高食品行业的流通效率和消费者的购物体验。

过期商品对厂家和销售商而言已经不是零资产，而是负资产，因为他们还要付钱给专业的公司来进行销毁和无害化处理。几乎所有的商家都不能百分之百保证在保质期内将产品全部销售出去。对好食期团队而言，降低每年近 1000 亿元的过期食品浪费，同时让消费者以优惠的价格买到合格商品，厂商也能够收回一部分资金，实现多方共赢是极有成就感的事。

模式创新：保质期公开的倒计时定价。好食期平台的三个基准：一是销售品牌食品，即标准化的包装食品饮料，而品牌必须是天猫、京东等主流电商平台都在销售的品牌。二是保质期透明化。三是价格与保质期绑定的倒计时定价。后两者正是好食期创新商业模式的核心。保质期透明化，可培养用户关心有效期的意识，倒计时价格杠杆则能起到触发用户购买欲望的作用。

(资料来源：好食期：以情怀创业的“食品特卖”[J]. 中欧商业评论，2019(5).)

思考：

1. 分析创业者雷勇是如何发现好食期的创业机会的？
2. 如何提高对身边创业机会的敏感性？

二、开放：对不确定性的包容

创业本身以及所处环境可导致很多压力。创办和管理一家企业都需要承担相当大的风险，创业者不可能等到环境的不确定性完全消失才采取决策，创业决策往往是威胁与机会并存，创业者需要有包容不确定性的心理素质和能力。

拓展阅读5-2

成王败寇企业家

什么是企业家？企业家就是靠自己丰富的想象力和坚定的信念、杰出的组织才能和钢铁般的意志，以及大胆的冒险精神，把假设的事情变成现实的人。对绝大多数人来说，假设是假设，现实是现实，但对真正的企业家而言，假设就是他们想象的现实，把假设变成现实，就是他们的使命。

在标准的经济学理论中，所谓决策，就是给定约束条件下的最大化目标。这样的决策模式或许符合大部分人的行为方式，但与真正的企业家决策相距甚远。对企业家来说，约束条件不是给定的，而是可以改变的。他们不仅试图改变资源和技术约束，而且试图改变人们的偏好。正因为如此，他们才成为经济增长的真正推动力。

或许，我们可以用“巧妇难为无米之炊”这句古语诠释企业家与常人的不同。对常人而言，米是做饭的先决条件，没有米，确实做不出饭来。由此，“巧妇难为无米之炊”也为常人的不作为提供了正当性理由。但对企业家来说，无米不是做不成饭的借口；只要想做饭，就一定能够找到米，即使找不到现成的米，也可以说服人们种谷子。事实上，正因为大部分人认为没有米就做不成饭，因而放弃了做饭的念头，企业家“做的饭”才能卖出好价钱，赚上一大笔钱。

当然，假设能否变成现实受到许多因素的影响，再伟大的企业家也不可能控制所有因素，这就是生意上的不确定性。不确定性意味着企业家的计划可能成功，也可能失败。所以在常人看来，当企业家的计划还没有付诸实施的时候，他们是“空想家”，甚至是“疯子”；当企业家的设想变成现实的时候，他们就成为万众敬仰的“英雄”；但如果企业家的计划失败了，他们就是地地道道的“骗子”。因而，企业家就是“成者为王，败者为寇”的人。与骗子不同的是，骗子从始到终就是想方设法把别人的财富据为己有，而企业家想的是如何利用自己的智慧创造出新的财富来。

作为企业家，杜厦是成功的，是“王者”，但他也多次差点落为“寇”，下面这个故事可以说明这一点。杜厦是1987年“下海”的。靠咨询和组织“李宁告别体坛晚会”，到1989年年初，他的克瑞思公司已积累了300万元的资金。此时，他决定投入200万元在香港市场做外汇交易，他想成为一位金融家。开始的时候，一帆风顺，不到三个月的时间，就净赚200万元，这在当时是一笔大钱。这让他变得过于自信(这是人类的通病)，野心越来越大，开始托朋友担保从银行借钱炒外汇。他赌的是日元升值，但他没有预料到的是，由于日本政局动荡不安，在不到三个月的时间里换了三位首相，加上其他因素，日元对美元的比价一路下跌，到6月份，他不得不“斩仓”，总共亏损了1800万港元，不仅把自己原来赚的钱都搭进去，还留下1400万港元的债务。

如果就此躺倒，他就会成为一个十足的“骗子”，不仅会连累朋友，失去友谊，变成孤家寡人，甚至可能遭受牢狱之灾。他也确实曾有过从办公楼所在地深圳国贸大厦50层的天台上跳下去，一了百了的念头。像许多优秀的企业家一样，杜厦不是一个容易被失败击垮的人。他想的是，如何在10个月的时间内赚到足够的钱，把所欠的1400万港元债务还清。

这不是一件容易的事！他很快有了一个奇思妙想。

苏联领导人戈尔巴乔夫于1989年5月访华，中苏关系实现了正常化。他断定，随着两国关系的正常化，两国间各种交流活动即将全面开始，而首先解冻的一定是文化交流活动。他对1957年在北京看过的苏联国家大马戏团的精彩演出仍然记忆犹新，如果趁着中苏关系解冻的机会，把精彩纷呈的苏联大马戏团请到中国来做商业巡演，一定会获得成功。如果这个“奇思妙想”能够实现，说不定可以一举还掉所有欠债。

为了把这个梦想变成现实，他首先得说服文化部。当时中外文化交流活动都是由政府出钱、官方操办。要说服文化部同意把中苏文化交流这样的大事交给他这个个体户操办，不啻是个近乎天方夜谭的疯狂想法，何况，他和文化部也搭不上任何关系。但他做到了。

他找到了让文化部主管官员心动的理由。他说，由他来操办商业化演出，既给文化部提供了一个拔得头筹的表现机会，又开创了对外文化交流活动的崭新形式，还给文化部节约了大量的预算经费。对于文化部来说，这是一举三得的好事情。

他的提议确实让文化部的主管官员动心，但后者还是担心，如果商业巡演赔钱，半途干不下去了，杜厦可以撂挑子走人，但文化部就要被迫重新把项目接过来，加倍地投入资金，继续完成巡演任务。如果这样的事情发生，不仅比文化部自己从头干要艰难很多倍，还要让主管官员们在部里丢人现眼。

为了打消文化部主管官员的担忧，杜厦承诺给文化部一份50万美元的不可撤销担保函，该担保函由国家官方金融机构提供。有了这一担保，文化部和主管官员便不会有任何财务风险。文化部的事情就这样搞定了！

这是真真切切的“空手套白狼”。如果文化部的主管官员知道杜厦当时不仅身无分文，而且负债累累，他们绝不可能把这个中苏文化交流项目授权给他。但如果真能让金融机构开出50万美元的担保函，文化部又何必在乎他现在是否有钱呢！

他去哪里找50万美元呢？其实，在大年初二去北京的火车上，他就盘算好了这步棋。他深圳居所隔壁的邻居是中国租赁总公司总经理李西元，他决定说服李西元与自己合作。回到深圳后，他向李西元建议：“在这场势必轰动全国的商业巡演中，我在全程近百场的体育馆大型演出中给你一块重要的广告位置，置放中国租赁总公司的横幅场地广告。”李西元问需要支付多少广告费？杜厦回答：“一分也不要。如果中国租赁总公司愿意出具50万美元的担保函，你们的广告全程免费。”李西元觉得捡到一个大便宜。50万美元的担保函就这样搞到了。

接下来的问题是如何邀请到苏联马戏团，那才是真正的“米”，没有这“米”，“饭”是做不成的。但直到此时，杜厦本人还没有去过苏联，与苏联马戏团没有任何联系。要邀请到马戏团，必须亲自去苏联谈判，而且必须由文化部官方出面，因为当时的苏联还是计划体制，对外演出都是政府主管部门统一安排，苏联文化部不可能接待一个中国个体户。

组团去苏联谈判需要经费，杜厦没有钱，中国文化部也不可能出钱。他说服李西元出钱，并随团去苏联参加谈判。李西元答应了，因为这毕竟是一笔小钱。

到了莫斯科后，杜厦才知道，苏联有 80 多个马戏团，个个有精彩的节目，但由于演出场次少，连工资也发不出来，所以组成马戏团不是问题，问题是演出费用。谈判对手是苏联文化部对外演出总公司总经理马克西莫夫，他拥有决定苏联对外演出一切事宜的权力。马克西莫夫开出的价格是每场演出 5000 美元。他说，这是充分考虑了中国市场的实际情况后，给出的最优惠报价。杜厦自己判断，5000 美元一场确实不贵，但还是立即回绝了，给出的还价是 10000 元人民币。对方回复：“这是不可能的。”协议没有达成。

五天之后，谈判继续进行，但双方各自坚持自己提出的价格，毫不妥协，谈判陷入僵局。在中国代表团离开莫斯科的当天上午，马克西莫夫把每场演出的报酬降到 3500 美元，杜厦还是拒绝了，仍然坚持 10000 元人民币，一分也不能多。

就这样，在没有达成协议的情况下，中国代表团离开莫斯科回国。代表团的其他成员个个情绪低落，为这次出访没有达成最终成果而感到遗憾。他们都认为，3500 美元，甚至 5000 美元的价格也是可以接受的。他们不明白杜厦为什么要把这件事搞砸。

但杜厦本人并没有像其他成员那样沮丧，他有自己的判断。根据他对苏联演出市场的分析，他坚信对方最后会接受自己的报价。所以告别时，他给对方留下话：如果一周内改变了主意，同意 10000 元人民币的报价，可以用传真告诉中国文化部。

商业谈判确实是一场心理战。回国后，是坐立不安的等待，但杜厦赢了！在约定期限的最后一天，离莫斯科下班时间不到 15 分钟的时候，马克西莫夫发来了传真，接受了 10000 元人民币的报价。

几个月之后，由 83 位苏联演员和一群老虎、狮子、骆驼、大象组成的苏联国家大马戏团，浩浩荡荡地来到中国，转战 7 个城市，为期三个月，演出上百场，场场爆满。最后一场在北京工人体育场的演出，中共中央政治局全体常委出席观看。

苏联马戏团在中国的巡回演出也创造了商业奇迹，扣除所有成本和费用，杜厦净赚了 1500 万元。他还上了欠银行的 1400 万元债务，兑现了自己做出的每一个承诺。

(资料来源：张维迎. 成王败寇企业家[J]. 读书，2018(7).)

三、韧性：适应能力

企业发展过程中一般都会遇到预期外的冲击，如政治事件、公共卫生事件、自然灾害，使企业的正常生产经营受到严重冲击，总有一些企业能够度过危机，也有一些企业因此破产倒闭。创业者需要有居安思危的意识，保持一定的资源冗余，作为危机时期的缓冲垫，并分析各种突发事件，找到应对危机的关键，建立业务恢复的流程，进行实战演习，以增强企业的反脆弱能力。

拓展阅读5-3

携程如何度过非典的艰难时期

01

2003 年年初，携程从上到下，都沉浸在一种激昂的情绪之中。

这家成立 5 年的公司，已经成长为中国最大的酒店分销商和机票代理商。两大支柱业务订单激增，携程已经实现了盈利。对一家互联网企业而言，实现盈利，就意味着已经有了自我造血的功能，不再是依靠融资而运营了。

早在携程成立之初，创始人梁建章、沈南鹏等，就已经规划了上市的目标。到 2003 年第一季度，随着携程的业务和盈利能力成熟，上市指日可待。可是，非典的突然暴发让这一切戛然而止。从 4 月份开始，携程的营业额剧降，经营利润直接跌破了公司红线。

携程高级副总裁兼党委书记庄宇翔回忆，“当时全中国都笼罩在对一种未知病毒的恐惧中，旅游行业崩溃了，人员没有了流动，飞机客座率往往是个位数，很多宾馆关门……”当时负责销售的方继勤(现任携程高级副总裁、携程商旅事业部 CEO)则说：“紧张和恐惧在全国迅速蔓延，平时起降几百人的航班只有稀稀落落的十来个乘客，大家都坐得很远还戴着口罩。”

受影响更严重的是携程的市场合作业务。据当时负责市场合作的章婷婷(现任携程高级副总裁、携程金服 CEO)称：“依然记得那时的‘恐怖’境遇，市场合作的业绩从不断上升的趋势中，顷刻间跌落到归零的境地。”

当时，没人住店、没人出行，对于分销酒店客房和代理机票的携程来说，形势的严峻性可想而知。如果疫情延续几个月的话，携程就会陷入灭顶之灾。

此前，曾经有很多公司希望收购携程，其中包括一些实力雄厚的国际巨头，但是梁建章都不为所动，婉言拒绝。因为他觉得这些公司给出的价钱，都达不到自己的中长期预期。而非典袭来时，梁建章心里也慌了。他心想，只要再有公司来收购，我就卖了吧。可是，整个非典期间，原来广受青睐的香饽饽却成了无人问津的滞销品，没有一家公司提出收购意向。想卖又卖不掉，没办法，梁建章只好咬牙坚持。

02

携程召开了董事会，研究如何应对这艰难的局面。梁建章向董事会表示，他预计非典在 2～

3 个月内就会过去，如果这样的话，携程应该能撑下来。并且，非典过后，旅游业一定会迎来报复性的反弹。

很多董事并不同意梁建章的判断，他们认为情况要严重得多，对携程的未来表示很悲观。但梁建章坚持自己的意见，好在梁建章此前 5 年中已经在董事会树立了足够的权威，在梁建章的力排众议之下，携程采取了以下应对措施。

- 激励士气。

携程管理团队意识到，“人确实是需要点精神，特别是在这个非常时期”，创始人团队一直和员工奋斗在一起，没有退缩。在最艰难的时候，梁建章连发几封内部信，向全体人员阐明自己的观点。他指出，要相信中国政府能够控制住疫情，并且相信非典过后，旅游业会迎来爆发。他激情澎湃地写道：“非典过后，携程会更好！”这句话成为当时携程内部最重要的口号。

- 坚持不裁员。

当时很多同行纷纷裁员过冬，而梁建章坚持不裁员，甚至连原来合同到期拟不再续约的员工都一并保留。这一决定主要是为了应对非典后业务的报复性反弹。如果非典时期把人员裁掉，那么等到非典过后，公司将没有足够的人手应对超高速增长的业务。

- 降低运营成本。

非典时期，由于业务急剧下降，员工的工作不饱和，携程采取一线人员轮岗制，对轮岗的人员发放补贴，保持业务不中断。此外，管理人员和部分部门员工每天只上半天班，发 60%的工资。这些举措使得人力成本大幅降低。实际上，很多人员虽然是被安排上半天班，他们依然会义务加班，坚守整天。

- 开拓新的业务来源。

市场合作部在原有业务归零的情况下，受命开拓新的业务。他们争取到与招商银行合作开展信用卡电话销售的项目，同时向招商银行出租携程闲置的呼叫中心。此举不但盘活了非典期间闲置的座席资源，还为携程争取到了可观的现金收入，为携程度过非典危机做出了贡献。

- 坚持战斗在一线。

非典时期，机场门可罗雀，大部分商家都关闭了机场柜台。携程内部也曾对要不要关闭携程柜台存在争议，但大家最终决定坚守战场。时任销售部负责人方继勤说，此时此刻是真正考验销售人员的时刻，谁的信念更坚定，谁的团队更有支撑能力，谁就能取得胜利，顶不住压力的人迟早会退出竞争，最终胜出的无疑都是比别人更能忍受的意志坚定者。在这种信念的支持下，携程的销售人员始终坚持在一线，同时还配合机场等相关部门，做好乘客的安抚和服务工作。在别人都已经撤出“战场”的情况下，依然活跃的携程柜台与携程工作人员，成为那段时间机场的一道亮丽风景，给携程做了最好的公关推广。

- 苦练内功。

一般情况下，一家业务急速增长的公司很少有时间和精力来做制度、流程的改造，以及给员工做长时间、大面积的培训，而非典提供了这个时机。由于业务量变得很小，携程在这段时间修改、完善了企业规章制度，梳理和改进了业务流程。

携程人事培训部的忙碌程度甚至超过了非典之前，他们专门为员工开设了许多进修的课程，让不少员工在非典期间重拾书本、重回课堂。携程的客服人员趁着空闲，每天加紧背诵各种业务资料，如话术、流程、地图等。

预订部的员工进行了近乎严苛的语音、语调测评，员工之间互相“纠错”“找茬”，每天进行一次业务考察，目的只有一个：让员工摆脱自怨自艾的情绪，让服务技能趋于完美，迎接市场复苏的时刻。这些培训充实了没有业务的空虚时间，缓解了员工们的焦虑，避免了人心浮动，提高了员工的业务能力。

在上述六大举措之下，非典时期，携程的员工始终斗志昂扬，现金流也撑过了最难的时间，公司内部运作效率大大提高，人员素质得到了整体提升。同时，通过非典“战役”的洗礼，公司发掘、培养、提拔了一批业务骨干，为后来携程的腾飞打下了坚实的基础。

03

前面说过，梁建章乐观预测，非典对业务的影响会在2~3个月内过去。

而实际情况比梁建章预测的还要乐观。最黑暗的时期持续了不到一个月就过去了，业务开始慢慢恢复增长。又过了一个月，携程的业务就恢复到非典之前的水平。

2003年6月24日，世界卫生组织正式宣布解除对北京的旅行警告，并将北京从疫区名单中排除。“双解”的到来，给北京旅游业发出了一个强劲的复苏信号，压抑已久的国内旅游需求彻底释放了出来，随后中国旅游业开始快速反弹。一直在积蓄力量的携程抓住机会，迅速吸收了一大批从传统旅游企业中流动过来的人员，积极扩张，一举坐稳了行业龙头的地位。

2003年7—9月，携程的营业额达到了创纪录的5800多万元，与第一季度相比增长了73%。当时，国际资本市场一直在寻找通往中国庞大旅游市场的通道，非典过后的报复性增长，使得携程一下子受到了资本市场的追捧。在联合创始人沈南鹏的大力推动下，携程只用了3个月时间就完成了上市的各项准备工作。

2003年12月，携程成功登陆美国纳斯达克市场，获得了超过15倍的认购比例，当日股价狂涨80%，是全球3年来首日上市涨幅最高的股票，也是互联网泡沫破裂以来，第一家在美国上市的中国公司。

此时，距离非典过去，仅仅只有半年时间。

04

时至今日，携程已经成长为一家市值高达200亿美元(约1400亿元人民币)的行业巨头。回顾17年前的往事，我们也许能够从携程应对非典的举措中窥得些许这家企业成功的端倪。

如果梁建章不是始终抱有乐观、积极的态度，并且成功地说服其他同事、鼓舞全体员工，携程有可能会应对失措，从而一败涂地。

如果携程当时也跟着大规模裁员，它就抓不住非典过后旅游业反弹的黄金发展期，更别说超越目标地提前达到上市标准。

如果携程没有压缩人力成本，开拓新的业务来源，它也有可能因为现金流断裂而提前垮掉。

携程在非典时期的一系列举措堪称经典的操作指南，完全可以作为企业在 2020 年新冠疫情期间的操作参考。今天的携程，在面对新冠时，就已经显得无比从容。一方面，经历过非典之后，携程已经建立了完整、有效的应急处理机制，而且携程今天作为行业巨头，实力也不是 17 年前可比的。另一方面，携程对新冠疫情的影响，依然保持相对乐观的态度。

董事局主席梁建章相信，“在政府和全民的共同努力下，新型冠状病毒肺炎疫情一定会像 2003 年的非典一样得到完全遏制，中国社会在不久的将来就能完全恢复常态。”

携程 CEO 孙洁则非常坚信，“风暴之后，携程会更好，行业会更好，我们的国家也会更强。”

(资料来源：https://xw.qq.com/cmsid/20200217A0Q42500)

四、社会责任感：创业者的商业伦理

许多创业企业受到规模、资源、管理能力、环境应对能力的限制，没有关注社会责任行为，极端情况下甚至迫于环境不确定性、外部冲击等压力牺牲道德准则，做出违背企业伦理的行为。在当今社会公众对企业履行社会责任有普遍期待的背景下，大量企业的发展实践表明，缺乏社会责任感的企业家注定难以走远。

(一) 创业企业需要承担社会责任

许多学术研究发现，企业社会责任表现与财务绩效互为因果。积极履行社会责任的企业会得到客户和投资人的青睐，而不负责任的企业行为则更容易引起利益相关者的抵制。“企业公民”的理念已被人们广为接受，成为衡量企业竞争力的重要指标。小企业要想成长为合格的“企业公民”，立足激烈的竞争，就必须积极地承担相应的社会责任，回应客观环境的要求。

另外，积极的社会责任表现可以直接或间接地为创业企业带来各种重要资源，如品牌知名度、顾客忠诚度、员工忠诚度，同时也有助于企业提升形象和声誉，从而扩大市场影响力，提高资源获取能力。因此，企业的社会责任行为被看作一种“开明的自利”，是对企业形象的长期投资，有利于提高创业企业的合法性。

(二) 创业企业如何承担社会责任

创业企业需要建立履行社会责任的意识。企业承担社会责任不仅依赖企业家的道德水平，还依赖企业的竞争能力。创业企业通过履行最基本的经济和法律责任得到利益相关者的认可，还可以通过实施高阶的企业社会责任行为，如参与社会公益、进行慈善捐赠等，积极、主动地积累声誉以加速企业成长。具体而言，以下两点做法可供创业者参考。

(1) 强化意识。创业团队核心合伙人之间形成价值观共识，将履行社会责任明确地写进公司章程，成为指导创始人和创业企业员工行动的基本准则。

(2) 提升能力与寻求支持。许多小微企业在面临外部冲击、遭遇经营困境时，不得不降低社会责任的标准，甚至铤而走险，发生违法违规事件。2020 年新冠肺炎疫情暴发，很多初创企业面临经营困境，频频出现拒不支付劳动报酬、拖欠员工工资、虚假宣传等社会责任缺失行为。但同时也有初创企业积极地履行社会责任，如中山大学科技园的在孵企业捐款和提供物资累计近 300 万元；清华科技园启迪之星壹计划企业山东清科智能科技有限公司免费为山东省菏泽市 50 多个村庄进行无人机消毒喷洒作业。企业行为出现差异的主要原因是企业的能力不同，如果企业的能力不足以履行基本社会责任，应尽可能寻求政府部门、员工、供应商等利益相关者的支持，以度过危机。

创业团队成员不仅要在企业价值观层面形成共识，还需要对危机时期如何寻求支持，如何提升可持续发展能力进行深入思考，提前做出规划。

思考：创业者创业应当遵循哪些商业伦理和社会责任？

第二节　创业团队

对于创业公司来说，团队的重要性不言而喻，然而大多数创业者却没有认识到这一点，他们觉得只要项目好、壁垒高、市场容量够大，就有人愿意投资。事实并非如此，再好的项目，再好的产品最终都需要人来运作。所以在整个创业过程中，创业者需要做的就是构建一个与自己步调一致的团队。

一、创业团队的组建

创业团队是指在创业初期(包括企业成立前和成立早期)，由一群才能互补、责任共担、愿为共同的创业目标而奋斗的人所组成的特殊群体。广义的创业团队包括以下 3 类人。

(1) 合伙人团队：由创业初期就投资并参与创业行动的关键合伙人组成，素质特征包括受教育程度、前期创业经历、相关产业经验、社会网络关系。

(2) 董事会：提供指导、增加信用。

(3) 专业顾问：顾问委员会、贷款方和投资者、咨询师。

二、团队成员的匹配

团队成员的相似性是指创业者选择那些在创业动机与价值观方面与自己相似的人为合作

伙伴；团队成员的互补性是指创业者选择那些与自己有差异的人为合作伙伴，以便补足自己所缺少的知识、技术和能力。创业的过程中难免会有意见不一致的情况，如何处理冲突，需要创业合伙人在基本的价值观层面达成共识，在此基础上才能就事论事地协商应对方案。而技能和个性特征方面的互补能够为创业企业发展带来更为全面的资源支持，更好地推进创业项目的实施。

拓展阅读5-4

创业团队匹配度量表

阅读问题与选项，为每个选项打分(1 ~ 5 分，分别表示从不赞同到十分赞同的程度变化)。每位创业团队成员独立完成问卷，将他们的得分记录在记分表上，求出均值U和方差E，以了解每位创业团队成员在各个维度上的相似性与互补性。

1. 创业目的

(1) 加入创业团队，我最希望得到的是丰厚的物质报酬。

(2) 创业的价值在于可以有一份事业，为之忙碌，充实生活。

(3) 创业者不必为他人打工，可以得到更高的社会地位。

(4) 创业是一个施展抱负的舞台，可以实现自己的兴趣和能力。

(5) 创业也是对社会的一份责任，不仅仅是个人的事情。

2. 价值观念

(1) 企业的责任在于为顾客提供优质的产品与服务。

(2) 企业应该重视员工的福利和发展。

(3) 企业应该具有一定的社会责任感。

(4) 企业的本质在于盈利，只有盈利的企业才是成功的。

3. 知识与技能

(1) 我在专业技术方面是专家，研究能力强且拥有相当深厚的行业背景。

(2) 我比较擅长统筹规划，领导经验丰富。

(3) 我拥有出色的市场敏锐度，善于把握商机。

(4) 我喜欢与人打交道，沟通能力强。

4. 个性

(1) 我认为人可以控制自己的命运，并愿意接受任何挑战。

(2) 我是个自信的人，善于说服别人同意自己的观点。

(3) 我不太善于控制自己的情绪，喜欢随心所欲。

(4) 我喜欢新鲜的事物与热闹的地方，讨厌一成不变。

(5) 我不喜欢与人争辩，宁可为此放弃某些利益。

(6) 我倾向沉浸在自己的世界中，不愿被人打扰。

(7) 我擅长深入的思考与分析，并以此为乐。

(8) 我能经常保持平静而良好的心境，能理智地处理大部分事情。

拓展阅读5-5

腾讯五虎将

那个秋天，马化腾与他的同学张志东合资注册了深圳腾讯计算机系统有限公司。之后，又吸纳了三位股东：曾李青、许晨晔、陈一丹。为避免彼此争夺权力，马化腾在创立腾讯之初就和4个伙伴约定清楚：各展所长、各管一摊。

CAO 陈一丹是马化腾在深圳中学的同学，担任首席行政官，负责公司行政、法律、政策发展、人力资源以及公益慈善等。在腾讯内部，陈一丹和马化腾都被认为是很稳重的人，考虑事情非常清楚、长远，此外，两人也非常互补——马化腾是产品和技术的佼佼者，会有很多新的点子、新的策略，而陈一丹很快就能够领会，并从专业角度提醒实践中应该注意到哪些问题，会涉及哪些法律。2013 年，陈一丹离开腾讯从事天使投资。COO 曾李青，首席运营官，全面负责腾讯集团业务范围及产品种类，同时管理全国各市场的推广工作，是深圳互联网的开拓人之一。在早期员工看来，曾李青是腾讯5个创始人中最好玩、最开放、最具激情和感召力的一个，也是最早离开腾讯创业的人。CIO 许晨晔，首席信息官，负责网站财产和社区、客户关系及公共的策略规划和发展工作，之前在深圳数据通信局工作。CTO 张志东，技术天才，身兼执行董事和首席技术官，全面负责集团专有技术的开发工作，包括基本即时通信平台和大型网上应用系统的开发。

(资料来源：https://mini.eastday.com/a/171210224344729.html?qid=02263&vqid=qid02650)

三、创业团队高效运行的原则

创业团队高效运行的原则如下。

(1) 职责分工明晰：创业团队的职权划分就是根据执行创业计划的需要，具体确定每个团队成员所要担负的职责以及所享有的相应权限。团队成员间职权的划分必须明确，既要避免职权的重叠和交叉，也要避免职责无人承担造成工作上的疏漏。

(2) 人员互补匹配：创业者之所以寻求团队合作，其目的就在于弥补创业目标与自身能力间的差距。只有团队成员在知识、技能、经验等方面实现互补时，才有可能通过相互协作发挥“1+1>2”的协同效应。

(3) 目标明确合理：目标必须明确，这样才能使团队成员清楚地认识到共同的奋斗方向是什么。与此同时，目标也必须是合理的、切实可行的，这样才能真正达到激励的目的。

(4) 计划实际可行：可行的创业计划是创业成功的关键。

四、创业团队的核心是企业所有权分配

企业所有权分配的总原则是股份比例应反映未来创业合伙人对公司利润贡献的大小。谁贡献大，谁就占较多股份。创业者投入的资源对公司成长的重要性应当在股权分配中反映出来。例如，公司是产品驱动型团队，那么工程师、产品经理对企业成长最为关键，因此应该得到最多股份。而业务型创业企业中，销售合伙人的股份最多。平台型企业发展早期需要投入大量资金吸引参与者，因此投资者占相对多的股份。

(一) 创业团队股权分配的基本原则

创业团队股份分配的基本原则如下。

(1) 创始人对企业拥有控制权非常重要。

(2) 更多的股权分配给更有可能担当领导角色的人。

(3) 表决权可以与分红权分开。

(4) 预先设计好股权退出渠道。

(二) 创业合伙人之间股权分配的“雷区”

(1) 均分股权。许多均分股权的创业企业合伙人之间出现嫌隙，严重影响公司经营，这是因为均分股权的公司里创业合伙人之间的平等地位造成了决策僵局，而且对公司利润贡献大的合伙人心里会逐渐产生不平衡感，投入这么多的精力和努力，结果得到的和其他合伙人一样多，创业激情遭到打击。其结果很可能是贡献大的合伙人通过其他方式，如转移资产、私开小灶、隐瞒财务状况等手段来达到心理上的平衡，而其他股东知道后人心涣散，最终只能是分崩离析，更严重的可能导致公司破产倒闭。创业合伙人需要坦然面对利益分配，而不是抹不开面子避而不谈各自的贡献与利益。

拓展阅读5-6

爱多VCD

1995年，胡志标和陈天南最早合作成立爱多公司的时候，每个人出了2000元钱，各占50%的股权。胡志标敢打敢冲，推动公司迅猛发展，成立才三年，爱多就成了中央电视台黄金广告时段的“标王”。陈天南在爱多迅速崛起的几年时间里，一直没有插手爱多任何经营事务，外界甚至不知道爱多有这么一个大股东存在。爱多所有人事任命、财务管理和日常经营都由胡志标全权负责，陈天南基本不过问。这时候，当地村政府也成为股东，占了10%股权比例，胡志标和陈天南变成了各45%。

胡志标注册了几家子公司，但是在股权设置上完全撇开了陈天南，这引起了陈天南的激烈反对。他在《羊城晚报》上发表了一篇律师声明，说设立子公司并没有得到董事会的授权和批准，这相当于告诉大众“爱多出事了”。当时爱多激进的营销战略本来就让流动资金很紧张，这下子所有的经销商和供应商都闻风出动，前来讨债，爱多公司一时间面临极大的资金压力。

占45%股权的陈天南联合了占10%股权的村政府，他们要求胡志标退出管理层，不再担任董事长。胡志标虽然一向以爱多创始人和当家人自居，对爱多的贡献之大确实没人能比，但他的股权只有45%，没有办法，最后只能被迫让出爱多董事长和总经理的位置，而离开了胡志标的爱多也很快走向了覆灭。

类似的例子还有很多。2014年年底，有一个知名大学总裁班里的31名同学共同注册成立了一家餐厅，每个人出资20万元，分别占3.23%的股权，这家餐厅三年多就破产了。雷士照明均分股权也导致几大股东闹上法庭，对公司经营产生严重的负面影响。

(2) 急于分配股权。过早分配股权对于企业发展过程中吸引关键资源不利。对于成长性好的公司，股权是非常重要的战略资源，因此要谨慎授予股权。有一种分批成熟的分配机制可供创始人借鉴。

分批成熟制度最早是为了留人，如果想干一年就走，那也只能带走10%的股权。比如引入技术骨干或高级管理人才，许诺给30%的股权，但其实是在3年时间内分批次发放，干满一年发放10%。

在实践中，分批成熟的机制除了按照时间来分批操作，也可以根据项目的进度来分批操作。比如，负责研发的合伙人许诺设计三个符合要求的产品，那就做好一个产品授予10%的股权，全部完成后才有30%的股权。或者许诺要引进重要资源的合伙人，给他设定引进资源的节奏，引进了多少资源，就授予多少比例的股权。

建立动态调整预期、设计动态退出制度和分批成熟机制，这三个方法有助于创业企业避开股权分配的“雷区”。

五、创业团队冲突管理

创始人和权力中心的稳定非常关键。对于团队绩效来说，冲突既可能是有益的，也可能是有害的，主要取决于它是认知冲突还是情感冲突。认知冲突通过改善决策质量，提高执行决策的共识，进而提高团队绩效。然而，情感冲突却降低了决策质量，破坏了对决策的执行，进而导致团队绩效下降。

基于人格化、关系到个人导向的不一致性往往会破坏团队绩效，冲突理论研究者把这类不一致性称为情感冲突。通俗地讲，情感冲突是对人不对事。认知冲突是指团队成员对有关企业生产经营管理过程中出现的与问题相关的意见、观点和看法所形成的不一致性。通俗地讲，认知冲突是对事不对人。

解决团队内部冲突的办法如下。

(一) 竞争

例如，客户坚持要求一次性付清货款，销售部的肖经理要求财务部马上提出货款200万元，财务部的柴经理说高于100万元的款项必须提前一周向财务打报告申请。两人都认为自己是为公司争取利益，谁也不让步。竞争的主要特点如下。

(1) 正面冲突，直接对抗；

(2) 双方高度坚持、高度不合作；

(3) 双方都试图以牺牲他人的目标为代价而达到自己的目标，试图证实自己是正确的，他人是错误的；

(4) 只顾胜负、曲直，不顾后果；

(5) 各不相让，团队冲突表面化。

(二) 回避

例如，柴经理今天要组织财务部针对今年的年度审计开会，为此他已经做了一些准备，于是提出肖经理的货款要求先放一放，财务部先召开会议。肖经理正好来了一个客户，就没再坚持。回避的主要特点如下。

(1) 既不合作也不坚持；

(2) 双方试图忽略冲突；

(3) 双方都意识到冲突的存在，但都希望回避，不发生正面对抗；

(4) 团队冲突被掩盖。

回避是日常工作中最常用的一种解决冲突的方法，但采用回避的方式会使更多的工作被耽误，使更多的问题被积压，使更多的矛盾被掩盖，解决不了根本问题。

(三) 迁就

例如，来找肖经理的客户是公司的老客户，这一次来是想和肖经理商量，可否先发货过些日子再付款。肖经理很为难，因为公司的要求是款到发货，可是这个老客户确实对公司影响很大，肖经理咬咬牙就答应了。迁就的主要特点如下。

(1) 高度合作、不坚持，尽管自己不同意，但还是支持他人意见；

(2) 把对方的利益放在自己的利益之上，一方愿意做出自我牺牲；

(3) 这是一种彼此同意，但并不是彼此信任的行为。

工作中常有一些不能处理的问题，但以为不是重要问题就可以迁就对方是不对的。虽然有些矛盾或问题化解了，但也有一些问题积压下来了，而且这一次迁就，他会认为下次还可以这样做，会导致矛盾的累积。

(四) 妥协

例如，肖经理待柴经理开完会又来找他，因为和外出开会的总经理联系不上，柴经理就想了个办法：根据公司规定，每个股东有 100 万元的紧急签单权，按原则来说需要总经理口头同意，但在无法得到这种许可的情况下可以先动用。虽然这要以自己的股权作担保，肖经理还是同意了。妥协的主要特点如下。

(1) 介于坚持与合作之间。当冲突双方都放弃某些东西而共同分享利益时，则会带来妥协的结果；

(2) 没有明显的赢者和输者。他们愿意共同承担冲突问题，并接受一种双方都达不到彻底满足的解决方法；

(3) 冲突双方的基本目标能达成，团队成员之间的关系也能得到维持；

(4) 团队冲突得到暂时解决。

妥协的明显特点是，双方都倾向放弃一些东西。妥协是职业经理与其他部门打交道时常用的方式。通过妥协可以降低成本，会达成一种新的规则。

(五) 合作

例如，在肖经理以自己的股权作担保签单的同时，柴经理紧急与总经理进行联系。经过多方联络，总经理通过电话对柴经理进行了授权：批准肖经理的紧急签单权，并先动用总经理基金补上另外的 100 万元。柴经理马上着手，终于在规定时间之前付足了货款。合作的主要特点如下。

(1) 对于自己和他人的利益都给予高度关注。冲突双方均希望满足双方利益，并寻求相互受益的结果；

(2) 合作的双方都试图找到双赢的解决办法，使双方目标均得以实现，寻求综合双方见解的最终结论；

(3) 相互尊重与信任；

(4) 团队冲突得到完全消除。

合作是一种理想的解决冲突的方法。双方彼此尊重对方意愿，同时不放弃自己的利益，通过创造性的设计尽可能实现双赢的结果。面对创始人团队的冲突，合作是最应该提倡的方式。

本章小结

本章包含两节，分别是创业者的素质与能力、创业团队。第一节介绍了创业素质与能力准备，以及创业过程中创业者需要了解的商业伦理与社会责任；第二节重点介绍了创业团队的组建、团队成员的匹配以及创业团队的管理。

拓展研读

具有高效执行力的团队的六个特征

第一，具备相关领域的知识。例如要开创一家提供 IT 服务的公司，就要了解大型公司 IT 系统经常遇到的问题，如客户突然增加引起的安全问题；还要了解这些客户面临的挑战，如预算不宽裕，希望在原有的系统上进行改造。创业团队中的成员如果具备在 IT 行业工作的经验，对行业有深刻的认识，都将是开展这些业务的良好条件。

第二，要有应对业务快速增长的组织准备。当业务突然实现快速增长时，会给创业公司的人力、物力和售后服务带来巨大的挑战，所以要按优先次序做好组织的建设和准备，以应对这些挑战。

第三，要有打败恶意竞争者的经验。市场竞争中，创业者必须勇敢面对那些希望彻底打败自己的人，不仅要深入了解这些竞争者的信息，还要带领员工立足于充满竞争的市场。

第四，要有持续的风险管理。创业团队从一开始就知道自己必须对市场的走向做出预测，但意料之外的变化常常令企业措手不及，所以坚持不懈地与潜在客户和当前客户保持沟通，了解令客户苦恼的问题，才能捕捉到快速的市场变化，使企业有足够的能力应对一些潜在的风险。

第五，创业团队最好具有不同寻常的经历。市场销售、产品开发、销售领导往往都是创业者需要亲力亲为的领域。如果创业团队成员具备相关的经历，则可以有效地推进企业运作。创业者还可以签约雇用一些知名顾问，借助他们的经验提高自己的创业能力。

第六，创业者要保持强大的员工队伍。在创业的最初阶段，树立企业文化和价值观与其他工作一样重要。明确企业的发展目标，奖罚分明，和员工建立起互信关系，这些都是创业者应该具备的领导技巧。

(资料来源：http://www.docin.com/p-79422940.html)

回顾与思考

1. 创业能力是天生的吗？
2. 创业可以学习吗？
3. 组建创业团队应该注意什么？

课后训练

1. 推荐观看影视作品：美国电影《华尔街》(*Wall Street*)。

推荐理由：这既是一部商战片，也是一部关于商场中人性与诚信的启示录。影片以全球金融中心美国华尔街为背景，讲述了翻云覆雨的股市大亨戈登贪婪成性、不择手段地在幕后操纵股票行情，结果却败在一位具有良知的年轻股票交易员手上的故事。剧中对创业者人格的揭示，值得每一位准创业者深思。

思考：什么样的人能成为成功的创业者？分组交流影片观后感。

2. 下面有 15 道题，回答后对照答案，看你是否做好了创业的准备。

(1) 你在哪一种条件下会决定创业：

A. 等有了一定工作经验以后

B. 等有了一定经济实力以后

C. 等找到天使投资或 VC 投资以后

D. 现在就创业，尽管自己口袋里没有几个钱

E. 一边工作一边琢磨，等想法成熟了就创业

(2) 你认为创业成功的关键是：

A. 资金实力

B. 好的创意

C. 优秀团队

D. 政府资源和社会关系

E. 专利技术

(3) 你认为是创业公司生存的必要因素是：

A. 高度的灵活性

B. 严格的成本控制

C. 可复制性

D. 可扩展性

E. 健康的现金流

(4) 招聘员工时最重要的是：

A. 学历高低

B. 朋友推荐

C. 成本高低

D. 工作经验

(5) 产品进入市场的最佳策略是：

A. 价格低廉

B. 广告投入

C. 口碑营销

D. 品质过硬

(6) 和投资人交流最有效的方式是：

A. 出色的现场 PPT 演示

B. 详细的商业计划书和财务预测

C. 样品当场测试

D. 有朋友的介绍和引荐

E. 通过财务顾问的代理

(7) 创始人之间发生矛盾时，你会：

A. 坚持原则，据理力争

B. 决定离开，另起炉灶

C. 委曲求全，弃异求同

D. 引入新人，控制局势

(8) 你认为风险投资决策中最重要的因素是：

A. 商业模式

B. 定位

C. 团队

D. 现金流

E. 销售合约

(9) 创业团队拥有 51%的股份就绝对控制了公司吗？

A. 正确

B. 错误

(10) 创业公司 CEO 的首要的工作责任是：

A. 制定公司的远景规划

B. 销售、销售、销售

C. 人性化的管理

D. 领导研发团队

E. 吸引投资人

(11) 凝聚创业团队的最好办法是：

A 期权

B. 公司文化

C. CEO 的魅力

D. 工资和福利

E. 团队的激情

(12) 创业公司的财务预测中，最重要的是：

A. 销售增长

B. 毛利率

C. 成本分析

D. 资产负债表

(13) 创业公司的日常运营中，最重要的工作是：

A. 会议记录的及时存档

B. 业绩指标的合理安排和及时跟踪

C. 团队的经常性培训

D. 奖惩制度

E. 管理流程的 ISO 9000 认证

(14) 创业公司的日常运营中，最棘手的问题是：

A. 人的管理

B. 销售增长

C. 研发的速度

D. 资金到位情况

E. 扩张力度

(15) 你认为创业公司的最大风险是：

A. 市场的变化

B. 融资的成败

C. 产品研发的速度

D. CEO 的个人能力和素质

E. 决策机制的合理性

参考答案：

1. D	2. C	3. E	4. C	5. D	6. C	7. C	8. C
9. B	10. B	11. B	12. A	13. B	14. B	15. D	

第六章 资源整合与创业融资

创业者在企业成长的各个阶段都会努力争取用尽量少的资源来推进企业的发展，他们需要的不是拥有这些资源，而是控制这些资源。

——哈佛商学院教授霍华德·史蒂文森

本章目标

1. 了解创业企业获取资源的困难与解决思路；
2. 理解资源整合的逻辑及资源拼凑的利弊；
3. 掌握创业融资的途径，以及不同类型资金的区别。

导入案例

用户参与制造的资源整合逻辑

近年来，随着网络经济的发展，价值共创的概念逐渐流行起来。价值共创是指价值创造主体通过服务交换和资源整合共同创造价值。例如，烤箱生产商充分吸取用户的意见，推出装有Gopro的烤箱，满足烘焙“发烧友”把美食制作过程上传到朋友圈的深层次需求，产品一发布就大受欢迎。

这些传统制造业领域的高手玩家整合用户价值的做法非常值得借鉴。位于美国亚利桑那州的汽车公司Local Motors没有庞大的研发中心，没有庞大的组装车间，没有庞大的营销团队，这家公司算得上“微型”——连CEO在内只有10名正式员工，组装车间就叫“微型工厂”。相比汽车业的巨头，Local Motors实在微不足道，其企业愿景却很宏大——引领下一代汽车的设计与制造，以颠覆性的产品、前所未有的服务彻底变革整个行业。

通过网络社区，Local Motors确认有500名以上的汽车爱好者有意购买Rally Fighter。因此，他们决定生产这款汽车，并很快建立了一个微型工厂，所有零配件均从外部采购。公司发布即将生产Rally Fighter的消息以后，有意者可以访问购买页面，先支付1000美元定金，获取一个顺序号。待号码轮到，顾客需要支付5000美元费用，确定制造日期。

一旦制造日期确定，顾客可以去就近的Local Motors微型工厂参与汽车的生产，并按合同支付剩下的款项。第一辆Rally Fighter在亚利桑那州的菲尼克斯市生产，在Local Motors制造教练的协助下，顾客在新车制造过程中承担重要角色。整个生产过程持续两个星期，顾客需要投入6天时间。也就是说，作为一辆Rally Fighter的所有者，汽车离开微型工厂之时，他将对自己的汽车有极其深入的认识。

车辆制造过程被专业的摄像机记录，顾客没有经验也没有关系，制造教练会在每一个重要阶段提供专业的指导。Rally Fighter的购买者群体是一个亲密的群体，彼此可能已经在网络社区交流了很长时间，制造汽车的过程就是一个分享知识与经验的过程。顾客的时间宝贵，所以日程安排得很满，从早上到傍晚，一整天都很忙。他们还可以带一名朋友或家庭成员参与车辆组装。他们的双手很脏，内心却很满足，正如公司宣称的：“我们的顾客购买的不是一辆汽车，他们购买的是拥有的过程。”为了贴近客户需求，Local Motors针对不同地区的不同路况生产不同的汽车。通过引入汽车爱好者和设计者资源，该公司不仅大大缩短了研发周期，还实现了真正的零库存，有效地控制了成本。

(资料来源：中欧商业评论精选集•拍案惊奇[M]. 上海：复旦大学出版社，2015，编者有删减)

第一节　资源整合

资源整合是指企业对不同来源、不同层次、不同结构、不同内容的资源进行识别与选择、汲取与配置、激活和有机融合，使其具有较强的柔性、条理性、系统性和价值性，并创造出新的资源的一个复杂的动态过程。

一、资源拼凑

创业者面临资源束缚时，需要突破传统思维，从一个全新的视角审视现有资源的价值，充分挖掘社会网络中的可利用资源，重新整合并把握创业机会。

资源拼凑是创业者面临资源约束时的一种行动战略，通过现有资源的将就利用，从而创造新的创业机会或应对挑战。资源拼凑的主要特征是脱离传统的资源环境分析范式，不拘泥于资源属性。

拼凑除了具有修修补补的含义外，还包含了以下几层含义：一是通过加入一些新元素实现有效组合，结构会因此改变。二是新加入的元素往往是手边已有的资源，也许不是最好的，但可以通过一些技巧或窍门组合在一起。三是这种行为是一种创新行为，会带来意想不到的惊喜。

创造性拼凑有以下三个关键要素。

(一) 手边的已有资源

善于进行创造性拼凑的人常常拥有一批“零碎”的元素，它们可以是物质，也可以是一门技术，甚至是一种理念。

(二) 整合资源用于新目的

拼凑的重要特点之一是为了其他目的重新整合已有资源。拼凑者应有一双善于发现的眼睛，洞悉手边资源的各种属性，将它们创造性地整合起来，开发新机会，解决新问题。这种整合大多不是事前仔细计划好的，往往是具体情况具体分析、“摸着石头过河”的产物。

(三) 将就使用

特德•贝克和里德•纳尔逊在他们的文章中使用了英文 making do，意味着经常利用手边的资源将就。拼凑者尝试突破固有观念，突破正常情况下人们对资源和产品的常规理解。将就使用，这种资源使用的方式也许是不合适的、不完整的、低效率的、不全面的，但在某种程度上，是人们能够唯一理性选择的。这种方案产出的是混杂的、不完美的半成品，也许看上去不精致且有很多缺陷，但是创业者需要行动起来，并在此基础上寻求改进。

二、全面拼凑和选择性拼凑

(1) 全面拼凑，指创业者在物质资源、人力资源、技术资源、制度规范和顾客市场等诸多方面长期使用拼凑方法，在企业现金流步入稳定状态后依然没有停止拼凑的行为。

(2) 选择性拼凑，指创业者在拼凑行为上有一定的选择性，有所为，有所不为。在应用领域上，创业者往往只选择在一到两个领域内进行拼凑，以避免全面拼凑的自我加强循环；在应用时间上，创业者往往只在早期创业资源紧缺的情况下采用拼凑，随着企业的发展逐渐减少拼凑，甚至到最后完全放弃。

拓展阅读6-1

善用拼凑，从网红到长红

作为2017年全国最火的网红饮品，喜茶的快速成长就是创业者资源拼凑的典型例证。“90后”的喜茶创业者聂云宸并不是茶饮界的专家，单纯想创业的动机驱使他选择了这个门槛较低的行业。与大多数新创企业相同，喜茶在创业初期面临着资金、设备和人力匮乏的困境，没有人愿意认同这家想把传统茶饮喝出新意的小店。刚刚经历了创业失败的聂云宸，可以利用的资源只有从失败中得到的经验——成功的关键在于拥有独特的产品。他带着不到10万元的资金和一杯看似猎奇的“茶饮料”，怀着“要做茶饮界的王者”的初心，开启了喜茶的扩张之路。2012年，第一家“皇茶”在广东江门开张，只有不到30平方米的铺面和并不精细的装修，以传统的乌龙茶和茉莉花茶等作为茶底，加上一层芝士做成的奶盖，“拼凑”成一杯喜茶。芝士奶盖产品是喜茶于2012年的首创，经过多次测试，选用了咸芝士做成奶盖，获得了市场的认可。

喜茶像茶饮却又不是茶饮，它将传统茶饮的品质进行了升级，摒弃了多数奶茶店选用的冲调方式，改用原泡茶，辅以奶盖、果汁降低苦涩感。这种新式茶品与市场初次碰撞会产生什么样的结果，当时谁都无法预料，之后的火爆更是让人瞠目。喜茶所有的饮品都带有定制化色彩，产品开发强调消费者参与的共创模式，实现属于用户的独特配方。独家配方是餐饮业发展的核心竞争力，一场舌尖上的盛宴，口味是制胜的关键。放弃了廉价的奶茶专用碎茶，经过近一年的口味测试，挑选出消费者最中意的几款茶叶，与上游茶园、茶厂合作直接进行炒制拼配，冠以个性化的名称，打造竞争者无法模仿的独特配方。喜茶的另一个“爆款”饮品——“金凤茶王”通过定制化处理成功吸引了消费者。根据顾客的反馈和自己的理解，喜茶尝试开发了这种市场上并不存在的茶叶，用几款茶进行拼配，减少茶入口的苦涩感，提高回香，并通过烘焙等工艺改良创造了这款“金凤茶王”，再次受到市场追捧。

喜茶的门店扩张，经历了由低到高、由小到大、由市井街头到核心商圈的一系列过程。起步于三线城市，虽然会经历较长的成长时间，但却有利于降低成本，有利于利用有限的资金优化品质、完善细节。如今，喜茶已经拥有了自己专业的选址团队，为了优化用户体验，店面也由几十平方米扩大到几百平方米。随着喜茶品牌影响力的提高，很多著名商圈都邀请其加入。

(资料来源：段茹，李华晶. 善用拼凑，从网红到长红——以喜茶创业为例[J]. 清华管理评论，2018(05))

由此可见，拼凑的元素固然重要，但最为关键的是如何通过新场景的打造和创造性的整合实现新的目标，响应甚至引领用户的动态需求。许多新企业创办之初都不自觉地采取了选择性拼凑策略，选择性拼凑是指创业者在拼凑行为上有一定的选择性，随着企业的发展逐渐减少拼凑，甚至在最后完全放弃，由此使得企业摆脱拼凑型企业的阴影，逐步走向正规化。

不同于选择性拼凑，全面拼凑的企业表现出如下特点：过分重视“零碎”的元素，经常收集、储存各种工具、材料、二手旧货等；偏重个人技术能力和经验；不太遵守工艺标准、行业规范，也不遵守社会网络中各种角色的边界，顾客、供应商、雇员、亲戚、朋友等角色都是可以互换的。全面拼凑很容易形成一种互动强化模式，如果创业者在每个领域都采用拼凑手段，久而久之就会被认为是标准低、质量次的拼凑型企业，一旦这种定位形成，企业很难走上发展的正轨，也就很难拓展真正有潜力的市场，也会因此丧失更有利润的客户群，阻碍企业的进一步成长。

三、创业企业所需关键资源

蒂蒙斯模型把机会、资源与创业团队视为创业的三要素。创业者的关键任务不仅包括识别机会，还包括整合关键资源。创业企业发展过程中的资源需求主要包括人力资源、物质资源、技术资源、组织资源、市场资源和财务资源等，以下介绍人力资源、物质资源、技术资源三种关键性资源。

（一）人力资源

知识经济时代，人才是企业创新持续发展的基础，也是企业获得并保持竞争力的坚强后盾。高素质专业人才的获取和开发是新创企业可持续发展的关键。投资人在选择创业项目时十分看重创业团队的人员构成以及核心创始人的领导力。

创业者的人力资源包括健康、教育水平、社会资本、心理资本等。其中，社会资本是指创业者的社会网络关系，包括强关系和弱关系。创业者的社会资本能撬动信息、商机、市场、客户、资金等重要创业资源，弥补创业初期的资源匮乏。因此，社会资本对于创业活动特别重要，有助于创业者接触到大量的外部资源，提升自身运营的合法性，通过网络关系降低潜在风险。

例如，沿海地区许多企业碰到用工荒，有的企业主对人力资源的投入加大，不仅体现在提高薪酬，还体现在关怀员工方面做得比以往更为深入。有的企业在春节返乡时给员工安排车票、机票并送到家，还有的企业暑假在空余办公室办起兴趣班，帮助看管暑假来与父母团聚的孩子。解决员工的后顾之忧，企业的人力资本才能发挥更大的创造力，从而提升企业价值。

（二）物质资源

物质资源包括资金、技术等有形资源和无形资源。创业团队需要结合创业计划合理确定资本结构和估算资金需求，筹集资金，才能投入进一步的运营。融资方式的选择会决定创始人的控制权和创业收益。

技术资源包括诀窍、专利等。对技术创业型企业而言，技术是关键的战略性资源。技术资源与人力资源的区别在于技术资源可以通过申请专利等方式进行保护，而人力资源可能随着关键员工的离职而流失。

(三) 组织资源

组织资源是指组织内部的管理系统，包括信息沟通、决策系统，以及组织内部正式与非正式的计划活动。通常来说，人力资源需要在组织资源的支持下才能更好地发挥作用。

万科有个著名的内部创业计划：司龄超过两年的员工离职创业，可以得到万科一定的资源支持和倾斜，而且参与经集团试错会批准的创业项目的离职员工，可保留离职前的EP积分，两年内创业员工可选择回归万科。这看起来不可思议，几乎所有的企业都在想办法留住员工，万科却给出去创业的员工极大的鼓励。内部创业计划可能使万科失去一位员工，却能带来一个新的合作伙伴。创办新企业的离职员工将成为万科社会网络中一个新的连接点，这样的连接点越来越多，就可以把万科与产业链的上下游、资金方、土地方等各个环节联通起来，为万科成为城市配套服务商添砖加瓦。万科这种组织管理上的创新为其保持长期竞争力提供了重要的组织资源。

第二节　创业融资

资金是企业经济活动的第一推动力、持续推动力。企业能否获得稳定的资金来源，能否及时、足额筹集到生产要素组合所需要的资金，对经营和发展都是至关重要的。本节将介绍债务融资与股权融资、创业融资的困境与融资渠道、创业融资需求的阶段性特征等。

一、债务融资与股权融资

(一) 债务融资与股权融资的概念

(1) 债务融资，是借款性质的资金，资金所有人提供资金给资金使用人，然后在约定的时间收回资金并获得预先约定的固定报酬(利息)，资金出借者不过问企业的经营情况，不承担企业的经营风险，约定的利息也不会因为企业经营情况的好坏而变化，包括银行贷款、亲朋好友借贷等。

(2) 股权融资，是投资性质的资金，资金提供者占有企业的股份，按照资金的比例享有企业的控制权，参与企业的经营决策，承担企业经营风险，一般不能从企业抽回资金，只能通过股权转让收回资金，获得的报酬根据企业经营情况而变化。典型的股权融资有天使投资基金、风险投资基金、上市融资等。

(二) 债务融资的优点和缺点

(1) 债务融资的优点：①债务融资需要支付本金和利息，但创业者可以保持对企业的有效控制权，并且独享未来可能的高额回报率。例如阿里巴巴在美国上市之后，就没有再发行股票融资，而是迅速地发行了 10 亿美元的企业债。②只要按期偿还贷款，债权方就无权过问公司的发展方向。③债权方只要求固定的本息，既不承担企业成长性的风险，也不享受企业成长性的收益。

(2) 债务融资的缺点：①要求企业按时清偿贷款，如果不能保证经营收益高于资金成本，企业就会面临收不抵支甚至亏损。②提高了企业的负债率，如果负债率过高，企业的再筹资和经营能力都面临风险。

(三) 股权融资的优点和缺点

(1) 股权融资的优点：投资者不要求债务融资中常见的担保、抵押等方式，而是要求按一定比例持有企业所有权，并分享利润和资产处置收益，承担企业经营的风险。

(2) 股权融资的缺点主要体现在控制权方面，由于股份稀释，创业者可能失去企业的控制权，在一些重大战略决策方面，创业者不得不考虑投资方的意见，如果双方意见存在分歧，就会降低企业决策效率。企业如果能够成功上市，在融资的同时也要承担信息披露责任，一些创业者可能会对此有顾虑。例如老干妈的创始人陶华碧就曾经说坚决不上市，也不借债，老干妈20 年的发展都是用自己的利润实现的，非常稳健，代价就是发展速度受到限制。

(四) 创业者是选择债权融资还是选择股权融资

创业者对控制权的态度会影响融资渠道的选择。一些创业者不愿意与投资人共同拥有自己费尽心血所创立的企业的所有权，希望保持对企业的控制权，因此更多地选择债务融资，如老干妈的创始人在很长时间内不接受外部股权投资。

还有一些创业者则更看重企业是否可以迅速扩张，能否取得跳跃式发展，为此他们愿意引入外来投资者，甚至愿意让外人管理。许多科技型创业企业或平台型创业企业由于发展早期需要的资金量大而引入外部投资人，这一过程中，创业者也可以通过同股不同权等机制设计在一定程度上保持控制权。这种融资选择决策很大程度上取决于创业者的初衷是追求财富增值还是保有自己对企业的控制权。

二、创业融资的困境与融资渠道

(一) 为什么初创企业融资难

初创企业融资难的主要原因如下。

(1) 创业企业几乎没有可以提供抵押的资产。为创业企业提供资金，比为其他企业提供资金面临的风险更大。

(2) 创业企业没有可参考的经营记录。创业企业既缺少资产，也没有以往的经营业绩，所能提供的资料不过是一份商业计划书，未来的经营情况具有较大的不确定性。

(3) 创业企业的融资规模相对较小。创业企业的单位融资成本远远高于既有企业。据调查，对中小企业贷款的管理成本平均为大型企业的 5 倍左右，银行理所当然愿意向大型企业而不是向创业企业提供贷款，因而加大了创业企业融资的难度。

(二) 自我融资

创办新企业是使捕捉到的商业机会实现价值的过程，将尽可能多的自有资金投入其中，可以在新创企业中持有较多的股份，创业成功后将获得较大的创业回报。这样，个人才能和资产在创业活动中共同创造较大价值。

自我融资是一种有效的承诺。如果在创业的过程中投入自有资金，这本身就是一种信号，对其他投资者而言，就意味着创业者对自己认定的商业机会有相当的把握，对自己的新创企业充满信心，而且会全心全意、踏踏实实地干事业。创业者会谨慎地使用企业的每一分钱，因为那是自己的血汗钱。这种信号会给其他资金所有者一种积极的暗示，可以一定程度上缓解创业企业信息不对称的负面影响，增加其对新创企业投资的可能性。

(三) 创业者的融资渠道

创业融资的渠道按融资对象的不同可分为私人资本融资、机构融资和政府的融资支持。

(1) 私人资本融资，指创业者向个人融资，包括创业者自筹资金、向亲朋好友融资、个人投资资金(即天使资金)。

(2) 机构融资，指创业企业向相关机构融资，主要有抵押贷款、担保贷款和信用贷款，创业投资资金，中小企业间的互助机构贷款，通过发行股票公开上市融资，企业间的信用贷款。

(3) 政府的融资支持，指政府推出的针对创业企业的各种扶持资金及政策，主要包括政府专项基金、税收优惠、财政补贴、贷款援助等。

(四) 新型筹资方式

众筹即大众筹资或群众筹资，由发起人、跟投人、平台构成。众筹具有低门槛、多样性、依靠大众力量、注重创意的特征，是一种向群众募资，以支持发起的个人或组织的行为，一般通过网络平台联结赞助者与提案者。

(1) 预售式众筹。预售式众筹是指项目发起人在筹集款项时，投资人可能获得非金融性奖励作为回报，如 Kickstarter、点名时间、京东众筹。

预售式众筹的特征如下：①投资者以项目产品作为回报；②一般不设定投资者门槛；③适用于多种投资项目。

(2) 股权式众筹。股权式众筹是指公司向普通投资者出让一定比例的股份，投资者通过出资入股获得未来收益，是一种基于互联网渠道而进行融资的模式，如 AngelList、天使汇。

股权式众筹的特征如下：①以被投资项目的股权或资产收益为回报；②有些平台将投资者分为领投和跟投；③有些是综合性投资，有些是专业类投资。

在我国，由于相关的法律法规还不完善，众筹与非法集资的边界模糊，因此众筹这一新型融资形式当前没有得到大规模发展。预售式众筹发展得较为顺利，而股权式众筹的融资效率并不高。

三、创业融资需求的阶段性特征

在种子期和启动期，企业处在具有较高不确定性的环境中，只能依靠自我融资或亲戚朋友的支持，以及从外部投资者处获取“天使资本”。创业投资很少在此时介入，而从商业银行获得贷款支持的难度更大。建立在血缘和信任关系基础上的亲朋好友借贷是该阶段融资的主要渠道。

企业进入成长期后，已经有了前期的经营基础，发展潜力逐渐显现，资金需求量也比以前增大。成长期前期，在企业获得正的现金流之前，创业者获得债务融资的难度较大，即使获得，也很难支付预定的利息，这时创业者往往倾向通过股权融资这种不要求做出固定偿付的方式来筹集资金。成长期后期，企业表现出较好的成长性，且具有一定的资产规模，可以采用银行贷款、商业信用等债务融资方式。

企业进入成熟期后，债券、股票等资本市场可以为企业提供丰富的资金来源。如果创业者选择不再继续经营企业，则可以选择公开上市、管理层收购或其他股权转让方式退出企业，收获自己的成果。

企业在各阶段的融资渠道如图 6-1 所示。

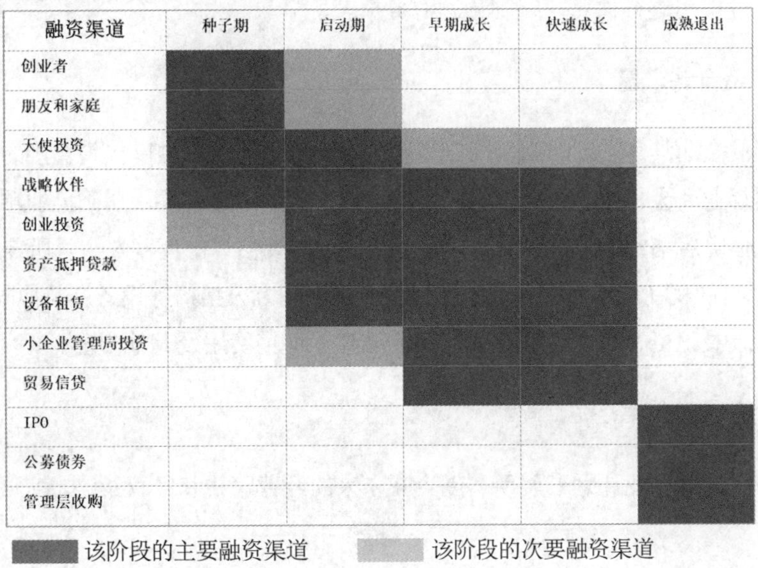

图6-1 企业在各阶段的融资渠道

第三节 创业融资过程

初创企业融资是创业过程中最大的难题之一。保罗格雷厄姆说过:“说服投资人最好的办法就是打造一家真正优秀的创业公司,实现快速增长,只要简单、直接地告诉投资人这一点就行了。”在企业成长的不同阶段,投资人最关注的是如何降低投资风险与获取投资回报。

一、融资前的准备

创业者必须知道新企业需要多少资金以及如何有效地使用这些资金,以保证投资从财务上是可行的,即能带来投资回报。

创业者在创业融资过程中需要了解以下内容。

(1) 确定企业资金的需求。

(2) 何时需要这些资金。

(3) 何处、向谁筹集资金。

(4) 资金能维持多久。

(5) 资金使用过程中的安排与管理。

(一) 预测营业收入

对新创企业来说,测算营业收入是制订财务计划与编制预测财务报表的第一步。首先,立足于市场研究行业竞争状况,通过试运营的数据,估计营销推广与营业收入的关系;然后,对营业成本和管理费用进行估算,编制预测财务报表。

(二) 测算资金需求量

大多数创业企业具有一定的创新性,其营运启动资金的估算难以找到直接的对标企业,创业者可以根据行业商会、市场调研、供应商等不同来源的信息,逐步明确创业项目启动费用,尽可能准确地估算启动资金。一般而言,企业初创期需要估算出运营 6 个月所需的资金量,即固定成本+6 个月的变动成本。固定成本包括企业用地和办公桌椅等设备及其他固定资产投资。变动成本包括人员工资、租金、原材料、成品储存、促销费用及其他支出。

(三) 编写创业计划书

创业者可以通过创业计划书展现初创企业未来的经营路线和经营策略,来吸引投资者。

(四) 融资谈判

无论创业计划书写得有多吸引人，在与资金提供者谈判时，表现糟糕的创业者都很难达到融资目标。因此要做好充分准备，事先思考对方可能提到的问题，列出谈话大纲，并进行演练，表现出信心；陈述时抓住重点，条理清楚。记住资金提供者关心的是如何降低投资风险和获得投资回报。

即使做充分的准备也可能得不到投资人的认可，这里面有投资人自身代表性偏差的因素，既受到投资人前期投资过程的影响，同时也有创投项目本身具有高不确定性、高风险性的因素。因此，投资人拒绝投资或提出苛刻的投资条件都是常态，创业者需要对此有所预期，以免因为投资遭到拒绝就对创业项目失去信心。

二、选择企业经营模式

股份制是一种以财权为基础的经营模式，团队经过几轮的增资扩股，虽然规模做大了，但是创始人的股份可能严重稀释了。在股份制的框架下，控股股东控制了董事会，一旦创始人的想法和利益与控股股东发生冲突，创始人很有可能会被赶出公司，这种例子并不罕见。股份制公司承担有限责任，有利于筹集资金和扩大生产规模，适合传统的工业企业。

合伙制是一种绑定人力资本，以人权为基础的经营管理模式。合伙制公司的控制权始终是不让渡出去的，一般不会出现丧失控制权的问题。合伙制有利于发挥合伙人的作用，适合依赖人力资源和人脉资源的行业，如律师事务所、会计师事务所等。但合伙制公司承担无限责任，如果一旦出现危机的话，损失会比较惨重。

阿里巴巴经过了几轮融资以后，软银和 Yahoo 的持股比例都已经大于马云团队，在“同股同权”原则下，公司的控制权就面临着旁落的危险。所以从 2009 年开始，马云团队就断然地采取了合伙制，包括马云在内的 18 位创始人由创始人身份转变为阿里巴巴集团的合伙人，这样就保证了马云团队对公司的控制权。

现在有一个很流行的做法，几个人注册一个合伙公司，然后用这个公司的名义再注册股份制公司，由合伙人控制该股份制公司，该股份制公司又可以进行融资。

本章小结

本章包含三节，分别是资源整合、创业融资与创业融资过程。第一节介绍了资源拼凑、创业企业所需的关键资源；第二节重点介绍了不同融资方式的优点、缺点和创业融资需求的阶段性特征；第三节介绍了融资前的准备和如何选择企业经营模式。

拓展研读

一篇读书笔记

《创业者的窘境》是七印部落2017年翻译的书，看到书名，很多人的第一反应都是《创新者的窘境》？不是那本，一字之差，《创业者的窘境》讲的是另外一件事。作者Noam Wasserman曾任哈佛大学商学院教授，现任南加州大学创业中心主任。他在哈佛大学商学院授课13年，期间开设的“创业者的窘境”课程是哈佛大学最受欢迎的MBA选修课之一，荣获哈佛商学院教学奖和管理学院教育创新奖。为了成书，作者历时十年，访谈了数千位创业公司的创始人，其中不乏知名公司，如Nike、Twitter、Pandora、Blogger、Segway。

《创业者的窘境》的核心观点很简单，但这个角度确实是很多人没有认真思考过的：创业，到底是为了财富(大馅饼的一小块)还是为了权力(小馅饼的一大块)，这两点是矛盾的。创业过程中的许多决定都要求创业者在财富与公司控制权之间做出取舍，而大多数人两者都想要，这就是窘境的根源。

创业无非有两大底层动机，俗称钱和权。这两者都是公司的初始资源，开始钱很少，权很大(创始人独占)，随着盘子变大，两者可以互相转换。作者的调查统计表明，分权使公司做大，在财务上的回报会更多。个人体会，为了获得财富的做法相对开放(公司成长快，财富收益占总盘子比例小，但绝对值大，权力占比小)，为了获得权力的做法相对封闭。很多创业者并没有想清楚自己的动机，于是，在做各种决策时犹豫不决，希望财富和权力双丰收，但真正能做到的创业者绝对是凤毛麟角。

当然，具体到操作上，要考虑的因素还有很多。比如是选择独自创业还是选择与人合伙，这与业务类型、创始人能力等因素有关。投资人Jeff Bussgang把创业描绘成由三个阶段组成的历险：首先在广袤的丛林里摸索方向，然后披荆斩棘开辟道路，最后驶上高速公路加速前进。作者认为，创业早期可以更多地追求权力，后期可以更多地追求财富。

下面列举一些能带给人启发的摘录和感悟。

- 创业是在手头资源不足的情况下追逐某种机会的过程。
- 资源是指人力资源、社会资源和财务资源。
- 先发优势只存在于时效性较强的行业，时效性不强的行业往往是后来者居上。
- 合伙人的选择：同学、同事优于陌生人，陌生人优于亲友。
- 在核心团队成员的分工上，早期可以角色交叉，后期必须明确分工。
- 团队的同质化与多样性：创业的早期需要相对同质化的团队，拧成一股绳玩命向前冲，而后期必须重视多样性。对于核心团队成员，价值观需要同质化(工作习惯、风险承受能力、责任感等软性因素)，技能需要多样性(行业背景、工作技能、人际关系等硬性因素)。

- 投资人和创始人都应该把更换CEO看成一个过程而非单一的事件，可能会有一个历时多年的过渡期。
- 股权分配的三大要素：过往贡献(提供创意的发起人往往比提供资本的发起人多10%左右的股权)、机会成本(此前的事业成功程度)、未来贡献(有创业经验比有工作经验有优势，全职大于兼职)。
- 为了应对未来的不确定性，回购条款、期权都是可用的手段(时间期权、里程碑期权)。
- 关于招聘，斯坦福大学的“科技创业公司调查研究项目”对科技公司的主雇关系做了一个分类，有三个维度：招聘类型、工作诉求、管理方式。

招聘类型分为当前技能、长远潜力、价值观(默契度)。

工作诉求分为归属感、成就感、薪酬。

管理方式分为：正式管理，指通过人力资源部门和业绩评估的方式管理；非正式管理，指平等、默契的合作方式；直接管理，指通过监控和监督管理；精英化管理，指招聘最优秀的人才，给予充分的自由度。

基于招聘类型、工作诉求、管理方式三个维度的招聘有5种常见的类型：精英类型、工程师类型、家庭类型、机关类型、独裁类型。比如精英类型招聘的特点就是招聘有长远潜力、看重工作成就感的员工，并且给予充分的自由度，其他类型的招聘不再展开。

(资料来源：https://book.douban.com/subject/27180566/reviews?sort=time)

回顾与思考

1. 在创业过程中有哪些资源需求？如何获取并进行开发、整合与利用？
2. 社会资本、资金、技术等在创业中分别有什么作用？
3. 如何测算创业所需资金？创业融资渠道有哪些？
4. 创业融资过程中需要注意什么问题？

课后训练

1. 观看影视作品：《中国合伙人》。

推荐理由：农村出身的成东青经过三次高考才进入燕京大学，毕业后申请签证多次被拒，留在燕京大学任教却又因故被除名，在一无所有的背景下开办补习班。王阳、孟晓骏的加入催生了“新梦想”学校，三人凭借各自的资源和共同的努力实现了梦想，但在企业发展过程中也面临着激烈的冲突。除了他们拼搏合作的精神，影片中关于创业资源的整合和利用、企业发展与融资战略等方面的内容也值得创业者借鉴和思考。

(1) 结合影片中“新梦想”学校的发展历程，思考以下问题：创业者如何创造性地开发并利用资源？成东青和孟晓骏因为企业进一步发展及融资策略而产生了激烈的冲突，分别站在两者的角度，谈谈企业发展战略、面临的发展阶段与融资选择，并分析各种融资渠道的利弊。

(2) 在网上搜索三个以上创业企业，思考其在创业初期及创业过程中的资源状况、资源的整合策略以及企业不同运作阶段的筹资策略，形成分析报告。

2. 整合资源是创业者必须掌握的技能，在资源整合方面有一些看似简单却很有效的方法，例如：

- 转化与创造。把固定成本转化为可变成本，比如租用设备而不是购买设备，将事物A转变为事物B等。
- 利用闲置资源。闲置资源包括曾经弃之不用的物品等。
- 资源的创造性组合、重新组合。
- 创造变化，利用已有的资源去创造新的资源。任何事物都是由其他事物创造出来的。
- 嫁接。生物学术语，指利用原本为了某种目的而产生的事物，去实现另外一种不同的目的。此处指利用现有的技术、产品、服务或生产要素去实现某种新的作用。

以小组为单位，分享、讨论一些资源利用、开发、整合的具体事例，这些事例可以是自己经历的，也可以是从其他渠道获取的。在分享、讨论的基础上，总结资源整合的原则和策略。

3. 上网搜索中小企业融资渠道，了解招商银行、蚂蚁金服、京东金融等机构探索出哪些新型的中小企业金融服务项目，分析这些项目是否有助于克服不确定性和信息不对称等问题，是否有助于缓解中小企业融资难的问题？

4. 作为即将毕业的大学生，假设你准备开始自己的创业之旅，结合本章介绍的融资渠道，拟订一份融资计划。要求如下：

(1) 列出打算寻求的主要融资渠道。

(2) 你所在的城市、大学或你计划从事的行业是否有对创业活动的扶持政策，请尽力搜集这些信息，讨论哪些政策可能为你提供创业资金。

(3) 以小组为单位，选择当地国有大型银行(如中国银行、中国建设银行等)的中小企业部、村镇银行、开展贷款业务的典当公司、风险投资公司，联系到他们的工作人员，进行访谈，比较这些机构在创业和中小企业融资服务方面的具体做法。

第七章
商业模式与商业计划书

不同的商业模式决定了不同企业的结局。正如自然界有千姿百态、丰富多彩的物种一样，商业模式就是商业界的“物种”。

——北京大学魏炜教授、清华大学朱武祥教授

本章目标

1. 了解商业模式、商业模式画布的含义；
2. 了解商业模式画布的模块及模块间的关系；
3. 能运用商业模式画布分析一个项目的商业模式；
4. 了解商业计划书的作用；
5. 掌握商业计划书的核心要素及其关系；
6. 掌握商业计划书的撰写要点；
7. 掌握创业项目路演的要点。

导入案例

B站的商业模式

无论是二次元视频、游戏直播、漫画、影业，还是跨年晚会、“鬼畜”和在线学习，相信大家对于Bilibili(以下简称B站)的内容并不陌生。闲来无事刷B站，俨然成为相当一部分年轻人的一种生活方式。

B站是如何起家的？

Bilibili 是一个 ACG(动画、漫画、游戏的总称)弹幕视频分享网站，正式成立于 2009 年，2015 年获腾讯投资，2018 年 3 月在美国纳斯达克上市，2019 年吸引阿里巴巴入股。从 B 站的成功之路来看，“社区运营、规模扩张、展业变现”的路径非常清晰。

业务版图：不只是二次元娱乐

B 站主要以二次元娱乐起家，之后通过“鬼畜”、Cosplay 等形式打造成为综合化在线娱乐平台。从目前的情况来看，B 站的业务包括视频、直播、游戏、广告、漫画、影业、演出、电竞、电商、专栏十大条线。其中，移动游戏业务收入占 B 站总收入的 50.19%(2019 年第三季度数据，下同)，直播、广告和电商业务则是增幅最快的业务，收入同比增速分别达到了 167%、80%和 703%。

商业模式与变现逻辑：钱从哪来？

之前在 B 站偶然间看到某美食 UP 主(内容上传用户)的一部视频，讲到每天可以从 B 站拿到数千元的收入。UP 主的薪酬不低，而用户端收费并不多，那么 B 站的变现逻辑到底是什么样的？用爱发电吗？

(1) 这是一个以年轻人为主的客群。

根据 B 站发布的官方数据，18～35 岁用户占到总用户数的 78%。按这个比例来计算，年轻客群月活量在 1 亿左右，而我国 18～35 岁人口的总数在 3 亿左右(国统局数据)，也就是说，全国有三成以上的年轻人是 B 站的活跃用户！总结起来，B 站的用户群有以下几个特点：第一，大学生是重要客群，三观基本形成，已脱离低龄趣味；第二，“宅一族”数量居多，线上交流欲望强，喜爱动漫和二次元；第三，具备一定的消费能力。

(2) PUCG 模式是核心商业逻辑。

PUCG 模式(professional user generated video，专业用户制作的视频)是 B 站的核心商业逻辑，与电商平台的 B2B 模式和 B2C 模式类似，既需要人民币玩家的财力支持和流量支持，也需要内容生产者的产品支持。

按照内容的产出逻辑，B 站的用户可以分为普通用户和 UP 主两种。其中，UP 主自行上传内容，通过内容吸引其他用户浏览，之后根据用户的浏览、点赞、分享等数据对 UP 主形成激励机制和流量支持，这样一来便形成了完整的业务闭环。

(3) 强大的流量支撑着 B 站的变现逻辑。

从收益来源情况来讲，B 站的收费模式主要包括以下几类。

游戏运营收入：包括独家代理、联合运营和独立开发三种，运营的收益按照模式不同设置不同的分成比例。手游业务收入占到了 B 站总收入的半数。

充电：即在线打赏功能，鼓励用户为自己喜爱的 UP 主“充电”。UP 主收到的“电池”，在扣除支付成本和税费后，由 B 站官方收取三成渠道服务费，剩下七成交给 UP 主作为收益和激励。

付费会员：开通会员的用户可以享受观看超清晰视频、获得免费漫画阅读券、畅享付费音乐等权益。

广告：虽然用户浏览的视频中并不设置广告，但是会在拜年祭、跨年晚会等自主线下产品和活动中加入广告元素，如之前的暴雪、网易等广告行为，而跨年晚会中的聚划算广告更是将B站广告业务推向了小高潮。

周边产品：2014年“双十二”期间官方淘宝店正式开放，销售官方的周边产品。

B站的优势和竞争力在哪儿？

(1) UP主的创作生态是内容的核心保障；

(2) 无贴片广告视频与版权提高用户体验；

(3) 独特的社区与弹幕文化创造了较高的用户黏性。

截至2019年第三季度，B站用户日均播放视频7.25亿次，月均互动25亿次，而通过考试答题的正式会员达到6200万人，相当于2018年下半年四六级考试参考人数的6倍！随着商业化模式的加速，在这个“全民创作”的红利时代，B站的生意，或许才刚刚开始。

(资料来源：https://kuaibao.qq.com/s/20200317A0APBX00?refer=spider，作者有删改)

截至2020年10月2日，Bilibili总市值为145亿美元，较2018年上市时增长了353.1%。同期上市的视频网站爱奇艺的市值仅增长28.9%。虽然同样是视频网站，两者服务的用户、创造的价值、产品的形态、盈利的模式等都存在很大差异，企业的价值也会发生不同的变化。

在其他行业中，不同的公司也同样存在巨大的差别。例如都是提供用车服务，出租车公司和滴滴的运营模式存在巨大的差异。创业者应如何去分析一个项目的商业模式，如何为自己的项目设计一个商业模式，是本章的主要内容之一。

商业模式是商业计划书中非常核心的内容。如何做好一份商业计划书，也是本章的主要内容之一。一份好的商业计划书，可以让投资人在最短的时间内看懂项目在做什么、做的如何、为什么值得做，以及为什么是你的团队来做等，以吸引投资人进一步了解项目。其实商业计划书并不仅用于融资，创立一个项目、创建一个部门、开展一个公益活动，都需要一份计划书。因为创新创业伴随着对资源的需求，而商业计划书的撰写和有效展示正是创业者获得资源的“钥匙”。

第一节　商业模式和商业模式画布

商业模式是提升企业价值的重要因素。本章将带你了解商业模式、商业模式画布的含义，商业模式的核心要素及各要素间的关系。

一、商业模式的含义

近年关于商业模式的讨论流行于媒体和学界。商业模式的优劣成为资本市场甄别企业优劣的重要依据之一。什么是商业模式？Colvin 认为，商业模式是企业赚钱的方式。魏炜和朱武祥教授认为，商业模式是利益相关者的交易结构。本书采纳魏炜和朱武祥教授的简洁定义。商业模式为企业各种利益相关者，如客户、供应商、合作伙伴，以及公司内部部门和员工等提供了一个将各方交易活动相互联结的纽带。商业模式的不同将带来不同的企业价值和企业发展速度。

二、商业模式画布及其要素

商业模式画布是 Alex 提出的概念。商业模式画布以模块化和形象化的方式描述商业模式各模块之间的关系。商业模式画布共包含九个模块，分析这些模块，创业者可以梳理或改进公司当前商业模式，以确保能满足用户需求，实现商业目标。利用画布这一可视化方法，创业者可以对自己的业务有一个整体观，对各要素和要素之间的关系能灵活推演以促进思考。

商业模式画布不仅能用于梳理商业模式，还可以用于梳理许多项目。凡涉及向某些用户(内部或者外部)提供产品或服务来满足其需求的，都可以借用商业模式画布来梳理，如对学生讲授的课程、为同学服务的社团、企业某部门为其他部门提供的服务等，因此商业模式画布是一个适用性非常广泛的分析工具。商业模式画布的构成模块如图 7-1 所示。

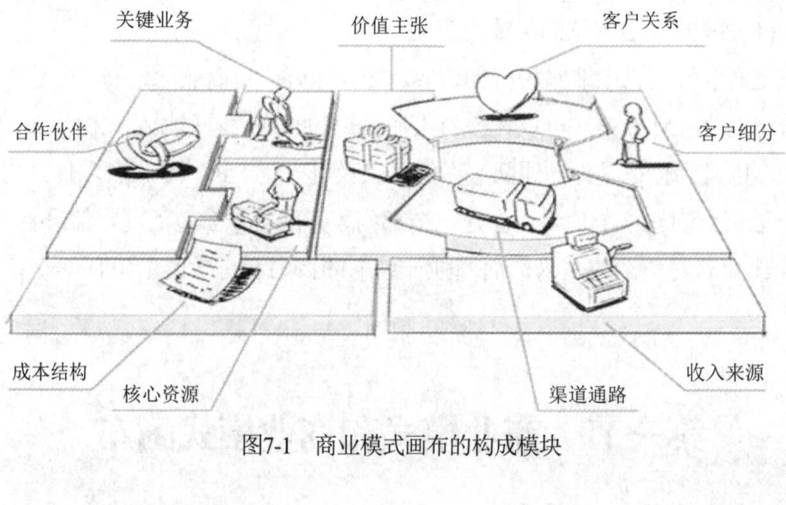

图7-1　商业模式画布的构成模块

(一) 客户细分

客户细分是指对要服务的人群进行定义。需要分析和思考目标客户是谁，即要解决谁的问题，为谁创造价值。

为什么要进行客户细分呢？因为不同客户的需求、特征等存在差异，需要开展的关键业务乃至需要的核心资源都可能产生差异。需要进行客户细分的原因有多种。

(1) 客户的需求不同，如“90后”比“70后”更喜欢喝咖啡和奶茶。

(2) 到达客户的渠道通路不同，如老年人主要在线下买菜，年轻人则有一定比例在线上购买。

(3) 对价格的敏感性不同，如不同收入水平的客户有不同的付费意愿，老年人对生活用品的价格更加敏感等。

(4) 与公司或产品的关系不同，如知乎存在高频使用用户和低频使用用户，有内容生产者和内容消费者等。

(二) 价值主张

价值主张指人们致力于满足的细分客户的需求，试图帮助他们解决的问题，或者为他们创造的特别价值。价值主张模块关注的问题是：要帮助客户解决哪一类难题？满足客户的哪一个需求？这种价值主张相对竞争对手而言有没有差异？价值可以从以下方面产生。

(1) 新的功能：如智能手机相对功能手机而言能实现随时上网。

(2) 更高性能：如用5G上网速度将更快。

(3) 更优价格：如团购网站为用户提供更便宜的酒店、餐厅预订。

(4) 更多选择：如购物网站上丰富的商品数量使客户选择范围远超本地商业市场。

(5) 个性定制：如智能服装工厂能满足每一个客户的个性化尺寸要求。

(6) 更低风险：如汽车保险能降低车主的大额损失和赔偿的风险。

(7) 更佳体验：如餐饮外卖业务使人们能在时间不足的情况下更方便地吃饭；滴滴使人们在网上约车，节约了等车时间，提高了便利度。

(三) 渠道通路

渠道通路是与客户建立联系的媒介和渠道。渠道通路模块关注的问题是：有哪些渠道或媒介能与目标客户建立联系？这些渠道能连接多少客户？这些渠道获客成本如何？这些渠道获得客户的性价比如何？怎样建立联系？这些渠道和媒介如何组合？

渠道通路从性质上可以分为：以向目标客户传递信息为主的媒介，如各种媒体、广告；以传递产品或服务为主的渠道，如各类分销渠道、平台等。渠道通路也可以分为线上渠道通路和线下渠道通路。

(1) 线上渠道通路。

电子商务平台：如以小额批发业务为主的阿里巴巴，撮合钢材线上交易的找钢网，商家可以开设网店的淘宝、京东等传统电商平台，以及拼多多等新型社交电商平台。

线上媒体平台：如搜索某关键词即能看到商家信息的百度广告平台，拥有目标客户粉丝的微信公众号，今日头条、腾讯新闻、朋友圈广告等新型信息流广告平台。

(2) 线下渠道通路。

传统广告媒介：如电视、楼宇、公交站、飞机场广告位等。

传统线下渠道：如批发日用百货的批发市场，品牌商家入驻的百货商店，乃至大型超市、小型便利店、沿街商铺等。

(四) 客户关系

客户关系是指与客户建立联系后，与客户群体保持的关系类型。与客户建立并维系关系的动力有：建立关系，促进交易成交；增强满意度，促进再次购买，提升长期销量或销售额；促进客户形成口碑效应，客户介绍客户等。它聚焦的问题是：期待与每一类客户群体建立和保持怎样的关系？这些关系可以实现什么目的？建立和维持这些关系类型的成本如何？这些客户关系类型与商业模式中其他的模块如何结合？常见的客户关系的类型如下。

(1) 一次交易：如房屋装修、婚礼庆典服务、丧葬服务等消费频次非常低的产品或服务。

(2) 多次交易：如居民在附近便利店经常购买相关产品，化学原料供应商周期性为下游厂家提供原料。

(3) 长期服务：如雇佣私人会计师、私人医生，随时提供相关服务。

(4) 自助服务：不需要专门的人提供服务，如 ATM 机、自助贩卖机、自助取票机等，以及最近兴起的无人超市。

(5) 线上服务：如微信、微博等帮助用户在线上社交的工具。

(6) 线下服务：如联想除出售产品外，还建设了全国服务网点，对客户进行售后服务。

(7) 免费服务：如百度、微信、Bilibili 等为用户提供免费基础服务以形成高频的依赖关系。

(8) 收费服务：如优酷 VIP、修理服务等提供的收费服务。

(9) 社区关系：与用户建立关系，并使用户与用户之间产生互动、相互提供价值，如百度贴吧、考研社区、大众点评等。

(五) 收入来源

收入来源用来表达企业如何获得收入。这是创业能持续进行，企业能生存和发展的根基。价值主张帮助企业为客户创造价值，收入来源说明企业如何获得价值。收入来源模块关注的问题是：客户是否愿意为价值主张付费？不同细分客户的付费意愿和能力如何？企业有哪几种收入来源？每个收入来源对总体收入和利润的贡献比例是多少？收入来源一般可以包括以下方面。

(1) 销售产品收费：例如购买实体商品(如食物、衣服)或虚拟商品(如游戏装备)等，当面或在线支付费用。

(2) 提供服务收费：提供相关服务收取的费用，如中国移动服务的套餐及套餐外收费，以及 QQ、爱奇艺等 VIP 服务的收费。

(3) 资产租赁收费：通过临时让渡使用权给客户收取的费用，如共享充电宝、共享单车、神州租车等，按使用时间等收取租赁费用。

(4) 知识产权授权收费：将知识产权等授予他人使用收取的费用，如专利使用费、明星形象代言费、动画人物形象使用费等。

(5) 经纪中介收费：撮合供需双方成交收入的中间费用，如房产交易或租赁中介费、艺术品拍卖中介费等。

(6) 广告推广收费：平台或服务商对商机提供渠道通路获取的广告费，如百度为企业提供关键词推广服务按点击收费，优酷土豆视频播放前播放商家广告获得的收入。

(六) 关键业务

关键业务是为了支撑商业模式运行，企业必须做的最重要的事情，包括为支持商业模式其他模块正常运转所需开展的主要业务活动。关键业务模块关注的问题是：保障客户细分准确和价值主张实现需要哪些关键业务？建立有效的渠道通路需要哪些关键业务？维系客户关系需要哪些关键业务？获取充分的收入来源需要哪些关键业务？建立和维系核心合作伙伴关系需要哪些关键业务？获取支撑商业模式的资源需要哪些关键业务？重要的关键业务活动如下。

(1) 细分客户相关业务：通过充分的客户调研、访谈、观察和测试等业务，确保期望为某细分客户解决的问题是真实、迫切的需求。

(2) 价值主张相关业务：如通过研发，使儿童电话手表的功能可以实现满足目标用户关键需求；通过质量和安全监控体系等，使产品适合儿童长期、稳定使用。

(3) 渠道通路相关业务：如为母婴用户提供产品，则须开展开拓超市、百货、电商等相关分销渠道，同时通过品牌建设、媒介公关等提升客户认知度。

(4) 合作伙伴相关业务：如手机厂商的硬件、软件、芯片等合作伙伴，建立与其高效协作的组织结构、工作流程、IT 系统等。

(5) 核心资源相关业务：如为获得所需资金开展的股权融资和债券融资业务，获得核心人力资源所需的招聘、培训等业务。

(七) 合作伙伴

合作伙伴是指支撑商业模式有效运作所需各类合作方。一家公司无法完全独立地向客户提供高效、稳定的价值，需要众多合作伙伴协作完成。合作伙伴模块关注的问题是：关键产品的上游合作伙伴有哪些？渠道通路方面有哪些主要合作伙伴？合作伙伴参与了哪些关键环节和业务？合作伙伴为企业提供了什么资源和价值？与伙伴的合作关系深入到什么程度？一些重要的合作伙伴如下。

(1) 产品服务方案合作伙伴：越是复杂的产品和服务，越需要多个合作伙伴一起完成。例如想要智能手机体验好，须电信运营商、零部件供应商、芯片供应商、手机代工厂、操作系统运营商、App 服务商等众多伙伴协同完成。

(2) 渠道通路合作伙伴：如麦当劳等与万达签订长期合作协议，由万达提供定制场地，麦当劳承诺入住，双方收益分成，万达就成为麦当劳的重要渠道合作伙伴。

(3) 核心资源合作伙伴：如大型机械设备价格昂贵，工厂一次性购买会造成较大的现金流压力。设备商与融资租赁公司长期合作，采取租赁公司出资购买交由工厂使用，分期向工厂收取租金的方式，推动大型设备供需双方的合作。

(八) 核心资源

核心资源是指为支撑商业模式运转所需的关键资源或技能等因素。商业模式其他要素能正常开展，依赖于多种类型、相当数量和质量的资源投入。一种独特的商业模式也需要独特的资源来支持。核心资源模块关注的问题是：提供优秀的产品和服务需要怎样的资源？建立和应用渠道通路需要怎样的资源？维系客户关系需要怎样的资源？建立和维系合作伙伴关系需要怎样的资源？如何去获得这些资源？资源有多种类型。

(1) 实物资源：如建立一家充电宝工厂，需要土地、厂房和设备等。

(2) 无形资产资源：如迪士尼产品经销商需要获得迪士尼品牌使用权、IP 形象使用权等。

(3) 人力资源：如做互联网社交产品，需要拥有产品、IT 技术、营销、运营等人力资源，还要有对用户敏感、能发现商机、会整合资源的企业家资源。

(4) 资金资源：如一家玩具生产企业需要支付广告、人工、办公室租赁、原材料等各类费用。企业中的大部分业务都需要资金资源的支持。

(九) 成本结构

成本结构是指运作一个商业模式所需付出的成本及其构成。即使看上去相似的产品或服务，在不同的商业模式下，成本结构也会有很大差异。成本结构模块关注的焦点问题是：最重要的固定成本是什么？关键业务的成本是怎样的？成本结构能否支持商业快速增长？怎样的成本结构能使公司有较强的抗风险能力？单位成本是否能随业务规模扩大而下降？成本结构常用的分类方法如下。

(1) 重资产结构：如有些奶茶连锁店所有的店铺都是自营，即所有的装修、房租、广告、人工成本必须商家自己付出，属于重资产模式。

(2) 轻资产结构：如某奶茶品牌主要采用加盟模式，由加盟商支付装修、房租、人工等，品牌方支付研发、品牌、供应链管理等费用，收取加盟商的加盟费和营业额提成，属于轻资产模式。

(3) 固定成本：成本总额不随业务量的变化而变化。如某型号手机制造的开模成本，单型号手机产量越大，每个手机需要分摊的开模成本越低。

(4) 变动成本：成本随业务量的变化而变化。如手机生产所需的零部件费用、人工费用、电费等，手机制造数量越多，成本则越高。

(5) 网络效应：随着用户数量的增加，所有用户都可能从网络规模的扩大中获得更大的价值，使单位服务成本下降。如家中有多人使用微信，没有用微信的家人使用微信的价值增强、动力变大，腾讯为获得这个新用户付出的成本就越低。

(6) 规模经济：随着生产数量的增加，在一定范围内将降低单位产品的平均成本，这是规模经济现象。而规模到了一定程度后，工厂规模继续加大将可能导致腐败、官僚、内耗等问题，导致效率下降，单位成本上升，即规模不经济现象。

(7) 范围经济：增加产品或服务品类，有可能可以分摊原有成本，导致平均成本下降的现象称为范围经济。例如宝洁多品类产品共享原有分销渠道和生产厂家，分摊了成本，实现新产品平均成本下降。在某些时候，产品或品类服务变多，可能导致管理成本上升、生产效率下降、品牌稀释等问题，进而导致平均效率下降，称为范围不经济。

拓展阅读7-1

东方启明星的商业模式

以一家素质教育企业——东方启明星为案例，分析商业模式画布的使用方法。

东方启明星体育文化发展有限公司(以下简称东方启明星)的总部位于北京，成立于 2009 年，由篮球体育运动员靳星创办，是一家儿童和青少年篮球教育企业。截至 2020 年年底，业务覆盖全国上百个城市，有 600 个校区，拥有超过 5000 名国家认证篮球教练，累计服务学员 30 多万人。东方启明星通过向 4～16 岁的儿童和青少年提供篮球系列课程培训，提升其身体素质、篮球技能和社会化素质。

东方启明星主要业务覆盖篮球教育全产业链:

(1) 常态培训，向对篮球运动有兴趣的儿童和青少年提供放学后及周末篮球培训服务。

(2) 精英培训，向特别热爱篮球，希望在篮球体育方向有所发展的学员，提供更专业的训练。

(3) 营地培训，向学员提供“暑假营”“寒假营”“美国营”等篮球营地活动。

(4) 少儿体适能培训，为少儿提供包含篮球在内的身体素质提升培训。

(5) 线上培训，提供线上录播、直播的篮球和体适能培训课程。

(6) 赛事 IP，运营面向全国的 CAAU(青少年篮球业务联赛)和面向自身校区的 ESBA(东方启明星业余篮球联赛)两个赛事。

(7) 篮球商学院，向从事篮球培训行业的经营者、投资人、教练等提供培训服务。

(8) 篮球经纪业务，为国内外专业篮球运动员提供经纪服务。

从业务的广度来说，很难用一个商业模式画布来表达其全部业务内容。以上每一个业务都有其客户细分、价值主张、核心业务等。在某种程度上，可以说该公司拥有多个商业模式，因此需要对该公司的业务进行拆分来做商业模式画布分析。

商业模式画布的分析是有一定顺序的，下面以其中一类细分客户为例进行分析。

1. 客户细分。锁定一类人数最多的客户类型，即以兴趣和身体素质提升为诉求的 4 ~ 16 岁儿童和青少年，当然还包括付费者——这些孩子的父母。

2. 价值主张。对孩子来说，他们的需求是篮球、运动和与小伙伴玩的乐趣。对父母来说，则是希望能提升孩子的身体素质，以及社交能力、积极心态、意志力等社会化素质。故东方启明星对该细分客户的价值主张是：以篮球培训课为载体，让孩子快乐、科学地锻炼，以提升其身体素质和社会化素质。

3. 渠道通路。确定了客户细分和价值主张之后，下一步就是连接客户，以实现价值交换。东方启明星获客的渠道通路主要有以下几种。

(1) 在学校、社区、商场等细分客户密集的地方开展地推，即销售通过一对一聊天筛选潜在客户。

(2) 在百度、微信朋友圈、今日头条、团购网站、论坛等网络平台发布广告或免费活动，吸引潜在客户主动联系。

(3) 通过赠课方式鼓励客户介绍新客户等。

在获得潜在客户联系方式后，通过微信、电话邀约等邀请父母和孩子到现场免费试课。如果试课满意，客户将付费购买不同类型的培训课程，如按次付费、按年付费的课程等。

4. 客户关系。东方启明星与不同程度的客户建立不同的关系。如课程顾问与未成交的潜在客户保持一定联系，增强潜在客户对东方启明星的了解，在有新的活动、优惠时及时与潜在客户沟通；对已成交的客户，课程顾问的联系则更加密集，包括提醒、督促学员坚持上课，及时解决学员和父母的问题，通知各类优惠活动，提醒课程续费或鼓励介绍客户等；教练负责日常上课，为孩子的培训情况提供反馈和建议；服务顾问为孩子进行排课，定期对孩子和父母进行回访，收集客户的意见和建议，为孩子和父母提供图文并茂的运动报告等。东方启明星通过小程序、微信群、电话等多种工具实现与客户的紧密联系，这种紧密联系不仅增强了培训的效果，提高了客户的满意度，还促进了老客户续费和新客户介绍。

5. 收入来源。东方启明星在培训方面采取“先付费，后上课”的模式，除了培训以外，还有其他收入来源。其中，“次卡”模式相当于先充值，参加一次培训则扣除相关的课时费；“年卡”“半年卡”模式，是客户先以一定价格付费，期限内不限次上课，暑假、寒假营地项目单独收费。同时，公司还提供篮球、护具、球服、营养品等产品的销售。

6. **关键业务**。为了向客户提供价值，也获得客户价值，东方启明星开展了前台、中台和后台关键业务。前台由各校区团队开展销售、运营、教学等核心业务，向相关校区附近的客户交付常态培训、营地项目等产品。

中台为校区业务提供策略、资源、管理等多方位支持，主要内容如下。

(1) 课程研发体系，包括常态教育的标准化课程、营地课程。东方启明星根据学员年龄段和篮球水平，研发了“三个年龄段、十二个技术级、共144节培训课”的标准化培训产品。

(2) 人力资源体系，助力有效开展人才选、用、育、留工作和贯彻公司使命价值观，如模块之一是教练的招募、筛选、能力提升、质量监控等整套教练体系。

(3) 校区运营体系，包括教学、服务等保障校区顺畅运营，实现培训目的，保障客户满意的支持体系。

(4) 市场营销体系，包括收集和打通线上、线下连接客户的各渠道通路，为校区提供源源不断的生源。

(5) 数据智能体系，包括公司与客户从接触到结束服务所有环节相关的数据与大数据平台，使公司、城市、校区乃至每个员工，都能够随时获取与其工作相关的数据，这些数据为营销、教学、服务、管理等各方面提供决策支持。

后台包括财务系统、办公系统等保障公司流畅运转的部门和系统，最终实现强总部中后台，赋能前端各业务单元的业务模式。当然，中后台除了赋能本文分析的这个细分客户群体，也会服务于公司其他的细分客户。

7. **合作伙伴**。为了完成这些核心业务，东方启明星需要许多合作伙伴，如场馆运营方，提供篮球课需要的场地和硬件；猎头公司和招聘网站，帮助东方启明星获得所需的人才；相关媒体和网络平台，为公司提供获得客户的渠道通路；体育产品供应商，为公司提供服装、篮球、护具等产品；各类专业顾问，帮助公司各部门提升专业能力等。在社会化大分工的时代，专业的人做专业的事更有效率，实现自己的价值主张需要东方启明星与合作伙伴分工协作完成。

8. **核心资源**。以上商业模式的运转，需要充分的资源来提供动力。东方启明星的核心资源如下。

(1) 充足的资金资源，能支付场地费、人工费、广告费、顾问费等。如果资金不足，公司就无法支撑相关业务的开展，甚至会导致资金链断裂。东方启明星需要通过有效开展市场营销工作获得足够的现金流，还通过股权融资、债权融资获得一定资金。

(2) 专业的人力资源，能让各工作环节有效进行，如一个训练有素的优秀课程顾问，其销售额能达到一个普通顾问的5～10倍。

(3) 充足的场地资源，东方启明星一般不自己建设场地，主要租赁已有篮球场地资源。场地充裕才能让连接到的学员有场地上课。因为竞争关系，许多机构都在争夺培训场地。获得好地段、好时间段、低成本的场地是产生利润、保持增长的重要因素。东方启明星还将一些层高、面积符合要求的非篮球物业改造成小型篮球培训馆，满足 3～8 岁儿童参与培训的需求，这也是一种拓展场地资源的方法。

9. 成本结构。所有的运营都会产生一定的成本。对体育培训来说，主要的成本来自场地、人工、营销等费用。有效地了解公司、城市及各校区的成本构成，实现良好的成本控制，才能获得利润。

以上商业模式正常运转，使东方启明星有能力对 4～16 岁的儿童、青少年及其父母提供服务，实现“以篮球培训课为载体，让孩子快乐、科学地锻炼，以提升其身体素质和社会化素质”的价值诉求。

(资料来源：编者对东方启明星创始人及高管的采访)

拓展阅读7-2

互联网+教育：在线教育的5种商业模式

1. B2C模式

B2C(business to customer)模式是商家直接面向用户销售产品和服务的商业模式。目前市面上大多数在线教育企业都属于 B2C 模式，如猿题库、VIPABC、51Talk 等。B2C 模式在线教育的授课场景形式也在不断地演变，从录播课程到直播与录播结合，从大班课到 1 对 1 与混合类结合，充分满足消费者需求。B2C 模式已经被证实是能够盈利的模式，这也是沪江、VIPABC 可以拿到大额融资的原因。

(1) 模式特点。

B2C 模式的在线教育公司，由于担任教育自营主体的角色，一般为相对垂直的教育领域提供主要课程产品，如语言培训课程、职业培训课程、技能培训课程等。解决了在线教育标准化的问题，课程一般会令人放心。

目前除了部分早期混合 B2C 模式的头部在线教育公司，纯粹依靠传统录播课程的 B2C 教育公司，不论产品特征还是收入规模都没有哪家特别出彩。众所周知，高质量的课程内容往往成本高、周期长、效果慢，令人望而生畏。

录播课程最大的特点就是可以重复观看，理论上观看的用户越多，边际成本就越低就能够实现费用摊平。典型的录播课程平台如乐学高考、超级课堂，在前期不惜巨资投入，确保课程质量，能够在一定程度上减少线下教室搬到线上后体验较差的影响。

(2) 模式案例：长投学堂。

2018 年 9 月，在线理财教育机构长投学堂获 1 亿元 A 轮融资。笔名为水湄物语的联合开创人及 COO 黄艳，早期在豆瓣女性理财小组写了一个系列的理财科普文章，随后又分享了关于情感、职业等主题系列文章，出版了畅销书《30 岁前每一天》。

2010 年，水湄物语与先生小熊联手创办线上课堂“长投学堂”，用“轻课程”撬动小白理财人群。2015 年，长投学堂推出了入门级的理财课程产品“14 天小白理财训练营”，定价为 9 元。与其他过往服务高净值、高频交易的理财社区相比，长投学堂更多地面向多为年轻人的小白理财人群。据团队提供的数据，长投学堂的学员中，35 岁以下的用户占到了 80%，其中有 15%为大学生。

内容设置上，价值 9 元的小白理财训练营涵盖了“何谓理财、投资”“资产配置”“保险、基金、股票基础入门”等内容，虽然这些内容大部分都可以在网上查询到，但是将整理好的内容打包并由过往学员担当“班主任”提供陪伴式学习的服务是市面上不多见的。

团队提供的数据显示，平台学员完课率为 80%。截至 2018 年 6 月，根据团队提供的数据，长投学堂付费用户规模超过 200 万，覆盖了全国 356 个城市。

B2C 模式是目前在线教育公司运用最广泛的一种商业模式。

2. C2C模式

C2C(customer to customer)模式是用户自己把课程内容放到平台上销售的商业模式。C2C 模式的在线教育是通过和教育机构合作，邀请讲师团队或个人讲师入驻的形式，向用户提供直播或点播的教育服务。这也就是人们常说的“淘宝模式”。

(1) 模式特点。

平台模式的本质是连接供需。在线教育的从业者通过平台进行变现，一方面，将自己的流量、用户转卖给视频或者直播的内容提供商，未来利用出售内容的分成来牟利；另一方面，利用内容或者提供商的吸引力反哺平台，为平台吸引并获取更多的用户和流量。平台模式的优势十分明显，不需要提供服务和内容，只需要在其中抽取一定费用。

平台模式下，成本结构以固定成本为重。搭建好平台之后，随着用户数增加，成本将逐步下降。当平台形成规模，达到垄断地位，那么议价权一定掌握在平台手里，实现利润增长就是一件水到渠成的事情。

当然，由于平台不是产品内容的输出方，必然导致产品质量及其他边际问题难以把控，如淘宝的假货、滴滴的问题司机等。从滴滴的角度看这个问题，根本原因在于滴滴作为平台中间商没有办法每天面对面去接触每一个司机。而传统出租车公司能够更多地与司机频繁接触，在信息掌握上更加及时和准确，当然成本也会更加高昂。

(2) 模式案例：荔枝微课。

“微课”，通俗的理解就是，讲师通过视频(包括录播和直播)、语音、文字、PPT 课件等形式，将微型的课程讲述给听众。课程具有时间短(通常 20～40 分钟)、内容精练(突出某个知识点)、资源容量小(便于移动端的传播)等特点。

截至 2017 年 4 月，荔枝微课总融资额约 1.95 亿元，公众号累计有 700 万用户，入驻机构及个人讲师约 80 万，每日新增课程约 1 万节，用户半年留存率为 26%～30%，被“快餐文化”市场上主力消费群体的年轻人所接受和喜爱。

作为平台，最重要的是流量，持续的流量等于用户，没有持续且廉价的流量，平台难以运行。BAT 等大型公司做平台，可利用自身渠道对平台进行多渠道的导流。其他的中小型公司想依靠运营做成教育界中的“淘宝网”，就目前来看笔者认为相当困难。前期投入巨大，用流量换回来的收入有可能在较长的一段时间内都无法维持支出，这也直接导致新兴网站很难存活。

不过，BAT 等大型公司做平台，其产品的多元化必然导致平台产品或部分产品不够深入和精细。未来，相信课程类型和数量都会越来越丰富，而 C 端讲师水平层次良莠不齐、难以有统一评判标准这个问题会越来越严重。

3. O2O模式

互联网时代，线下教育机构巨头开始在线上开展网络授课，或者原本在线上做教育的企业开始发展线下教育，打通线下和线上平台。这种将线上和线下相结合的在线教育模式就是 O2O(online to offline)模式。

在线教育 O2O 模式按生产或教育内容划分，可以分为自营教育内容的平台和不经营教育内容的平台。下文将具体介绍以提供教育培训信息为主，不生产或不主要负责对外生产教学内容，并且相关学习活动是在线下进行的 O2O 服务平台。

(1) 模式特点。

学习场景方面，O2O 模式下主要是通过线上将用户和流量引导到线下，学习场景放在线下进行，而在线平台可以根据其业务特色进行线上教学。教育 O2O 平台的作用更多的是将机构/教师信息集中起来，然后分发给用户，能够在一定程度上提升用户筛选效率和选择空间，并且为中小机构带来流量。

O2O 模式运营相对简单且理论收益高。这种模式下，抛开了其他在线教育的录播或直播视频，无须开发相关配套产品。

O2O 模式对运营和产品本身要求较高。产品需要匹配用户需求，直击用户痛点，比如职业培训、教育培训，最好能够给用户带来实际的效益。运营就是在成熟产品的基础上，不断吸收新用户，获取大量流量。

(2) 模式案例：家教 O2O 模式。

2015 年，O2O 模式被资本热追。我们熟知的滴滴、Uber、美团、大众点评等都获得了数亿美元的融资，疯狂的补贴“大战”就此开启。

家教 O2O 模式定位于一对一上门家教，匹配附近的老师和学生。核心形式就是通过免费内容或者运营，让线上平台获取用户和流量，将用户吸引到线下上课，或者让学员到加盟的线下机构上课。

家教 O2O 模式可以充分挖掘线下资源，将具有不同教学特色、不同教学方式的教师信息及用户评论通过平台展现给用户。用户端拓展了选择，消除了信息不对称，为用户做决策提供了参考。教学端帮助机构和教师提高曝光度，降低运营成本，为中小机构及个体教师提供了更多的机会，提高了竞争力。

据不完全统计，至少出现过100个家教O2O品牌，家教O2O模式的迅猛发展直接挤占了机构一对一服务的生存空间，又导致大量讲师脱离机构入驻平台成为独立老师。家教O2O模式一度受到资本市场的极大追捧，投资热的同时也暴露出家教O2O模式的致命问题：增长依靠补贴，刷单作假严重，教学质量难以保障。

实际上，讲师和机构对平台依赖性并不高，线上与线下结合的模式只是其中一种渠道，线上生意更多的是锦上添花，有聊胜于无。讲师和机构的主要收入依旧来自线下。并且，家教O2O模式存在致命问题，用户最终会与讲师和机构进行线下接触。平台佣金过高或者其他限制都会导致双方倾向线下交易，顺便带走资源。平台完全找不到盈利点实现变现。

4. B2B模式

B2B(business to business)模式是指企业与企业建立的商业关系，比如企业向企业、政府、学校、团体提供在线教育服务都属于B2B模式。例如，某二线城市有很多类似乐高教育的教育机构和中小学合作开展机器人课堂等素质教育。

(1) 模式特点。

B2B模式主要基于B端的三大需求：胜任力、技能类、考试资格类。

大部分B2B业务是为了解决胜任力和技能类需求。在各类组织中，人们习惯于对某个等级职称的人员进行晋升提拔，因此很多人被晋升到与其才能不称的地位。将一名职工晋升到一个无法很好发挥才能的岗位，不仅不是对本人的奖励，反而使其无法很好发挥才能，也给组织带来损失。而解决胜任力问题就是很多B端企业需要满足的需求，如果由企业自身进行胜任力培训，需要自创一整套完整的流程，并且需要投入一笔巨大的资金，而专业的、对口的在线培训企业就可以较好地解决这个问题。

(2) 模式案例：某商学院。

某商学院的商业模式是由上层政府支持，针对残疾人提供就业政策的指引，获得残疾人培训后就业、创业的补贴等，这些都是政府政策方面的红利。该商学院的客户是全国3000多家就业服务机构，以政府统一采购服务的形式进行培训，学员(残疾人)无须付费。

企业方面，学院提供人力资源服务，培训合格的残疾人可以胜任企业的岗位，帮助企业减免残疾人就业保障金，目前这也是企业的刚需。

在该模式下获得成功的企业门槛较高，需要在行业内长时间打磨，整体依旧偏向提供线下服务。

5. B2B2C模式

B2B2C 模式是指通过和线下教育机构合作，并让老师入驻到平台的形式，向学习者提供课程资源。与 B2C 模式的商业机构，以及 C2C 模式的网上个体双方交易的商城相比，B2B2C 模式更像两者的综合。

(1) 模式特点。

与 B2C 模式相比，两者的共同点都是以实现在线教育和能力培训为导向目标，教学场景都是线上教学，不同点在于 B2C 往往是单个领域的直通车。比如，你在某证券教育平台学会了“大神炒股十八式”，秒变炒股达人，但是 B2B2C 模式的在线教育平台更多地承担教育载体的功能，在这类平台不仅可以学会证券类知识“大神炒股十八式”，还可以学会生活类知识“省吃俭用三十六计”。

B2B2C 模式下，主要包括两类玩家：一类是垂直于教育领域的在线教育企业，拥有丰富的教育从业经验和教育资源，为谋“新出路”搭建平台；另一类则是跨行业进军在线教育的流量巨头，品牌知名度高，拥有大量低成本流量和庞大用户群体。

(2) 模式案例：CCtalk。

沪江为巩固在线教育的行业地位，抢占知识付费的新兴市场，于 2016 年 10 月搭建新平台 CCtalk。区别于沪江自营的教育垂直课程平台，CCtalk 属于综合性在线知识学习平台。平台本身不生产内容，由入驻平台的第三方教育机构或讲师进行授课，授课内容涵盖知识、兴趣、社交、实用技能等更加多元化的内容。

工具上，CCtalk 通过“直播+录播+互动”方式还原真实课堂教学场景，双向音视频、双向白板、课件播放、举手提问、桌面分享等教学工具保障师生双方充分进行沟通、交流。CCtalk 还整合了沪江旗下的题库、听力、背词、词典等辅助学习工具。内容上，CCtalk 涵盖了语言学习、职业教育、文化艺术、中小幼等多个细分领域的课程。师资上，各领域知名机构和老师不断入驻平台。

不到一年时间，凭借“平台+工具+运营”三位一体的优势，CCtalk 的版图迅速扩大。CCtalk 业务自推出以来发展迅速，收费课程由 2016 年三个月的 459 门增加到 2017 年全年 5989 门，付费用户从 20922 增长到 255298，平台商户和自雇讲师数量从 2016 年的 992、11831 增长到 2017 年的 2187、41534(数据来源于其招股说明书)。

招股说明书的数据显示，CCtalk 的营收包含三类：销售总额分成、技术服务费和定制增值服务费。有媒体报道称，对于讲师端用户，按照基础服务的 30%～50%进行收入分成，增值服务则单独收费，如教研支持、技术工具定制、营销广告等。自 2016 年 10 月 CCtalk 正式推出以来，一年内即实现盈利。截至 2017 年年底，CCtalk 平台挂网课程全站交易净额 2.357 亿元，平均月活 230 万，付费用户数约 25.5 万。

在线教育中，互联网只是一种工具和媒介，本质依旧是教育。我们都知道学习是一个不可逆的过程，它不像其他产品或许有很多评判的标准，学习的结果往往是唯一的评判标准。

未来，课程供应的数量和质量一定会有更大的提升，实现基于人工智能和大数据去匹配每一个个性化的学生。大量的数据积累一定会形成质变反哺学习模型，而越来越完善的学习模型也会吸引越来越多的学生进行学习，从而再次累积更多数据，形成良性循环。

另外，人工智能完全取代教师是比较困难的，同时教师的角色也会变得更加多元化，不仅仅局限于教授过程，也可以更多地参与教务工作去做学习系统场景设计以及个性化辅导。

(资料来源：本文由@四月春波 原创发布于公众号“人人都是产品经理”，作者有删改。原文链接：http://www.woshipm.com/it/962531.html)

第二节　商业计划书的撰写

撰写商业计划书通常是为了获取投资人的投资。商业计划书撰写及展示的主要目的是实现一个重要目标，即告诉投资人为什么投资你的项目是值得的。

一、商业计划书的主要模块

商业计划书主要包括项目定位和简介、用户和问题、解决方案、商业模式、运营数据、核心竞争力、核心团队、市场分析、公司战略、融资需求及资金使用计划等模块。下面一一介绍，并提供一些案例。

(一) 项目定位和简介

一般在商业计划书首页展示项目定位，用一句话将项目本质介绍清楚，如“让老年人学会使用互联网”“领先的污水处理技术方案供应商”“汇集中国塑料原料供应商和需求方”等。项目简介，即用简洁的语言和数字介绍项目为用户解决什么问题，有什么优势，以及运营情况如何。

(二) 用户和问题

用户在某些地方存在问题，可称为需求，这个需求可能是其他解决方案没有解决或没有解决好的问题，这是一个商业存在的重要基础。商业计划书中需要将用户定义清楚，并将要解决的用户相关问题定义清楚。一般而言，重要的商业机会是依托于用户某个或某几个刚性需求或痛点，只有“痛点够痛、刚需够刚”，才能够使用户容易接纳产品并付费。

比如共享单车要解决一部分用户(主要是使用智能手机的年轻用户)“方便、快捷地完成最后三公里出行”的问题。因为这个距离步行时间长且比较累，坐公交可能要等，打车又比较贵，骑自己的车可能又不太方便。共享单车扫码骑车，到目的地后能随时随地停车，费用也不高。

共享单车就成为解决这个问题的一个较好的解决方案。

(三) 解决方案

解决方案解决所定义用户的相关问题，提出自己独特的价值主张，通常以产品、服务或平台中的一种或多种的形式存在。解决方案需要在技术上可行，又能实质性解决用户问题，且相对过去的或其他的解决方案更有优越性，才会是一个相对较好的解决方案。

例如共享单车，使用智能锁技术，使公司运营者能管理车辆，用户能找到单车位置；使用物联网技术(二维码)和 App，可以实现智能手机与车辆智能锁的交互。这个系统的解决方案使用户方便地找到车、随时停车、智能计费、便利支付等，满足用户“最后三公里”的出行需求。

(四) 商业模式

商业模式是与利益相关者交易的结构。商业模式细节的分析可以使用前文讲的商业模式画布，在商业计划书中往往表述更简单，主要是项目方与核心利益相关者的各种关系，以及盈利模式。核心利益相关者可能包括重要的研发合作伙伴、营销合作伙伴、终端用户等。盈利模式则是指谁获得收入、获得多少收入等。

例如，天猫的商业模式是为优质卖家和买家搭建一个交易平台，让卖家在平台上开店，让买家在平台上购物，天猫利用支付宝进行担保交易，保障双方交易达成。天猫的盈利模式是收取卖家年费、关键词排名广告费、网店装修费等。格力的商业模式是家电(以空调为主)的研发者、生产者和品牌拥有者，由多个级别的线上、线下的经销商负责销售产品给终端消费者。格力的主要盈利模式是收取经销商的货款。

(五) 运营数据

运营数据是公司当前运营上已经实现的成绩，包括近几年和近几个季度的用户数量、收入、利润和增长率等。运营状况是投资人非常关注的，一般需要让投资人看到一个小的业务模型，即哪类用户有需求，前期投入了多少资金，这些用户带来多少收入和利润。增长率则能体现该商业机会的真实性、潜力及团队的能力。

(六) 核心竞争力

核心竞争力是指该项目具备怎样的门槛，能让自己在众多竞争对手中拥有比较优势，也就是为什么这件事情你能做，而别人不能做或做得没你好、没你快的原因，如领先技术、专利保护、市场规模、品牌优势、专业团队、保密配方等。核心竞争力说明在存在市场潜力的情况下，公司能占有一席之地，乃至有能成为行业领导者的潜质。

例如，浙江科茂能源科技有限公司是一家拥有将废塑料炼成汽柴油技术的高科技企业，经过 10 年积累，拥有业内领先的技术及数十项知识产权和独特的催化剂配方，这使得该公司在业内拥有一定的领先优势。

(七) 核心团队

核心团队包括创始人或者联合创始人，以及公司的高管。团队介绍的重点：一是创始人，具有丰富的专业背景、管理背景或成功的创业经验是非常重要的加分项；二是核心团队的专业强项与创业项目高度相关；三是团队具有良好的互补性。越是在创业早期，团队能力对项目就越重要，许多投资人认为投项目主要就是投人。

例如大疆无人机的创始人汪滔，本科毕业于香港科技大学，他的毕业设计方向是遥控飞机的控制系统。香港科技大学的李泽湘教授发现了他的技术和领导才能，推荐他读研究生，并加入大疆成为团队的一员，为大疆带来了更多的人才和起步资金。这样的创始团队背景使大疆在技术研发和获得投资人支持方面拥有非常好的优势。

(八) 市场分析

市场分析包含市场潜力、政策机遇和竞争对手等要素。市场潜力是这个项目所在行业(赛道)的市场规模，体现在用户数量、潜在营业额和利润等方面。政策机遇是指政府出台了哪些重要政策，是否会推动或阻碍该项目业务的开展。竞争对手是指在行业里开展相同或类似业务的企业，需要分析本公司在行业中的地位，以及与竞争对手相比的优势和劣势。这三者相结合，可以说明该项目是否有比较大的发展空间和增值潜力，以及本公司是否可以在这个行业中占有一席之地。

例如上文所说的浙江科茂能源科技有限公司(以下简称科茂)所在行业，全国每年产生的废塑料有 3000 万～5000 万吨，采用科茂的技术将其全部炼成汽柴油的市场价值为 600 亿～1000 亿元。同时，垃圾填埋场中的塑料垃圾约 12 亿吨，炼成汽柴油的市场价值约 2.4 万亿元。世界的年增量和存量市场约为中国的 6 倍，可见废塑料炼油行业具备非常大的潜在市场。从政策角度而言，国家强制推动垃圾分类，鼓励垃圾减量化、无害化、资源化的政策导向，为废塑料从垃圾中分离出来提供了更好的条件，也让各级政府更加认可和鼓励科茂项目落地，这为科茂进行业务扩张提供了很好的政策基础。与国内外竞争对手相比，科茂技术的优势是让废塑料处理的经济效益大幅提高，且更加环保节能。技术领先加上市场的广阔性，使得科茂具备成为这个行业的中市场领导者的潜质。

(九) 公司战略

公司战略是公司业务发展的关键业务及策略，一般主要包括四个部分：一是业务扩张策略，即在获得更多客户方面有哪些核心营销策略；二是业务深挖策略，即如何为用户提供更多产品或更有利润的产品，或如何促进客户复购或延长客户生命周期；三是支撑策略，即为了实现客户扩张和深挖，在资源、人力、IT、管理等方面需要采用哪些策略来支持；四是在这样的策略下，公司未来将实现怎样的财务表现，如未来三年或五年的用户数、营业额和利润率等主要财务指标的水平和增长率。一家公司当前的价值，可以说是根据未来收益计算的当前总价值，因此与客户数量，每个客户的生命周期长度、客单价、复购率或多样产品的购买情况有正相关性。扩张和深挖策略都将提升公司的价值，支撑策略则为这个价值的实现提供保障。

例如Bilibili网站，依赖年轻人互动的视频崛起后，从增长的角度，通过搜索引擎排名优化、App商店排名优化、口碑营销等方式实现扩张；从深挖用户的角度，逐渐增加不同的细分内容板块、直播打赏、付费会员、游戏代理、周边商城等，以增强用户黏性和提升单个用户的价值。

(十) 融资需求及资金使用计划

投资人根据项目商业模式和运营情况，以及未来收入、利润和增长的预期，对公司价值进行估算。创业者通过对在用户扩张、用户深挖和支撑策略上所需的资金进行加总，得到项目的融资需求。两者结合，就得到项目融资需求，通常以“以××估值出让××%的股份”来表达。如果投资人和创业者能就公司的估值和股份出让份额达成一致，则可以进一步推动尽职调查及签约。

二、商业计划书各模块间的关系

商业计划书各模式之间具有紧密的联系。

(1) 过去实现了什么，体现在用户和问题、解决方案、商业模式、核心竞争力、核心团队、运营数据等模块。用户和问题、解决方案、商业模式分别呈现商业机会的真实性、解决方案的可行性、商业可操作性和可盈利性，即回答这个商业机会为什么是一个真实的好机会；核心竞争力、核心团队进一步回答为什么我们团队有能力抓住这个机会；运营数据则是以往运营的成果，是这个商业机会存在及团队有能力的证据。

(2) 未来要实现什么，体现在市场分析和公司战略等模块。市场分析中，政策导向说明该商业机会在政策上存在生存和发展空间；市场潜力则表明该行业的体量有多大，为什么是值得做和值得投资的；竞争对手则说明当前行业有哪些企业，我们的差异和目前的位置在哪里，为什么将来能在这个市场空间中拥有自己的生存空间乃至获得领导地位。公司战略则表明如何开展核心业务，以实现市场分析中的潜在发展空间，实现财务预测中的用户、营业额、利润增长的核心策略。

(3) 未来要达到一定的目标，需要什么样的资源，体现在融资需求和资金使用计划等模块。融资估值是从当前的经营数据以及未来财务预测得来，当前的数据表现越好、团队能力越强、战略方向越清晰，这个估值的可信性就越强。资金使用计划体现了战略中各核心业务所需资金的分配情况，加总后即得到融资数额。

整个商业计划书可以说是一篇议论文，总论点是：为什么投资我们的项目有利可图。分论点：第一，为什么这是一个真实的、有潜力的商业机会；第二，为什么我们团队来做最合适。论据是已有的运营数据和未来的战略计划。论证则是商业计划书的结构和内容安排。

三、未落地项目和公益创业项目商业计划书的要点

(一) 未落地项目商业计划书的要点

如果是尚未落地的商业项目，一是尚未得到实体产品，则需要更详尽地将产品设计展现出来；二是运营数据难免不足，则可以将运营数据换成调研数据或产品模型测试数据，如通过问卷调研或访谈获得关于用户需求存在性、解决方案有效性及用户付费意愿等反馈数据。这样则能在侧面证明项目是值得投资的。

(二) 公益创业项目商业计划书的要点

如果是公益创业项目，则主要目的不是盈利，而是解决社会问题、创造社会价值。公益创业计划书仍可以说是一篇议论文。总论点是：为什么我们的公益创业项目值得支持。分论点：第一，为什么这是一个真实的、重要的公益机会，包括服务对象、痛点问题、解决方案、项目模式(包含相关各方的关系、可持续的资金来源等)等；第二，为什么我们团队来做最合适，包括团队介绍和团队优势。论据是已有的运营数据和未来计划，运营数据包含已服务的人数、社区数，已提供的服务次数，已组织的志愿者人数，以及相关的照片、视频等；未来计划包括如何扩大服务范围，如何提供更有效的服务，以及如何建设公益团队等支撑系统。论证则是公益创业项目商业计划书的结构和内容安排。

拓展阅读7-3

下面以浙江科茂能源科技有限公司的商业计划书为案例，展示一份商业计划书 PPT，其中数据截止时间为 2020 年 9 月。

COMY科茂

科茂能源

前沿的废塑料化学循环技术方案供应商

- 变废为宝　环保高效
- 十年专注　世界领先
- 万亿市场　政策所向

COMY科茂

为什么要做这件事?

中国2019年产生
6300万吨废塑料

焚烧：约32%
填埋：约31%
回收：约30%
遗弃：约7%

PET瓶回收率90%+
，生活垃圾中受污染
的低值废塑料回收率
接近于0

COMY科茂

为什么要做这件事?

问题

占生活废塑垃圾大部分比重的
低值的、混合的、脏的废塑料怎么处理?

COMY科茂

1.客户和痛点

客户：环卫、固废、垃圾焚烧、化工企业等

持续获利能力待提升

- 收益有提升空间：焚烧发电方式处理废塑料仅200-400元/吨。
- 盈利有波动风险：垃圾补贴波动风险，影响盈利水平，需要新的盈利增长点。

环保成本高、污染大

- 环境影响大：易产生二噁英等污染，环保达标难，环保成本高。垃圾填埋占用大量土地。
- 环保压力大：越来越严格的中央环保要求。

COMY科茂

2.解决方案—废塑料绿色化学回收系统

COMY科茂

落地案例：东营科盛再生能源有限公司

中国首家获得环评批文的废塑料化学回收工厂

打破环保部“废旧塑料不宜炼油”的环保禁令

废塑料处理能力40000吨/年

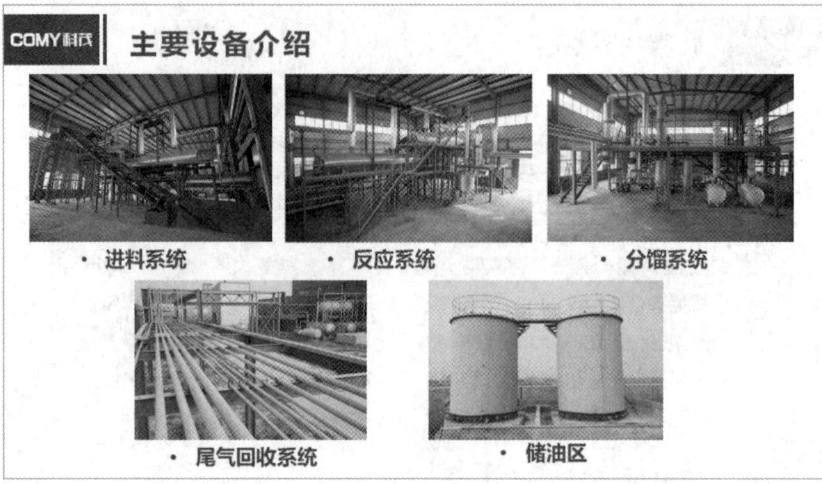
COMY科茂
主要设备介绍
· 进料系统
· 反应系统
· 分馏系统
· 尾气回收系统
· 储油区

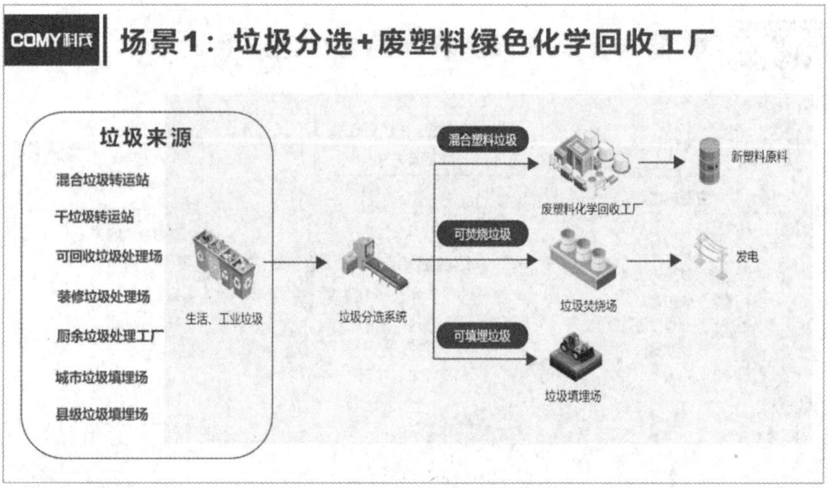
COMY科茂
场景1：垃圾分选+废塑料绿色化学回收工厂
垃圾来源
混合垃圾转运站
干垃圾转运站
可回收垃圾处理场
装修垃圾处理场
厨余垃圾处理工厂
城市垃圾填埋场
县级垃圾填埋场
生活、工业垃圾
垃圾分选系统
混合塑料垃圾
废塑料化学回收工厂
新塑料原料
可焚烧垃圾
垃圾焚烧场
发电
可填埋垃圾
垃圾填埋场

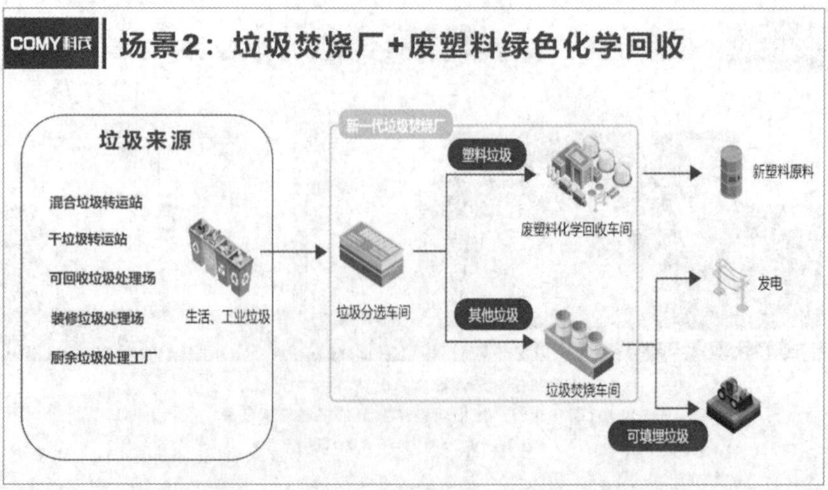
COMY科茂
场景2：垃圾焚烧厂+废塑料绿色化学回收
垃圾来源
混合垃圾转运站
干垃圾转运站
可回收垃圾处理场
装修垃圾处理场
厨余垃圾处理工厂
生活、工业垃圾
新一代垃圾焚烧厂
垃圾分选车间
塑料垃圾
废塑料化学回收车间
新塑料原料
其他垃圾
垃圾焚烧车间
发电
可填埋垃圾

COMY科茂 3.商业模式

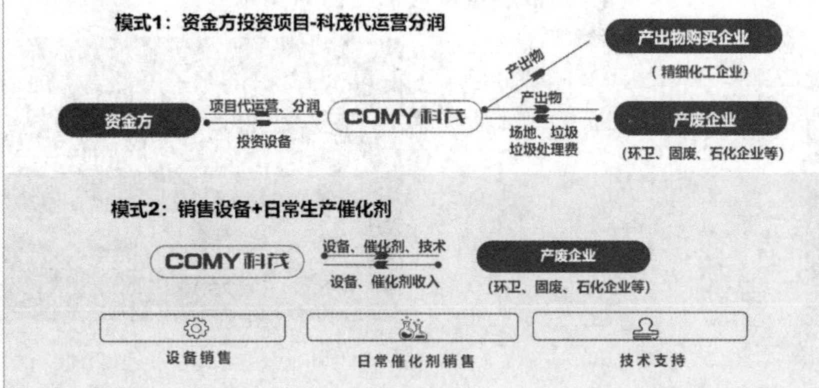

COMY科茂 4.废塑料化学回收的优势

	能源回收（焚烧发电）	物理回收（造粒等）	绿色化学回收（科茂催化裂解烯烃重组）
适应性	（1）可处理所有废塑料 （2）适用于混合废塑料 （3）洁净度要求低	（1）可处理占比较小的高值废塑料（PET瓶等） （2）适用于单一品类废塑料 （3）洁净度要求高	（1）可处理占绝大部分比重的低值废塑料（PP、PE、PS、PVC等） （2）适用于混合废塑料 （3）洁净度要求低
环保性	（1）碳排放大 （2）易产生二噁英，环保成本高	（1）较焚烧发电减碳约50% （2）废气废水产出多，环保成本高 （3）须清洗，耗费大量水资源	（1）较焚烧发电减碳约50% （2）不产生二噁英，环保成本低 （3）不须清洗，节约水资源
回收产品	（1）回收电能或热能 （2）仅能回收一次	（1）品质降级的再生塑料 （2）难以达到食品级标准 （3）两三次回收后无法再回收	（1）品质不降级或升级的再生塑料 （2）易达到食品级标准 （3）可实现无限次回收
资产收益率（ROA）	较低	较低	较高
代表企业	光大国际、锦江环境	金发科技、英科环保	科茂能源

数据来源：相关上市公司年报、招股说明书、BASF官方网站

COMY科茂 5.市场潜力

		垃圾重量	化学回收潜在产值	设备销售潜在产值	催化剂销售潜在产值
中国市场	增量	5000万吨/年	**1000亿元/年**	1060亿	125亿/年
	存量（陈腐垃圾）	12.5亿吨	**2.5万亿元**	2650亿元	3125亿元
世界市场	增量	3.2亿吨/年	**6400亿元/年**	6790亿元	800亿元/年
	存量（陈腐垃圾）	80亿吨	**16万亿元**	1.85万亿元	2万亿元

废塑料的来源：（1）生活废塑料（2）工业废塑料（3）医疗废塑料（4）填埋场陈腐废塑料

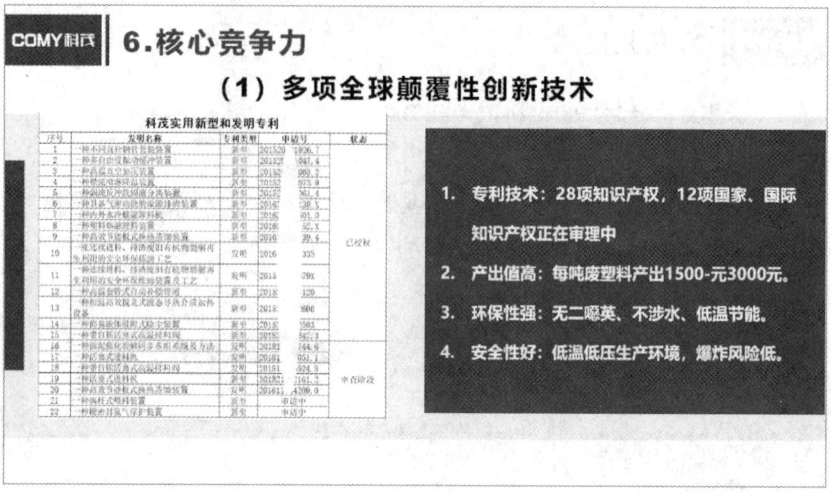
COMY科茂
6.核心竞争力
（1）多项全球颠覆性创新技术
科茂实用新型和发明专利
序号
发明名称
专利类型
申请号
状态
已授权
申请中
申请中
1. 专利技术：28项知识产权，12项国家、国际知识产权正在审理中
2. 产出值高：每吨废塑料产出1500-元3000元。
3. 环保性强：无二噁英、不涉水、低温节能。
4. 安全性好：低温低压生产环境，爆炸风险低。

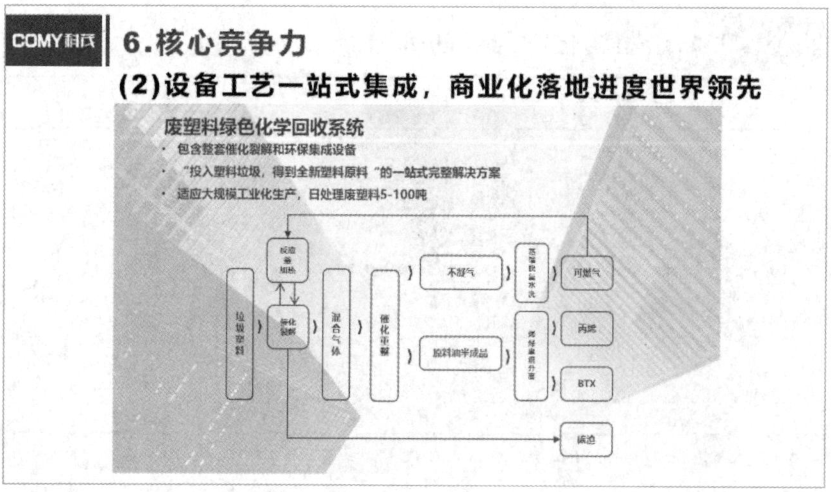
COMY科茂
6.核心竞争力
(2)设备工艺一站式集成，商业化落地进度世界领先
废塑料绿色化学回收系统
· 包含整套催化裂解和环保集成设备
· "投入塑料垃圾，得到全新塑料原料"的一站式完整解决方案
· 适应大规模工业化生产，日处理废塑料5-100吨
垃圾塑料
催化裂解
混合气体
催化重整
不凝气
可燃气
丙烯
BTX
脱蜡油半成品
残渣

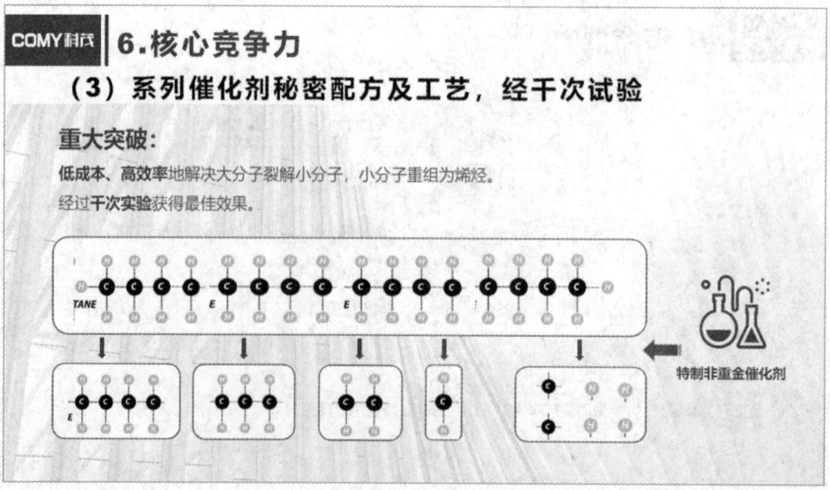
COMY科茂
6.核心竞争力
（3）系列催化剂秘密配方及工艺，经千次试验
重大突破：
低成本、高效率地解决大分子裂解小分子，小分子重组为烯烃。
经过千次实验获得最佳效果。
特制非重金催化剂

COMY科茂 7.运营数据

销售额（万元）	2019年	2020年	2021年(E)	2022年(E)	2023年(E)
成套设备	xx	xx	16000	60000	160000
催化剂	xx	xx	1000	4800	13000
技术服务收入	xx	xx	2000	6400	18000
合营工厂分润	xx	xx	1000	4800	13000
收入合计	**xx**	**xx**	**20000**	**76000**	**20400**
利润合计	**XX**	**xx**	**5000**	**15000**	**40000**

注：数据经过处理

COMY科茂 8.核心团队

辛本恩
公司创始人/CEO

中国人民大学管理学、经济学双学士，前美的集团决策层之一，董事局战略投资委员会委员，制冷事业本部管理委员会委员，兼战略管理部和运营管理部总监

核心技术团队

联合创始人
总工程师

原安徽某大学副教授，催化剂、机械与工业自动化领域资深设计专家

技术副总

某985高校教授，热工研究所所长，垃圾资源化技术专家

技术总监

中国顶尖化工研究院硕士，催化裂化资深专家，前国有石化企业资深工程师。

核心管理团队

董事、副总裁

经济学博士，前互联网副总裁，负责营销和战略

董事

海归博士，大型家电上市公司董事、副总裁，世界500强高管

财务兼人力资源总监

世界500强财务及人力资源部前高管

COMY科茂 9.本轮融资需求

A轮融资XX万元

XX万元	XX万元	XX万元	XX万元
技术研发	**搭建营销网络**	**运营**	**其他**
开展技术合作，收购相关技术和专利，更新迭代当前技术，保障技术前沿绝对优势。	布局营销战略资源，在石化和环保领域形成覆盖全国的渠道网络，开展市场、公关和销售工作，初步搭建国际营销渠道。	在技术、设备、实施、营销、人力、投融资等方面拥有优秀人才，建设高效创新的企业经营体系。	补足生产线，形成连续生产能力和强实验能力等

第三节 创业项目路演展示

创业项目的路演是获得投资人和资源支持方认可的重要过程。如何在有限的时间内向投资人传递有效信息是十分关键的。创业项目路演展示主要考虑以下几个要点。

(一) 路演商业计划书采取简短版本

大部分创业项目路演为5～15分钟，需要将复杂版的商业计划书进行精练以便于现场路演，一般需要将PPT控制在10～15页。

(二) 重点突出核心问题

如果时间有限，可以先只陈述投资人最关注的问题，包括项目定位、用户和问题、解决方案、商业模式、运营数据、核心竞争力、核心团队、市场分析(竞争对手)等内容。如果时间不足，关于背景、政策、战略等细节方面可以略讲。

(三) 路演PPT的内容应简洁、清晰

路演PPT应主要抓取商业计划书中的重点关键词和数据，不出现大量文字或过度密集的内容，信息量过大会为投资人接收信息制造障碍，展示方式以图、表、提纲式文字为主，吸引投资人认真倾听路演者的讲解。

(四) 立体、具象地开展路演

因投资人可能首次接触这类项目，具象的内容比较容易让投资人理解。一是可以使用 1～3 分钟的视频，介绍产品具体的应用场景和解决方案。因为视频脚本是事先设计和打磨过的，往往凝集了大量的信息。同时，声音、图像本身包含大量信息，优秀的视频可以在有限的时间内传递更多信息。二是可以利用短故事解释核心问题，比如某用户真实场景下的痛点，或某用户用了产品后的反馈等，也可以让投资人更具象地感知项目商业机会的真实性。三是可以携带相关产品或模型到路演现场，让投资人近距离观察和体会。

(五) 准备和打印路演材料

可以将精美的产品手册、路演 PPT 以及能传递项目信息的材料提前打印好，现场发给投资人。优质的材料能传递更多项目信息，精美的排版和印刷将提升投资人对团队和项目的印象。

(六) 准备好备用内容

可用于展示的 PPT 页数有限，但可以将更多的细节放在附录中。投资人经常问的问题包括：有哪些典型用户已经用了你的产品？用户怎么付费，利润率如何？这个行业的市场有多大？行业内有哪些竞争对手，你与他们的不同点在哪里？你的核心竞争力是什么，能否有持续性？计划如何实现扩张？公司打算融多少钱，怎么用？目前公司股权结构如何？可以在路演 PPT 附录中提前准备相关内容。

(七) 提前模拟演练

项目路演时常常出现没有在规定时间内介绍完的情况，因此可提前进行多次内部演练，以在有限时间内传达完最重要的信息。同时，还可以制作回答常见问题的文件，对问题的答案用精练的文字表述出来，并提前演练。这些措施都可以使现场路演传递信息更加高效。

本章小结

本章分为三节。第一节重点介绍了商业模式的含义、商业模式画布及其九大要素：客户细分、价值主张、渠道通路、客户关系、收入来源、核心资源、关键业务、重要合作、成本结构，并结合在线教育的案例介绍了五种典型的商业模式；第二节介绍了商业计划书的主要模块、商业计划书模块间的关系、未落地项目和公益创业项目商业计划书的要点；第三节介绍了创业项目路演展示要点。

拓展研读

以下文章来源于红杉资本的公众号“红杉汇”。不同的投资人可能喜好不同的商业计划书框架，但关注的重点往往比较一致。同学们可以从一个社会主流投资人的视角来了解投资人想看到怎样的商业计划书。

一份理想BP的10项核心内容

DocSend最近做了这样一项测试，让投资人浏览200家初创企业的融资计划书(BP)，记录所用时间。结果发现，投资人阅读一份BP的平均时间只有3分44秒。时间可谓非常之短。

优秀的BP必须简明扼要，在10~15页PPT里讲明白自己是谁、为什么投资人应该投资于你。以下是一份理想的BP应该包含的10项核心内容。

1. 企业目标

用一句话解释企业创立之本及重要性。但凡成功的企业都会有强有力的理由来解释自己因何存在。比如，Airbnb不只是将自己定位为提供短期房屋租赁的应用程序，它的使命宣言是，通过社交软件，在现实生活中将全球数百万人联系起来，让人们在任何地方都能有归属感。

2. 问题

最佳产品就像是“止痛药”。在这项内容里，你需要展示你正在解决客户的痛点，让客户心甘情愿地向一家不知名的初创企业付款。问题越大，机会越大。没有人会付款给你去解决一个不是问题的问题。换句话说，你需要展示你正在解决的痛点是巨大的，同时是能带来利润的，并且着重说明目前解决这些痛点的方法及其失败的原因。

3. 解决方案

列出问题之后，需要展示你的解决方案。你的产品有什么样的独特价值主张，为什么你的解决方案能改善客户的状况，需要强调为什么你的方案切实可行，以及为什么客户应该选择你的产品而不是目前市场上的其他类似产品。光用文字讲解是不够的，还要图文并茂地展示人们受益于你的产品的具体案例。

4. 为什么要趁现在

时机对于建立一个伟大的初创企业来说是至关重要的。例如，观察过去十年中很多太阳能领域的初创企业可以发现，大部分企业都过早地进入市场，并以失败告终。当时油价下行，太阳能电池板的造价仍比较昂贵。你也许挖掘出了一个好商机，但如果要花过长时间去等待市场成熟，那么最终你将会耗光资金。同样的逻辑也能解释为什么有的企业最后成功了。Facebook在交友网站Friendster和在线社交网站MySpace失败之后仍能点燃市场，原因就是当时对社交网络的需求与市场皆已俱备，只欠“东风”——一个解决方案。确保你能列出所有关键理由，由此阐释“为什么要趁现在”。

5. 市场

除了找到企业的痛点并且瞄准产品将要解决的具体问题，还有比较重要的一点是，要确保你所创造的解决方案有实际应用的市场。有关市场的介绍将在 BP 中起到关键作用，这也是很多创业者眼中最重要的一项内容。投资人、企业家马克•安德森认为：“市场决定初创企业是否能获得成功，为什么？在一个拥有大量潜在顾客的巨大市场中，人们的需求就像一只无形的手，给初创企业捏造出产品的原型，而只要第一个可行的产品横空出世，人们的需求就将会被满足。”

当然，所谓理想市场，既是一个有着许多愿意支付溢价的富有客户的大市场，也是一个成长中的、非常碎片化的市场。如果市场是分散的，那就意味着还没有占据主导优势的明确赢家。谷歌、苹果、Facebook、Spotify、Airbnb，所有这些公司都曾经是高度分散市场中的主导者。

然而，你不需要在融资路演时表示自己要赢得整个市场。你要做的是，展示一个最有可能买你的产品的特定次级细分市场，并且说明你打算如何赢得这一“局部战役”。Airbnb 起步时专注于旧金山湾区，Facebook 首先风靡于哈佛，PayPal 最早应用于 eBay 的生态系统，而特斯拉最初专注于服务科技产业的有钱客户。它们都成功了。

6. 竞争

列出你的竞争对手和你的竞争优势，最好用一张图来显示你在市场中的地位或者做一个简单的对比表。

7. 产品

在这部分中，要说明产品的细节，有哪些功能、层次、设计、知识产权？目前处在哪个研发阶段？距离发布测试版或发行版还要多久？要强调产品采用某些特定技术或设计的好处。

8. 商业模式

大多数初创企业最终失败都是因为没能找到正确的商业模式。你需要在这部分展示以下内容：营业收入来自哪里？如何定价？定价的依据是什么？目前的数字指标状况是怎样的？

最重要的两项指标分别是用户获取成本(CAC)和用户终身价值(LTV)。你会希望客户终身价值远超用户获取成本。如果你还不清楚什么是价值，收集你所处行业的数据来了解一下，或者研究一下你的竞争对手。

9. 团队

投资是投人，不是投创意。一个出色的团队就算创意不佳，也比一个有着绝佳创意的糟糕团队更容易成功筹得资金。投资人想看到的是能做好事情的人——善始善终，这才是企业家的真正潜质。这部分内容主要展示团队成员过去的成功事例，是如何把事情做好的，以及在面对挑战时是如何坚持下去的。

如果你有市场经验，那就展示出来。如果你有一些经验丰富的导师和顾问，也要把他们的身份亮出来。这个时候就是要大胆推销自己，而不是畏首畏尾。

10. 财务数据

这里指的是财务数据真相。大多数人都清楚你的现金流预测很可能与实际相差甚远，但是，这部分内容还是可以说明一些问题的。

首先，可以说明你有多大的抱负以及有多讲究实际。投资人通常想找到独角兽公司，而不是运营不错的好公司。如果你的财务数据完全不切实际，那就没办法使投资人相信你有潜力做CEO。

其次，财务数据可以显示项目的可行性，这一点最重要。开支和利润率可以说明很多事情。数据可能看起来很漂亮，但是投资人一旦发现你完全依赖烧钱式营销，或是有着高得不切实际的客单价，那么你将无法说服任何人。

所以，多花点时间打理好财务数据，因为这也是投资人比较关注的。

(资料来源：https://36kr.com/p/5089418)

回顾与思考

1. 商业模式画布包含哪几个要素？要素之间的关系如何？
2. 商业计划书包含哪些主要模块？你如何理解商业计划书可以说是一篇议论文？
3. 如何将一份商业计划书改造成可以用于路演的商业计划书？

课后训练

1. 以商业模式画布为工具，把自己看作一个产品，做一个关于自己的职业的“商业模式”。
2. 以商业模式画布为工具，分析一个你喜欢的App的商业模式。
3. 以小组为单位，选择一个商业或公益创业项目，做一个商业计划书。

第八章
新企业的创办与管理

做企业是没有奇观而言的，但凡发明奇迹的，必定会被超过。企业不能跳跃，一定是循着一个法则，一步一个足迹地走。

——万科企业股份有限公司创始人王石

本章目标

1. 了解企业的法律形式；
2. 了解企业知识产权中的专利与商标法；
3. 理解新企业管理的特殊性，理解新企业成长的驱动因素；
4. 理解新企业成长面临的挑战，掌握新企业的成长管理策略。

导入案例

亚德公司的创业管理

亚德公司是一家民营高科技股份公司，公司的董事总经理陈健毕业于某师范大学物理系，他与朋友张明、李俊共同创办了这个公司。公司创立之初，他们三人口头商定：陈健、张明、李俊各占50%、30%、20%的股份，而当时，公司实际投入的5万元启动资金全部由陈健个人借款筹得。创业初期，陈健任经理，负责全面工作；张明任技术主管，负责技术与生产事宜；

李俊任营销主管，负责产品销售事宜。陈健利用自己所学的物理专业知识，在剖析市场中现有产品的基础之上，很快研制出了自己的产品，并申报获得了 5 项国家专利。由于公司经营得当，到了第五年，公司的资产就达到了 3000 多万元，年销售额达到了 5000 多万元，员工人数达到了近 300 人，公司按照有关规定更名并重新注册，登记为现在的亚德公司。

对于陈健来说，公司发展带来的喜悦并没有冲淡他对公司未来发展的困惑，他遇到了许多令人困惑的问题，其中之一是创业元老的分歧。

首先是张明不辞而别与他人合伙开办新企业，利用从亚德公司移植的技术，生产与亚德公司直接竞争的产品，其起因在于创业初期陈健与张明、李俊口头达成的关于公司股份的分享比例未落实。实际上由于陈健一心想做大规模，从未真正关注过这一比例及与相关的股东决策、分红等权益的兑现问题。而张明、李俊认为，陈健对公司的技术、生产、营销等大权在握，当初的口头协议不等于正式法律文件，心中总是担心这种股权最终会变成一张永远画在墙上的饼。在张明离开之前，陈健与张明达成了正式协议，以 80 万元现金作为补偿，算是割断了以前口头达成的所有股份。但由于新企业经营不善，张明不到半年又回到公司工作，这让李俊心中产生了些许不平，张明比自己多得到了公司 80 万元现金补偿，虽然今后自己也许能从公司得到远比张明高得多的回报，但这毕竟还是不确定的事情。

(资料来源：http://wenku.baidu.com/view/fe51134f4afe04alb071de24.html)

思考：如果你是一名即将开始创业的创业者，上述案例可以给你什么启示？

第一节　新企业的创办

创业者找到并评估了创业机会，组建好了创业团队，聚集了创业所需的资源，明晰了商业模式并制定了商业计划书之后，就可以开始新企业的创办了。至此，创业“从 0 到 1”的过程得以完成，创办新企业也成为通常意义上创业成果的最直接的体现。需要注意的是，新企业的创办是一个时间节点，它仅仅标志着创业的大幕才刚刚拉开。

一、企业组织形式的选择

选择符合企业需要的组织形式是创业者在成立公司时需要考虑的首要问题，企业组织形式可以结合企业不同时期的需求、营商环境、创业者特点等来进行选择。具体而言，我国常见的小企业主要有以下几种：个体工商户、合伙企业、个人独资企业、有限责任公司(包括一人有限责任公司)。个体工商户、合伙企业、个体独资企业、有限责任公司四类企业的法律形态的比较如表 8-1 所示。

表8-1　四类企业法律形态的比较

企业法律形态	业主数量和注册资本	成立条件	经营特征	利润分配和债务责任
个体工商户	1.业主是一个人或一个家庭； 2.无资本数量限制	有相应的经营资金和经营场所即可	资产属于私人所有，可以雇帮手或学徒工(不超过 8 人)，业主本人既是所有者，又是劳动者和管理者	1.利润归个人或家庭所有； 2.由个人经营的，以其个人资产对企业债务承担无限责任； 3.由家庭经营的，以家庭财产承担无限责任
合伙企业	1.业主两个人及以上； 2.无资本数量限制	1.有两个及以上合伙人，并且都依法承担无限责任； 2.有书面合伙协议； 3.有合伙人的实际出资； 4.有合伙企业的名称； 5.有经营场所和从事合伙经营的必要条件	依照合伙协议共同出资、合伙经营，共享收益、共担风险	合伙人按照合伙协议分配利润，并共同对企业债务承担无限连带责任
个人独资企业	1.业主是一个人； 2.无资本数量限制	1.投资人是一个自然人； 2.有合法的企业名称； 3.有投资人申报的出资(工商部门要验资)； 4.有固定的生产经营场所和必要的生产经营条件； 5.有必要的从业人员	财产为投资人个人所有，业主既是投资者又是经营管理者	1.利润归个人所有； 2.投资人以其个人资产对企业债务承担无限责任
有限责任公司	1.由两个及以上 50 个及以下的股东组成； 2.注册资本 3 万元以上	1.股东符合法定人数； 2.股东出资额达到法定资本最低额； 3.股东共同制定公司章程； 4.有公司名称，建立符合有限责任公司要求的组织机构； 5.有固定的生产经营场所和必要的生产经营条件	公司设立股东大会、董事会和监事会，并由董事会聘请职业经理人管理公司、经营业务	股东按出资比例分配利润，并以出资额为限承担有限责任

(资料来源：吴晓义. 创业基础：理论、案例与实训 [M]. 北京：中国人民大学出版社)

二、其他企业组织形式简介

(一) 股份合作制企业

股份合作制企业是指无资本数量的限制，全部资本分成若干等额股份，由一定人数的股东发起的组织。企业的全体成员均是股东，按照出资比例进行利润的分配，按照认购股份比例的情况决定股东对企业负有的有限责任。成立股份合作制企业的条件包括：建立符合其相关要求的组织机构；有公司名称；股份筹办分配等事项符合法律规定；有固定的生产经营条件。

(二) 中外合作经营企业

中外合作经营企业属于三资企业，包括法人型和非法人型两种。外方合作者可以是公司、企业、其他经济组织和个人，投资比例一般不低于注册资本的25%；中方合作者可以是公司、企业或者其他经济组织，但不能是个人。中外合作经营企业的组织模式比较灵活，可以采取董事会制，也可以采取联合管理委员会制，或者委托管理制等。中外合作经营企业在成立时需要特别注意的是：合作章程、合作合同、合作协议等需要由中外合作双方共同签订，国务院授权的部门或地方政府履行对其审查、批准的权利。中外合作经营企业以其全部资产承担债务，按照合同的规定分配利润，在组织结构形式上设董事会或者联合管理机构。中外合作经营企业管理中的重大问题依照双方的合作章程、合作合同、合作协议等的规定进行决定。中国公民或外国公民都有权担任联合管理机构主要负责人或者中外合作经营企业的董事长，但如果中国公民(或外国公民)担任董事长或联合管理机构主要负责人，那么副董事长或者联合管理机构负责人须由另一方的人员担任。2020 年 1 月 1 日起，新施行的《中华人民共和国外商投资法》规定，中外合作经营企业这一企业类型被废除，并入外商投资企业，现有的中外合作经营企业将于 5 年过渡期内变更为新的类型。

(三) 中外合资经营企业

中外合资经营企业是外国投资者在我国进行投资的一种方式，属于三资企业。《中华人民共和国中外合资经营企业法》规定，中外合资经营企业的合营各方按注册资本比例分享利润和分担风险及亏损，这与中外合作经营企业对于所设企业风险的承担、利润的分配的依据有所不同，中外合作经营企业依双方的合同约定来划分。中外合资经营企业的形式必须为有限责任公司，注册资本中，外国投资者的投资比例一般不低于 25%；如果低于 25%，国家税务总局规定，办理税务登记、适用税制一律按照内资企业处理。2020 年 1 月 1 日起，新施行的《中华人民共和国外商投资法》规定，中外合资经营企业这一企业类型被废除，并入外商投资企业，现有的中外合资经营企业将于 5 年过渡期内变更为新的类型。

选择企业组织形式时要特别注意以下几个问题。

(1) 如果创业需要的资金较多、负债较高、公司规模较大，有限责任公司的形式较为合适。

(2) 比较简单的企业组织形式，例如个体工商户或合伙企业，适合规模较小、所有风险由一个人承担的情况。

(3) 在能够争取到国外投资者投资的前提下，中外合资或中外合作的法律形式比较合适，而且可以享受外商投资的有关优惠政策。

(4) 合伙企业、有限责任公司的企业形式适用于创业者自身所拥有的资金和技术不足，需要与其他人合作的情形。

(5) 个体工商户或个人独资企业的组织形式适用于有较强的独立意识，不喜欢和他人合作的创业者。

总之，选择企业组织形式是创立企业面临的首要问题，也是非常重要的问题。遇到问题可以咨询专门为中小企业提供咨询服务的机构，例如政府机构(如国家和地方的工商管理局)和非政府组织(如工商联合会)。此外，相关劳动就业部门也会为创业者和再就业人员创业提供帮助。

三、专利权与商标

创业者开办和经营企业必须按照国家的相关法律规定，同时企业在发展过程中也受到法律的保护。知识产权是人们对自己的智力活动创造的成果和经营管理活动中的标记、信誉依法享有的专有权利。

(一) 专利权

专利权简称专利，是知识产权的一种，是发明创造人或其权利受让人对特定的发明创造在一定期限内依法享有的独占实施权。专利权人是专利权的主体，是依法享有专利权并承担相应义务的人。我国于 1984 年颁布了《中华人民共和国专利法》(以下简称《专利法》)，于 1985 年公布了《专利法实施细则》。专利法是知识产权法规系列中重要的法律文件，是保护知识产权或技术方案的尤为重要的法律。专利法调整的对象和范围涉及知识产权或者受到法律保护的技术方案。

《专利法》保护的对象同时包括专利权的客体。发明创造要取得专利权，必须满足形式条件和实质条件。形式条件是指申请专利的发明创造在申请文件和手续等程序方面的要求。实质条件是指申请专利的发明创造自身必须具备的属性要求。专利制度主要是为了解决发明创造的权利归属与发明创造的利用问题。

(二) 《专利法》规定的专利的种类

根据《专利法》的规定，《专利法》的客体包括发明、实用新型和外观设计三种。

(1) 发明专利。《专利法》规定，发明是指对产品、方法或者其改进所提出的新的技术方案。

产品发明和方法发明是发明专利的两大类，除此之外，对现有产品或者方法进行改进也可以获得发明专利。

(2) 实用新型专利。《专利法》规定，实用新型是指对产品的形状、构造或者其结合所提出的适于实用的新的技术方案。根据这一规定，获取实用新型专利是针对设计方案或者具有一定形状、构造的产品。

(3) 外观设计专利。《专利法》规定，外观设计是指对产品形状、图案或其结合以及色彩与形状、图案的结合所做出的富有美感并适于工业应用的新设计。

(三) 商标与商标权

1. 商标

商标是商品的生产者、经营者在其生产、制造、加工、拣选或者经销的商品上或者服务的提供者在其提供的服务上采用的，用于区别商品或服务来源的，包括文字、图形、字母、数字、三维标志、颜色组合和声音等，以及上述要素的组合，具有显著特征的标志，是现代经济的产物。

商标通过确保商标注册人享有用以标明商品或服务，或者许可他人使用以获取报酬的专用权，而使商标注册人受到保护。保护期限为自商标注册公告之日起10年，但期满之后，需要另外缴付费用，即可对商标予以续展，次数不限。续展的费用一般为国家规定费用2000元(超过有效期但在6个月内的另加500元延迟费)加上一定的代理费用，续展要在规定的续展期内办理。商标保护一般由当地工商局配合调查，协商不成时由法院来实施，在大多数制度中，法院有权制止商标侵权行为。从广义上讲，商标通过对商标注册人加以奖励，使其获得承认和经济效益，而对全世界的积极和进取精神起到促进作用。商标保护还可阻止诸如假冒者之类的不正当竞争者用相似的区别性标记来推销低劣或不同产品或服务的行为。这一制度能使有技能、有进取心的人在尽可能公平的条件下进行商品和服务的生产与销售，从而促进国际贸易的发展。

2. 商标权

商标权是商标专用权的简称，是指商标主管机关依法授予商标所有人对其注册商标受国家法律保护的专有权。

中国商标权的获得必须履行商标注册程序，而且实行申请在先原则。商标是产业活动中的一种识别标志，所以商标权的作用主要在于维护产业活动中的秩序，与专利权的作用的区别主要体现在对产业发展的促进程度不同。

《中华人民共和国商标法》(以下简称《商标法》)规定，商标权有效期10年，自核准注册之日起计算，期满前12个月内申请续展，在此期间内未能申请的，可再给予6个月的宽展期。续展可无限重复进行，每次续展注册的有效期为10年。自该商标上一届有效期满次日起计算。期满未办理续展手续的，注销其注册商标。

商标权是一种无形资产，具有经济价值，可以用于抵债，即依法转让。根据《商标法》的规定，商标可以转让，转让注册商标时转让人和受让人应当签订转让协议，并共同向商标局提出申请。

转让商标权时，应当按照《企业商标管理若干规定》 的要求，委托商标评估机构进行商标评估，依照该评估价值处理债务抵偿事宜，而且要及时向商标局申请办理商标转让手续。商标侵权的民事责任商标专用权被侵权的自然人或者法人在民事上有权要求侵权人停止侵害、消除影响、赔偿损失。

(四) 商标纠纷

1. 商标纠纷的类型

《商标法》规定的商标纠纷主要有三种类型：商标异议、商标争议和商标侵权。

(1) 商标异议。商标异议是《商标法》及其实施细则明确规定的，对初步审定的商标公开征求公众意见的法律程序，其目的在于公正、公开进行商标确权工作，提高商标注册审查质量。

商标异议的内容范围很广，既包括初步审定的商标与申请在先的商标相同或近似，也包括初步审定的商标违反了《商标法》的禁用条款或商标不具显著性，还包括申请人不具备申请资格等。

任何人均可以提出商标异议，既可以是商标注册人，也可以是非商标注册人；既可以是企业、事业单位，也可以是个人；既可以是法人，也可以是非法人。 商标异议程序的设置，旨在加强社会公众对商标审查工作的监督，减少审查工作的失误，强化商标意识，给予注册在先的商标权人及其他利害关系人一次保护自身权益的机会，杜绝权利冲突后患的发生。异议人可以是注册商标权人、商标注册申请在先的申请人等利害关系人，也可以是任何其他公民或法人。

(2) 商标争议。商标争议是指对已经注册的商标存在争议，即两个注册商标所有人之间因两商标在相同或类似商品/服务上构成相同或近似所产生的商标权利的争端，或者驰名商标权利人因某注册商标与驰名商标构成相同或近似所产生的商标权利的争端。

(3) 商标侵权。商标侵权即商标侵权行为，是指行为人未经商标权人许可，在相同或类似商品上使用与其注册商标相同或近似的商标，或者其他干涉、妨碍商标权人使用其注册商标，损害商标权人合法权益的其他行为。

2. 商标纠纷的解决

《商标法》规定，对侵犯注册商标专用权的，被侵权人可以向县级以上工商行政管理部门要求处理，也可以直接向人民法院起诉。可见，解决商标侵权纠纷，既可以通过工商行政管理部门处理，也可以向人民法院提起诉讼。

(1) 行政解决方式。商标侵权案件的行政管辖，既可以是侵权人所在地的工商行政管理部门，也可以是侵权行为地的工商行政管理部门。县级以上工商行政管理部门在受理商标侵权案件后，通过调查取证，在认定事实的前提下，制止侵权行为，并根据侵权人违法事实和情节轻重做出行政处罚。具体处罚措施包括：责令立即停止销售；收缴并销毁侵权商标标识；消除现在商标上的侵权商标；收缴直接专门用于商标侵权的模具、印版或者其他作案工具；责令并监督销毁物品；根据情节处以非法经营额50%以下或侵权所获利润五倍以下罚款，并可以责令侵权人赔偿被侵权人的损失。工商行政管理机关认为侵犯注册商标专用权的，在调查取证时可以行使下列职权：询问有关当事人；检查与侵犯活动有关的物品，必要时，可以责令封阅；调查与侵权活动有关的行为；查阅、复制与侵权活动有关的合同、账册等业务资料。

(2) 诉讼解决方式。商标侵权案件可以由侵权行为地或者侵权人所在地人民法院管辖。对此，被侵权人可以自主选择侵权行为地或侵权人所在地人民法院起诉。同时，由于商标侵权案件较为复杂，目前，最高人民法院指定中级人民法院管辖。人民法院一般商标侵权案件的处理采用民事制裁的方式。基于被侵权人行使的禁止请求权、损失赔偿请求权、归还不当利益请求权、恢复信誉请求权，人民法院可单独采用或合并采用以下办法：责令侵权人立即停止侵害；销毁构成侵权行为的物品，拆除侵权行为所用的设备，收缴直接专门用于侵权行为的工具、模板等；消除影响，恢复被侵权人的信誉，如责令被侵权人在报刊上登载道歉声明等，以恢复被侵权人的商业信誉；赔偿被侵权人的损失，赔偿额的计算办法为侵权人在侵权期间因侵权所获得的利润或者被侵权人在被侵权期间因被侵权所受到的损失。另外，被侵权人因调查、取证、聘请诉讼代理人或非诉讼代理人所花的费用，侵权人也应予以赔偿。除上述主要办法外，人民法院还可以采取训诫、责令具结悔过、没收非法所得、罚款或拘留等措施。

拓展阅读8-1

创业初期，千万不要忽略知识产权保护

不知走在创业路上的小伙伴们是否有过这样的想法：“商标注册？不重要，等我把产品做出来再说吧。知识产权布局？不着急，等我的产品有一定知名度再着手吧。侵权风险？没搞错吧，世界这么大，我在使用的商标(或品牌)怎么可能已经被别人先注册？”不知有过上面想法的小伙伴们后来是否遇到过这样的问题：哈哈，我的产品做出来了，简直是对“爱咋咋地”品牌的完美诠释！啊?“爱咋咋地”的商标已经被人注册了？还是在我们的业务分类里？怎么办，要不要买回来，还是换个商标(或品牌)？总觉得如果不是“爱咋咋地”，产品与灵魂就不能完美契合。

如果在创业初期不加强知识产权的保护意识，可能会给创业公司带来比较棘手的麻烦。在创业初期，知识产权保护虽然不能马上给企业带来直接的利润，但可以帮助企业避免未来无谓的损失和风险，正所谓“磨刀不误砍柴工”，建议大家在进行产品研发和业务构建的同时，也要做好早期知识产权的保护。

不同创业企业的知识产权保护重点

知识产权从分类来看主要包括：①线下部分：商标、著作权、专利；②线上部分：域名。从品牌塑造的角度来讲，互联网创业企业公司名称、产品或服务、公司域名最好能够相同或尽可能保持一致，因此线下及线上知识产权保护需要共同进行。互联网创业企业应根据自己的业务类型进行有针对性的重点保护，比如，以软件开发为主营业务须重点关注 logo 的商标保护、ICON 的著作权保护、自主开发的软件模块及工具的著作权保护、域名保护；以高科技产品的研发、制造为主营业务的企业除上述内容外，还需要关注专利部分的保护。从创业企业所处阶段来看，商标和域名是创业初期最先需要着手的，即在确定品牌或产品名称时就可以开始做的，毕竟互联网创业企业无论主营业务是什么，都和上述两项知识产权分不开。

知识产权布局在创业初期阶段也许不用马上进行，但在产品上线或销售之前，建议请专业的律所或知识产权代理机构进行统筹规划，以避免后续产生不必要的争议或纠纷。著作权和专利则需根据企业实际研发进程判断，建议在可以进行保护申请的最早时点着手办理。

如何进行知识产权保护

商标保护是每个创业企业都需要面临的问题，也是大家提出最多疑问的地方，下面以商标申请为例，简单介绍一下知识产权的保护方式。

(1) 时间：宜早不宜晚。由于我国注册商标采取“在先注册”保护原则，所以建议大家按照“市场未动，商标先行”的原则，确定产品名称后即着手进行商标查询和申请工作，不必等到产品上线之后再注册商标，以便抢占先机。

(2) 内容和类别：核心字段和类别及延伸核心字段，即名称中区别于其他产品的具有显著性的部分作为主商标是一定要保护的(首先是文字，如果 logo 带有图形可以申请文字与图形的组合)。核心类别，即项目的主营业务所在商标类别，是首先要进行申请的。另外，如果创始人已对项目有长期规划，建议在申请时进行适当延伸：内容上的纵向延伸，考虑未来产品的上下游发展，是否会有子品牌的产生；类别上的横向延伸，考虑未来产品如果要做交易闭环的话可能需要涉及哪些领域，进而判断在本行业以外的相关行业类别上进行哪些延伸，并适当进行保护申请。

(3) 方式：找代理机构和律师事务所做咨询。在商标申请前，找专业的商标代理机构或律师事务所就拟申请的商标做咨询和检索，了解所申请商标是否符合申请要求及是否有其他人已经在该类别注册了相同或近似商标(跨境业务也需要做境外检索)。如果拟注册商标已被第三方注册，应及时考虑是否更换相关商标，或者考虑从第三方购买该商标(早期购买的价格一般比后续产品已有一定知名度后的购买价格更有优势)。

(4) 如何应对恶意抢注行为：有法可依。因为《商标法》中有大量条款，如第十五条、三十二条、四十四条、四十五条等，均规定对于恶意抢注的商标，权利人可以在初审公告期内提起异议申请，或在该商标被注册后申请商标评审委员会宣告无效。但上述救济途径需要满足一定条件，例如：拥有在先权利或者在先使用该商标并已获得一定影响力；对方以不正当手段(恶意)抢注。上述要件中，“在先权利”指在对方申请日前针对所申请的商标标识享有包括著作权、商号权或姓名权等在先权利。“已有一定影响力”主要是通过宣传途径和效果进行判断，如广告、用户、商业合作伙伴等，且具有一定主观性，一般创业企业早期可能会比较难被认定满足该条件。而“不正当手段”主要是判断对方是否有恶意，例如如果是未经授权，代理人或者代表人以自己的名义将被代理人或者被代表人的商标进行注册的话，那么就比较容易认定。但是在创业企业可能出现的如 BP 外流等原因导致被抢注的，举证起来存在一定困难。此外，很多情况下，权利人除了需证明自身在先使用并有一定影响力外，还需证明对方由于此种影响力应当知晓该权利的在先使用等才能判断对方的恶意，此类举证也非易事。

综合来看，为了避免后续维权困难及成本过高，建议大家提前安排商标检索及注册，同时注意做好相关信息的保密工作。毕竟与成功地打赢一个有异议或者无效宣告案件相比，对于商标的检索和注册，无论是时间成本还是金钱成本，在大多数情况下都几乎算是可以忽略不计的。

创业维艰，希望上述有关于创业初期知识产权保护的介绍能够对创业路上的小伙伴们有所帮助。

(资料来源：https://36kr.com/p/1721039716353)

第二节　新企业的管理

创办新企业只是标志着完成创业过程“从 0 到 1”的第一步，如何管理新企业、新企业管理的特殊性和面临的挑战有哪些，这些都是亟待创业者了解的问题。

一、新企业管理的特殊性

(一) 高增长性与高风险性

在本书第一章曾有过论述，初创企业要想抓住创业潜力大的机会，就应当进入处于初创期或成长期的行业。新企业具备较高的成长潜力，与成熟企业所处的常规发展阶段相比，创业型企业由于通常在技术、产品、商业模式的某些方面具有领先优势，经营机制灵活，因而能够很好地适应和应对区域市场及细分市场的竞争。但高增长性通常是与高风险性并向而行的，即新企业的发展存在着极大的不确定性。由于新企业面临的技术环境的变化、商业模式的变化、竞争对手的打压、内部管理的瓶颈等，新企业在发展中的波动明显高于成熟企业，发展具有非连续性的特征，多数创业企业无法逾越成长的第一陷阱。

(二) 首要目标是可持续

人们经常会听到刚起步的创业者感慨“今年的目标就是能活下来”。诚然，通过不同的途径让消费者认识和接受自己的产品(服务)，进而在激烈的市场竞争中生存下来是创业公司的第一要务。在这个阶段，公司的一切业务均应围绕生存开展，一切危及生存的做法都是不可取的。在这个阶段“行动胜于思考”，无论产品经理把未来勾勒得如何唯美，销售业绩不能实现增长都是一纸空谈，只有把产品(服务)卖出去才是硬道理。在这个阶段，企业应具备面对机会快速、灵活反应的能力，要学会“相机而动”，而不是固守公司的既定计划。

(三) 灵活性与创新性

创业者和管理团队更贴近客户，对市场的变化更加敏感，这是新企业相对于成熟企业的优势。因为能够更容易感受到市场的变化，由于“船小好调头”，新企业能够比大企业做出更快的反应，这种快速反应带来的优势是大企业无法比拟的，尽管大企业存在着规模优势。除了灵活性以外，新企业管理也需要较强的创新性，因为创业企业面临的很多问题都是史无前例的，这些新问题无法在网络或教科书中找到答案，只能依靠创新性的探索和实践。新企业管理的方方面面无不渗透着创新。

二、成立新企业必须注意的问题

(一) 创业初期必须决策集中

可以从以下几个方面考虑如何在分散股权的同时保持公司的控制权并设置完备的股权结构。

(1) 公司的股权结构设计要保持创始人保持股权上的控制权。

按照《公司法》的有关规定，大部分的股东会表决事项都是二分之一以上通过，个别事项需要三分之二以上通过。因此，公司51%以上的股权须由核心创始人持有。为了保险起见，这一比例最好达到67%，这样核心创始人持有的股份能够达到三分之二。创始人掌握了股权上的控制权就掌握了公司的控制权。

(2) 如果核心创始人无法保持股权上的控制权，还可以通过以下几种方式掌握公司的控制权。

① 可以通过公司章程做出特殊规定，如按照创始人认缴的出资额比例来规定创始人的表决权比例来控制。

② 变相掌握公司的控制权，例如可以采用“投票权委托”或“一致行动”的方式。“投票权委托”即通过协议约定，某些股东将其投票权委托给其他特定股东行使。“一致行动人”即通过协议约定，某些股东就特定事项投票表决采取一致行动。意见不一致时，某些股东跟随“一

致行动人”投票。

③ 掌握公司日常经营的实际控制权和董事会的实际控制权。

④ 通过控制企业的公章、营业执照及对产品和人的控制达到对公司的控制。

(二) 严防初期退股

按照《公司法》规定的资本维持原则，股东出资后不得撤回出资。但是《公司法》第 74 条规定：某些特殊情形下，股东可以请求公司按照合同的价格收购其股权。同时，有时候股东之间会签署退股协议，即实际意义上的减资协议或者股权转让协议。需要特别注意的是，在合伙企业中，尤其在创业过程中，核心人员的波动是常有的事情，尤其是出现已经持有公司股权的合伙人想要退出团队。对于资金原本就不充裕的创业公司而言，这时候合伙人退股会使公司的财务状况遭遇重大创伤。因此，在成立之初应该严防初期退股，可以通过书面协议做出说明，即无论遇到什么样的发展障碍，股东都要以公司为重，如果非要退股，应明确在退出的同时为公司发展做出怎样的补偿。

(三) 选择众筹须谨慎

资金短缺是中小企业在起步阶段普遍面临的问题，很多极具发展潜力的企业都会在发展道路上遇到资本短缺的瓶颈。与依靠几个大的投资人的情况不同，众筹依靠的是很多小的投资人的资金支持。需要注意的是，一切资金、人脉问题并不是一遇到众筹模式就能迎刃而解。众筹可以帮助创业企业增长人脉、解决资金短缺问题、获得更直接的产品体验反馈，但同时也存在着风险。

本章小结

本章共有两节，分别是新企业的创办和新企业的管理。第一节主要阐述了企业的组织形式选择、企业知识产权中的专利权与商标；第二节主要阐述了新企业管理的特殊性以及新企业成长管理策略。本章的重点是新企业成长管理策略以及不同法律形式企业的开办条件、责任和义务。

拓展研读

律师提醒：创业初期，你可能遇到的七大法律风险

20 年前，打破铁饭碗的下岗潮间接推动了市场经济的发展，而当下国内经济呈现的下滑态

势又将创业变成了流行词汇，并将创业潮推向了一个新的高度。据了解，目前国内每天诞生的新公司达到 4000 家左右，而在这些新诞生的公司中，又有很大一部分的创业者是属于完全没有公司经营或者法律经验的人士。

笔者根据多年的公司法律事务处理经验，为大家总结了初创企业最容易出现的七大法律风险。

(1) 合伙做生意，却不知道自己的企业性质是什么。按照我国《公司法》及其他法律法规的规定，我国的企业或者从事市场经营的主体性质包括有限责任公司、股份有限公司、合伙企业、有限合伙企业、个人独资企业、个体工商户等多种形式，而各种形式中主体之间的法律关系有很大的区别。例如最常见的几种主体：有限责任公司中，股东是按照自己实缴或认缴的股本金，按照股份比例对有限责任公司的对外债务承担有限责任；合伙企业中，合伙人以个人全部资产对合伙企业的对外债务承担无限连带责任；而个体工商户中，则以登记人的个人财产对外承担责任。每一种形式下的创业者需要承担的责任以及合伙创业者对企业可以享有的权利都有很大的区别。创业者需要根据自己和其他合伙人的经营目标选择适合自己的企业性质。

(2) 随意认缴注册资本，误认为企业注册资本额越大越好。2014 年新修订的《公司登记管理条例》颁布施行，我国正式施行了注册资本认缴制，也就是说，创业者无须再筹集资金用于注册资本的缴纳，也使创业者能够有更多的资金用于企业的发展。但随着注册资本认缴制的施行，许多创业者陷入了认识误区，认为注册资本反正不需要实际缴纳，认缴的数字越高就代表企业的实力越强。但事实上，注册资本的认缴额代表了公司对外承担债务的限额，如果创业者认缴的资本额大大超过了自己的实际经济状况，如果公司经营失败，则必然导致创业者变卖所有财产也难以偿还债务的风险出现。

(3) 股东或合伙人之间没有签订完善的《股东协议》或《合伙协议》。目前我国的创业者中许多都是属于朋友或者亲人合作的创业，许多创业者也因为各种面子原因或者是缺乏法律意识而忽视了《股东协议》或《合伙协议》的签订，仅仅按照工商管理部门的要求签订一份完全没有实际可操作性的工商版协议。《股东协议》《合伙协议》以及公司章程等在法律上就是公司的宪法，股东或者合伙人之间关于收益分配、公司经营、对外投融资等各项事务在发生纠纷时都要依据相关协议及章程的约定来进行判定，如果缺乏一份切实有效的《股东协议》《合伙协议》或章程，股东或合伙人之间的权利、义务就难以界定，扯皮的事也就更加容易出现。

(4) 规范财务，避免个人和创业项目公司财产混同，以免个人为公司债务承担连带清偿责任。人们通常认为，公司是有限责任公司，股东以认缴的出资为限为公司承担有限责任，这在理论上没错，但《公司法》上有一个揭开“法人面纱”制度，就是出现法定情形的，则股东不是承担有限责任，而是无限连带责任。常见的情形包括账目混乱、私企不分，股东以个人名义承担公司运营费用，以公司资金添置个人资产等。这种情况在创业团队是非常常见的，必须引起创业者足够的重视。

(5) 关于融资。融资好比找对象，也要讲究门当户对。只有自己有足够的实力，才能吸引投资者，融资谈判时，才会更有底气。融资成功，好比恋爱后的结婚(当然，资本最终要与企业“分手”)，所以，需谨慎选择投资者，融资谈判和融资合同签署须慎之又慎，特别是对赌条款、稀释和反稀释条款、风险补偿条款、清算条款、公司权力机构构成安排等条款的约定，最好能取得专业法律人士的支持。

(6) 创业者缺乏知识产权保护意识。知识产权涉及公司尤其是创业公司日常经营的方方面面，公司或者项目的命名可能涉及商标权，新产品则涉及专利权。知识产权的保护在于唯一性，如果是说耗尽自己的思维与才能开发的新产品却因为专利权问题产生纠纷，致使产品无法投入市场，或者给公司和创业者带来巨额赔偿损失，实在是得不偿失。

(7) 公司管理人员缺乏合同管理意识，合同履约能力差。合同是公司经营管理与对外合作中最重要的基础，合同条款是否完备、合同风险是否得到有效控制、自身是否具有严格的履约能力都是创业者在合同谈判及签订过程中必须重视的问题。但事实上，由于缺乏法律意识、缺少合同履约经验，许多创业者都无法正确对合同进行有效的评估，而初创企业的合作对象又多为具有丰富经验的大公司，在这种情况下，初创企业就极易陷入合同陷阱，导致商誉和经济的受损。

总之，一个企业的经营与管理涉及各方面的法律问题。我国法律体系下，对于企业的法律规定已经非常完善，创业者要善于运用法律保护自己的权利，也要在企业创业阶段为企业扫清发展中的障碍。创业可以带来人生的巨大转变，而伴随其中的法律风险也是多而杂乱。

(资料来源：搜狐号，滔滔雄辩)

回顾与思考

1. 创办企业最常见的法律形式有哪几种？选择不同的企业法律形式应该考虑哪几个因素？

2. 结合实例说明初创企业在起步阶段可能遇到的困难和挑战。

课后训练

1. 选择校园内或学校附近的一个新创企业进行调查访谈，了解该企业的成长过程和该企业的创业管理团队是如何进行成长管理的。根据所学的理论知识，为该企业下一步的成长和发展提供相关建议，并反馈给受访企业。

2. 邀请校友企业家(可以是曾经创过业的，可以是正在创业的；可以是已经毕业的，也可以是在校创业的；可以是创业成功的，也可以是创业失败的)进课堂，分享所创办企业的法律形式、企业注册的流程及注意事项、知识产权纠纷、新企业管理的特殊性以及新企业面临的挑战。

附 录

创业案例：小鹿萌妈

——打造优质国学教育IP 传承中华优秀传统文化

“小鹿萌妈——打造优质国学教育 IP 传承中华优秀传统文化”(以下简称小鹿萌妈)项目以中华优秀传统文化为内核，以互联网为依托，以社会实践和调查为基础，组建优秀团队，融合国学与少儿优秀文学，针对3～12岁少儿塑造原创 IP(intellectual property，知识产权)形象，由知名高校传统文化和国学学术领军人物指导产品创作，形成少儿国学 IP 产品系列。该项目获得了如下荣誉：

- 2020年第六届中国国际“互联网+”大学生创新创业大赛全国金奖。
- 2020年第十二届“挑战杯”中国大学生创业计划竞赛全国金奖。
- 2020年第六届中国国际“互联网+”大学生创新创业大赛广东省银奖。
- 2020年第十二届“挑战杯”中国大学生创业计划竞赛广东省金奖。
- 2020年第九届“赢在广州”暨粤港澳大湾区大学生创业大赛优胜奖。
- 2019年广东外语外贸大学校长奖章。

中国故事 奇妙童行
小鹿萌妈
打造优质国学教育IP
传承中华优秀传统文化
节目上线学习强国
全网粉丝超47万
播放量超2亿

一、执行概要

(一) 项目概述：专注少儿国学教育，打造国粹文化IP

小鹿萌妈项目采用普通话和粤语，以及英语，通过线上有声平台，利用线上与线下服务推广等方式，传播新时代具有中国精神与价值内核的国学故事，打造立足粤港澳大湾区、辐射全国和“一带一路”沿线国家的知名少儿国学 IP 品牌。

小鹿萌妈项目于 2019 年 7 月在广州成立鹿小萌文化创意(广州)有限责任公司。迄今为止，小鹿萌妈全网“粉丝”累计超 58 万，专辑播放量超 2 亿次(爆款专辑播放量突破 5000 万次)，与喜马拉雅、QQ 音乐、懒人听书等 13 个主流音频平台达成合作，累计营收已达 651 万元，商业价值和文化价值凸显。

(二) 产品：国学产品丰富多样，覆盖多元生活场景

小鹿萌妈以国学精粹为研发核心，以专业、前沿的国学领域科研成果为基础，首创国学五级悦读体系，针对 3～12 岁不同年龄阶段中国少儿的身心与智力发展特点，开发了有声书、纸质书、漫画、动画、课程等产品形式(见附图 1)，并孵化出系列国学 IP 故事，让“萌”起来的国学故事匹配少儿多元的生活和学习场景。

附图1　多种产品形式

(三) 市场：少儿国学已成刚需，优质产品需求量大

现阶段，国家日益重视传统文化教育，国务院印发了《关于实施中华优秀传统文化传承发展工程的意见》，“十二五”规划中，教育部提出开设“传统文化与中小学生人格培养研究”课程，少儿国学教育成为社会刚需。因此，国学教育在基础教育中所占比重日益提高，3～12 岁少儿升学压力日趋增大，市场亟需高质量的少儿国学教育产品。小鹿萌妈项目虽为新起之秀，但已在市场上拥有一定的影响力，其内容优质，具有可持续性，发展势头迅猛，市场前景广阔。

(四) 商业模式和营销推广：借B端线上平台推广，获C端线下粉丝青睐

1. 商业模式

小鹿萌妈项目聚集了各类名师和优秀创作者，以国学为内核，为C(customer)端“粉丝”与B(business)端机构及商企客户输出专业、优质、形象的国学IP产品。

2. 营销推广

通过已经签约的喜马拉雅、QQ音乐、懒人听书等各大音频平台，以及腾讯、抖音、快手等视频平台，发布免费的故事专辑，输出专业、有趣的“小鹿萌妈”形象，吸引“粉丝”购买付费专辑，并将“粉丝”引流至微信公众号、小程序和“粉丝”群，培育私域流量，增强“粉丝”黏性，吸引顾客与机构成为付费用户。

(五) 财务：轻资产+低成本+高回报

小鹿萌妈项目现有“粉丝”超59万，投资回收期仅为2.09年，内含报酬率IRR达到52.54%。目前，小鹿萌妈项目已获得远度广告公司的A轮融资100万元，置换了12%的股权。

(六) 团队：师生合作专业研发，匹配市场创收增利

小鹿萌妈项目的创始人是一位二娃妈妈，也是一位古代文学专业的研究生，有10年以上的广告行业及电视台编导工作经验，致力于传播优质少儿国学内容，弘扬中华传统文化。内容创作团队由国内先秦文学领域领军人物陈*生教授和英语教育领域的著名学者王*明教授以及他们带领的硕士研究生组成，并聘请国家一级作家指导创作，推出的产品专业性高、趣味性强，精准匹配少儿国学市场的需求。设计团队的成员皆为著名美术院校师生。运营团队的成员具有商科、财会等专业背景，商业运营经验丰富，组织架构清晰，分工明确，充分发挥初创型轻资产公司成本低、利润率高的优势，增加营收，提高利润。

(七) 成果与展望：国学IP产品备受青睐，培育自信助推文化传播

1. 项目成果

(1) 节目《陈爷爷讲论语故事》《小鹿萌妈讲成语故事》《小鹿萌妈讲节日故事》在中宣部“学习强国”等权威平台上线，获得《人民日报》、广东电视台、《广州日报》等国家级及省市级媒体多次报道。其中《陈爷爷讲论语故事》得到了广东省广播电视局的特别推荐，小鹿萌妈项目也被广东广播电视台的粤听App授予“岭南文化推广大使”荣誉称号。小鹿萌妈项目现已同喜马拉雅、QQ音乐、懒人听书、荔枝、企鹅、听伴、粤听App、酷狗、酷我、蜻蜓、海兔等十余个音频平台达成合作。

(2) 现已获得远度广告公司100万元A轮投资，并和李宁YOUNG、中交蓝湾、广州长隆等中国知名品牌合作，进行品牌故事营销推广活动(见附图2)。

(3) 2020 年全民抗疫期间，团队为钟南山团队编写、广东教育出版社出版的《不一样的春节日记——钟南山爷爷给学生的新冠肺炎防护手册》(见附图 3)录制全书音频。

附图2　品牌故事营销推广活动

附图3　《不一样的春节日记
——钟南山爷爷给学生的新冠肺炎防护手册》

(4) 原创书籍《中国少年》将由广州出版社出版。

已注册十余个商标，并进行了美术作品版权登记，初步孵化出有影响力的系列 IP 形象，成为中国少年儿童内容市场小有名气的故事主播以及万千家长信赖的儿童国学内容品牌。

2. 项目展望

小鹿萌妈项目现已获得市场和社会的认可，具有巨大的商业价值和社会价值。团队借助“互联网+”的时代潮流，努力将现有 IP 做大、做强，打造国内优质少儿国学文化 IP 产品，让国学经典趣味化、通俗化，让中国少儿爱上国学，传承国学，培育少儿的民族文化自信，同时促进粤港澳大湾区的文化传承，借助“一带一路”发展机遇，推动中华文化“走出去”。

(八) 亮点：网络承载原创IP，多语传播国学精粹

小鹿萌妈项目致力于弘扬中华优秀传统文化，用最新的技术和最有趣的 IP 形象重塑国学精粹，将经典国学与原创 IP 融合，立足南粤，利用普通话+粤语的语言优势，助推文化传播，向 3～12 岁少儿输出优质国学内容，培育具有民族自豪感和文化自信心的社会主义接班人。

1. 载体——原创IP承载经典，“互联网+”搭建平台

小鹿萌妈项目原创了一系列生动、有趣的国学 IP，如“陈爷爷”“鹿小萌”等，枯燥的国学知识被原创 IP 形象演绎得生动、有趣。同时，“互联网+”时代，网络为 IP 产品的快速、广泛传播搭建了有效的平台。

2. 内容——国学精粹严格筛选，难度分层对标年龄

国学文化博大精深，针对少儿的国学启蒙须优中选优。团队顾问深耕国学领域多年，各成员均有国学教育背景，针对 3～12 岁少儿，筛选国学精粹作品进行研发。

3. 形式——产品形式丰富多样，覆盖多元生活场景

产品形式多元，包括有声书、纸质书、漫画、动漫、线上课程及线下活动等，匹配少儿多样的生活、学习场景，品牌的适应性高，竞争力强。

4. 推广——立足南粤多语传播，平台多样助力推广

小鹿萌妈项目立足南粤，现阶段已有普通话、粤语双版本有声书专辑，同时利用广东外语外贸大学多语种语言优势，借助“学习强国”等 13 家主流线上平台进行国学精粹的传播推广，迅速占领南粤市场，影响粤港澳大湾区，辐射全国和“一带一路”沿线国家。

二、项目背景

(一) 政策背景——政策助推产业发展

1. 国家在文化传承、教育改革等政策方面大力扶持中华优秀传统文化的创新发展

中共中央办公厅、国务院办公厅印发了《关于实施中华优秀传统文化传承发展工程的意见》，明确指出：“传承中华传统美德，诵读中华传世经典。”《国家“十二五”时期文化改革发展规划纲要》指出，要注重对中华传统文化的教育和经典国学的传承。政府要提出相应的政策，大力宣传国学教育，倡导全社会积极学习国学经典。

2. 文化创新政策以及产权保护政策推动文化IP产业发展

数字文化创意政策激发“文化+”潜能，唤醒产业新发展。党的十九大提出，文化创新是加快发展文化产业的主线。2019 年两会中明确了加强文化产业建设的重要性，积极推进互联网内容的创造和版权保障，加大知识产权侵权惩罚力度，给文化 IP 产业创造了一个充满活力的发展环境。

3. 粤港澳大湾区建设为文化IP产业发展创造机遇

粤港澳大湾区建设重视文化产业发展，岭南文化对于促进两岸文化共鸣具有独特的历史、地域优势。《粤港澳大湾区发展规划纲要》中指出：“建设粤港澳大湾区，既是新时代推动形成全面开放新格局的新尝试，也是推动‘一国两制’事业发展的新实践。”政策的鼓励和支持成为行业发展的最佳助推剂。基于这些政策支持，小鹿萌妈项目将充分利用粤港澳大湾区的历史、语言、文化同一性，发挥岭南文化的特色优势，打造具有时代性和潮流性，更能引起粤港澳大湾区文化共鸣的优质国学 IP 品牌。

(二) 技术背景——技术赋能文化IP产业

(1) “数字”赋能让文创 IP 产业与移动互联网、大数据、物联网、人工智能等新技术相结合，最终实现文化与科技的全面融合及发展。区块链技术为近几年的新兴技术，其去中心化的信任机制、可信的时间戳、不可篡改、可溯源等特性能有效保障文化 IP 版权确权，解决传统版权保护体系流程烦琐、成本高昂等难题。而在此基础上通过引进大量内容生产商、衍生供应链体系搭建的第三方交易平台，可有效实现对知识成果的全面保护与授权变现，推动文化 IP 产业体系的完善。

(2) 互联网发展促进文化 IP 产业进步。文化 IP 产业基于互联网的个性化定制、精准化营销、协作化创新、网络化共享等，这些新型文化生产经营方式、文化业态及多元化商业模式的不断涌现和创新，成为文化 IP 产业发展的新动能，推动文化 IP 产业提质增效。总体来说，互联网加速了文化 IP 产业形态的外延发展，激发了文化 IP 产业的消费意愿，打破了文化 IP 领域产业壁垒，促进了文化 IP 产业内部细分部门之间的融合与发展。

小鹿萌妈项目把握住了技术变革的最好时机，基于优秀国学文化，打造生动的文化 IP 产品，用动漫、有声书、电子书、漫画等方式展现出来，未来再将其与时代最新技术相融合，做到 IP 内容与 IP 产品形式“1+1＞2”的双重创新。

(三) 产业背景

中国统计局数据显示，2019 年，我国 3～12 岁人口数量达到 14 493 万人(见附图 4)。随着“全面二孩”政策的持续推进，中国新生人口持续增加，儿童用户规模庞大，少儿产品产业市场前景广阔。

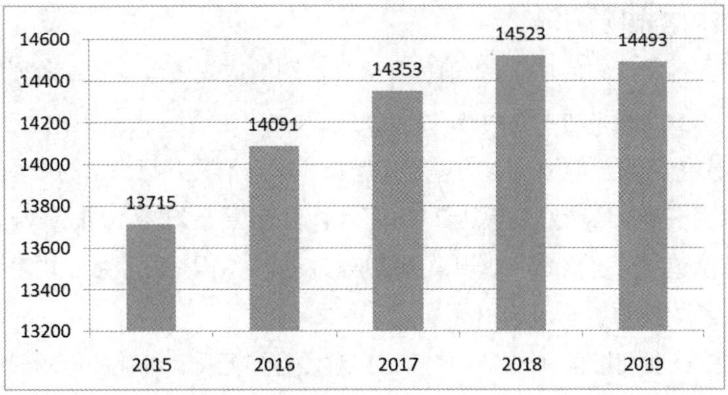

附图4　我国3～12岁人口(单位：万人)

我国庞大的人口基数，以及“全面二孩”政策的出台，为儿童经济的持续发展奠定基础。3～12 岁少儿的父母以“80 后”“90 后”为主，消费能力强。

1. 文化IP市场

IP 指的是一种文化产品之间的连接融合，是有着高辨识度、自带流量、强变现穿透能力、长变现周期的文化符号，我们将这样的文化符号称为“文化 IP”。从消费者角度来看，文化 IP 代表着某一类标签、文化现象，可以引起兴趣，用户愿意追捧，可能转化为消费行为；从运营商角度来看，文化 IP 代表着某一个品牌、无形资产，可以通过商业化运营、产业化融合转化为消费品，实现价值变现。

在目前的文化产业中，文化 IP 已不再局限于文学、动漫、影视作品，诸如清明上河图、曾侯乙编钟等国宝重器，敦煌飞天壁画、秦兵马俑等景区文物古迹，Line Friends 表情包，马拉松、世界杯等顶级赛事均可成为文化 IP。文化 IP 的核心属性是内容和流量(“粉丝”)。文化 IP 以其优质的原创内容聚合初代“粉丝”，通过衍生为影视剧、游戏等方式使“粉丝”群体指数级扩大，同时反哺原始文化 IP。两者形成相互支撑、相互融合的生态链条，文化 IP 价值最终得以转换、变现、放大和生态化。

随着新媒体的崛起，我国目前已进入“混态融合”时代，文化产品之间的连接融合更加明显，小说、动漫、影视剧、游戏，乃至一切娱乐形式不再孤立发展，而是彼此相互渗透，相互融合，相互协同，构建了一个泛娱乐产业生态圈。IP 经济已成为中国文娱产业发展的新形态。而中国知识付费、直播打赏等变现模式开始兴起并被广泛接受，用户为优质版权内容付费的现象越来越普遍。用户内容付费意愿持续提升、消费方式多样化等促使居民消费理念升级，这一系列社会环境变化为文化 IP 产业的发展带来机遇。

据国家统计局数据显示，预计 2022 年全国文化及相关产业增加值将突破 6 万亿元，2019—2023 年，年均复合增长率约为 11.07%。文化 IP 产业市场规模相当可观。

2. 儿童数字内容市场

随着中国居民消费能力的增长，“消费升级”浪潮渐成规模，品质革命渐次展开，更多的产业集群借助人工智能和移动互联网技术，通过融入用户生活场景的新型营销手段转型升级，以迎接“内容+娱乐+教育”领域需求的爆发式增长和家庭消费升级带来的市场快速扩张。2018 年，中国儿童数字内容核心产业规模达 2378 亿元，环比增长 21%。Analysys 易观分析认为，2018 年，中国儿童数字内容核心产业规模持续增长，主要原因是儿童数字内容在近几年爆发增长，带动产业交易规模的增长。

此外，从未来产业规模预判来看，伴随用户对内容多元化、细化的需求，以及用户付费习惯的养成，产值仍然将维持增长的态势。近几年，儿童数字内容大量涌现，且呈现出多元化、细分垂直化的趋势。从具体数字内容来看，儿童数字内容在音频内容数量的增长上表现最为突出，图书、视频及儿童文学等数字内容都有着明显增长。

2020 年受疫情影响，广大“小神兽”在家隔离，听儿歌、故事需求增多，儿童数字内容用户规模出现明显增长，这一系列社会环境变化也为少儿数字内容产业的发展带来机遇。

综上所述，我国少儿数字内容产业市场前景相当可观。

3. 国学教育市场

随着国家经济与文化的进步，我国综合实力大大提升，对文化软实力有了更高的需求。中华优秀传统文化受到国家重视，全国各地省级教育主管部门都在大力组织专家编撰中小学国学校本普及教材，教育部也要求增加国学内容在应试教育体系中的占比。幼儿园和中小学教育领域也在寻求超越双语和艺术之外的新的办学特色，其中较受关注的即为国学特色，因此也将衍生出对国学教材、教辅及课外培训的巨大需求。

(四) 市场痛点

1. 用户痛点

(1) 家长没时间、没能力讲好国学故事。

大多数家庭有意愿在亲子共读、孩子教育上投入时间和精力，但是行为跟不上意识。随着工作压力的不断增加，父母陪伴孩子的时间少之又少，很多家长没有时间陪孩子做游戏、讲故事，受个人能力限制，很多家长也没有办法给孩子讲好国学故事。儿童国学 IP 产品其实可以有效地解决这个问题。儿童教育 IP 内容包含生活常识、科普知识和为人处世的道理，这些积极、健康的内容能帮助儿童树立正确的世界观、人生观。因此在国学类儿童 IP 的长期熏陶下，儿童的性格不仅可以得到改变，行为方式也能有所变化，在为人处世、待人接物方面都有明显改善。一些普及生活知识和科普国学知识的 IP 产品有助于提高孩子的自理能力，在听、看、学的过程中不断进步，最终在生活中得以体现。

(2) 少年儿童的德育培养引起了社会、家庭重视，现行教育体系中国学内容增多，对国学教育提出更高要求。

对于 3～12 岁少儿，培训服务和产品需要的不是教条性质的知识，而是来自多方面的引导，使其能够对周围的人和事物产生正确认知，对德行的培育养成需要更高要求的引导。

近年来，国家对于中华优秀传统文化的传承与发展十分重视。在各项教育改革措施中，也不断强调国学内容的重要性。这直接体现在教材中的国学内容尤其是文言文的数量大幅度提升，高考以及各个重要考试中国学内容占比也有了非常大的提升，对青少年的国学素养提出了更高的要求，国学教育也成为越来越有应试价值的硬需求。

在过去的儿童教育市场中，受传统的功利主义新思潮以及西方新式教育理念的影响，市场内的教育产品多为艺术教育、学科辅导等教育产品与服务，家长在儿童教育方面着重培养孩子的艺术能力及学科应试能力。目前，少年儿童的犯罪率逐年上升，儿童德育问题重新引起重视，中国家庭通过对二代、三代传承教育的反思，对纯西式的自由主义教育的反思，开始重新重视国学教育，产生对国学教育 IP 产品的新需求。

2. 行业痛点

(1) 国学教育市场多数内容研发人员的资质有待考察，国学教育专业从业人员资源匮乏。

儿童教育的服务对象为3～12岁少儿，这类对象需要的不是教条性的知识，而是来自多方面的引导，以对周围的人或事物产生正确的认知。细分到国学教育层面，则对品德的培养需要更高要求。

师资力量的不足不仅阻碍了少儿国学教育行业的发展，同时对于企业的长久发展极为不利。目前众多国学教育行业的教师没有接受过系统的国学专业教育，较多是凭借对国学的热爱而从事国学教育工作，自身缺乏专业的国学教育知识。稀缺的专业内容生产与研发力量在一定程度上阻碍了行业的快速发展。

(2) 舶来文化占领市场，少年儿童对传统国学缺乏兴趣。

回顾过去的20年，国内90%以上的动画公司都在从事国外动画的加工工作，国内动画市场面临着急剧萎缩的困境。外国动画IP大量进入中国，“小猪佩奇”火遍国内，“海底小纵队”充斥各大视频平台，“冰雪奇缘”等好莱坞梦工厂的一系列品牌IP前仆后继地占领了中国教育市场，中国孩子的童年时光被大量国外动画及IP充斥。同时，功利主义新思潮使少年儿童对传统的国学文化缺乏兴趣，传统国学文化无法吸引年轻人的关注。

在国外IP产品侵占少年儿童教育市场的环境下，我们需要将中华传统文化精华用时尚、活泼的方式活灵活现地呈现出来，并且不断创新，一代一代传承下去。中国市场需要优秀的中国文化IP产品，以此向新一代少年儿童，向世界宣扬中国品牌、中国精神与中国价值观。

(3) 市场现有教育产品缺乏创新力，形式较为局限。

儿童国学教育培训行业的各个品牌，主要是开发一些经典诵读的读本、教材，多采取简单的机械诵读教学方法，或开设家庭作坊式的私塾、各类国学教育的公益讲座，以及举办蕴含传统文化的公益活动。产品形式比较单一，也较少进行大规模的课程研发、多产品形式的开发。因此，人们对国学的印象还停留在传统国学诵读的阶段，付费意愿较低。虽然现有国学品牌中也有部分使用新媒体的形式对其进行创新，但是由于产品形式单一，使得其产品认知发展仍然属于小众范围，付费群体少。国学教育产品不但要进行资源整合，创造高质量的内容，还要研究展现形式，以多样的、丰富的IP产品形式展现优质内容，结合后期宣传与运作的全方位统筹，才能提高变现能力与市场认可度。

三、产品与服务

(一) 产品核心竞争力

小鹿萌妈项目致力于融合经典国学内容，汲取丰富的岭南文化，结合时代精神，用爱心、创意、耐心源源不断地为中国少年儿童输出承载着优秀传统文化、先进时代精神的中国IP形象、更好的“中国故事”。

创新优势：以优秀中华传统文化为内核，孵化新时代具有中国精神与价值内核的国学故事IP形象；以国内目前专业前沿的科研成果为基础，首创国学五级悦读体系(3～5岁、6～8岁、9～10岁、11～12岁、13～16岁共五级，年龄仅作参考)，针对各年龄段孩子学习能力的不同，精准研发与孩子学习能力相适应的产品，让孩子有兴趣、能听懂、终学会。

专业优势：由国内先秦文学邻域著名学者陈*生教授和英语教育方面的著名学者王*明教授担任项目指导；依托高校外语资源优势，进行权威的双语国学课程开发；岭南文化研究者陈*维教授加盟，对岭南文化的把握和运用有着专业上的优势，目前已经形成具有一定影响力的极具创造力与市场前景的系列故事IP形象。

产品特色：声音亲和力强；国学色彩浓厚；IP形象生动、有趣；立足南粤，背靠粤港澳大湾区，具有丰厚的岭南文化色彩；辐射中国，产品具有地域文化特色，亦有面向世界的开放、包容格局。

(二) 名师创作团队

1. 陈*生教授

陈*生教授为先秦文学领域著名学者，广东知名高校博士生导师，中华书局《国语》《盐铁论》译注者。陈*生教授研究先秦两汉文学近四十年，出版个人独立学术专著22种，其中两种被译为韩文；在《文学遗产》《文艺研究》等海内外刊物上发表学术论文170多篇，其中CSSCI期刊论文80篇，人大复印29篇，另有15篇次论文被《新华文摘》《中国社会科学文摘》《高校文科学报文摘》《文摘报》转载或摘编。

2. 诗人杨*

杨*，著名作家、诗人，《作品》文学期刊社长，中国作家协会主席团委员，中国作协诗歌委员会副主任，中国诗歌学会副会长，北京大学诗歌研究院研究员，当代汉语诗人中被贯以具有个人化历史想象力和求真意志的诗人；在人民文学出版社和台湾华品文创有限公司等出版《杨*的诗》《有关与无关》《我说出了风的形状》等11部中文诗集、4部散文随笔集和1本文集，日本思潮社、美国俄克拉赫马大学出版社等出版6种外语诗集，翻译为15种语言在国外发表；广东首届德艺双馨中青年作家，广东首届特支人才文学领军人才；获英国“剑桥徐志摩诗歌奖”、罗马尼亚版权总公司“杰出诗人奖”，广东鲁迅文艺奖和五个一工程奖等中外文学奖十多种。

(三) 产品介绍

现阶段，小鹿萌妈项目根据3～12岁少儿的身心与智力发展特点，以国学为核心，开发出国学系列、儿童童话、少年文化、动漫、文创产品、品牌定制故事、线下活动与课程七大产品品类。立足南粤大地，汲取岭南文化，背靠粤港澳大湾区，在广东打造出可以辐射全国，传播中华优秀传统文化的中国故事 IP 品牌。

小鹿萌妈项目在全网积累超 38 万“粉丝”，原创文字 100 万+，制作有声专辑近 1000 集，全网专辑播放量也已超 1 亿次，已经成为广受社会好评、官方认可的家长信任、孩子喜爱的国学少儿教育品牌。

1. 专辑介绍

小鹿萌妈项目以中华优秀传统文化为内核，研发适合 3～12 岁少儿收听的有声故事，同时专注于原创 IP 形象的开发，致力于打造原创 IP 内容，创造原创 IP 国学故事产品。

截至目前，小鹿萌妈项目以“二娃家庭”为原型，开发了鹿小萌、陈爷爷、萌妈等一系列 IP 形象，打造出丰满的家庭 IP 形象体系，并根据这些 IP 形象创作出一系列的 IP 故事。

其中，原创 IP 漫画《二娃日记》在网络上刊发连载，并收获了一大批“粉丝”，正与出版公司洽谈出版事宜。而根据鹿小萌这一 IP 形象制作的《鹿小萌奇遇记》也与动漫公司签约，进入动漫化制作流程，预计在 2021 年年底上线各大视频平台。

原创书稿《小鹿萌妈讲的一百个诗词故事》《中国少年》等得到了广州出版社等的认可，已经进入出版流程。

同时，小鹿萌妈项目也从 IP 形象入手，打造了一系列适合 3～12 岁少儿收听的有声故事专辑(见附表 1)，并在儿童文学有声市场取得了优异成绩，总播放量超 1 亿次，并且产生了单个专辑超千万播放量的明星产品。

附表1　有声故事系列专辑

已制作专辑	年龄阶段	专辑内容	订阅情况
	针对 4～9 岁女孩	“小公主们必听的睡前故事。”公主是一种身份，更是一种精神。这个专为小“公主”们制作的故事专辑，作为小鹿萌妈的儿童故事 IP 体系的重要一环，传递的就是可爱、真实、善良、美好的“公主”精神	最受欢迎的免费专辑，单个专辑订阅量突破20万，单个专辑播放量突破5000万
	针对 4～9 岁男孩	“每个男孩子，都能成为风度翩翩的王子。”作为小鹿萌妈的儿童故事 IP 体系的重要一环，这个故事专辑搜罗世界各地奇幻、有趣的王子和名人童话故事而成	免费专辑
	针对 4～9 岁少儿	“加点魔法，加点诗词，加点经典。”这是一个包罗万象的故事专辑，搜罗各国优秀故事进行改编、加工，如《巨人的花园》《西湖主》等	懒人听书独家专辑，订阅超过 10 万

(续表)

已制作专辑	年龄阶段	专辑内容	订阅情况
	针对 9～14 岁少儿	由著名国学大师陈*生教授主讲，通过打造陈爷爷这一学识渊博而慈祥的人物形象，深入浅出地为孩子讲好中国经典的论语故事	喜马拉雅独家上线付费专辑，单价 68 元，上线不到一年共卖出 3235 套
	针对 4～12 岁少儿	“成语全掌握，轻松又有料。”挖掘看似枯燥的成语背后妙趣横生的前世今生，讲孩子爱听的成语故事	免费国学专辑，荔枝 FM 首播专辑，播放量超过 100 万
 	针对 4～12 岁少儿	唐诗壮阔豪迈，宋词优美细腻。中国传统诗词文化独树一帜，名诗佳词浩如烟海。作为小鹿萌妈新近打造的国学 IP 体系之一，该专辑信手拈来的是流传千年的文人佳话、真切自然的种种深情	付费专辑，单个专辑 68 元，一套(上、下)共计 136 元，已经卖出 5235 套
	针对 4～8 岁儿童国学启蒙课程	《幼学琼林》是明清时期儿童的国学启蒙经典，作为小鹿萌妈新近打造的国学 IP 体系之一，通过生动、有趣的故事讲解，让孩子从小就爱上国学	付费专辑，单价 38.6 元，订购量已经突破 3000

2. 产品成果

(1) 音频网站全方面合作。在项目进展初期，以音频内容为主，与国内各大网络音频行业权威平台如喜马拉雅、懒人听书、QQ 音乐、荔枝 FM、蜻蜓 FM、酷狗 FM、企鹅 FM、网易云签约合作，小鹿萌妈项目产品的知识价值得以体现。

(2) 多个节目专辑上线“学习强国”平台。小鹿萌妈项目国学类节目专辑《小鹿萌妈讲成语故事》《陈爷爷讲论语故事》正式上线中共中央宣传部“学习强国”学习平台。

(3) 立足南粤，进行普通话、粤语专辑新尝试。2020 年，小鹿萌妈项目获得广东广播电视台颁发的粤听亲子科普类声势榜新势力奖项。

3. 产品类型

小鹿萌妈项目以国学为核心，开发出国学系列、儿童童话、少年文学、动漫、文创产品、品牌定制故事、线下活动与课程七大产品品类。

(1) 国学系列:《小鹿萌妈讲成语故事》《小鹿萌妈讲的奇妙故事会》《小鹿萌妈讲的100个诗词故事》《小鹿萌妈讲幼学琼林》《小鹿萌妈讲增广贤文》《小鹿萌妈讲三字经》《小鹿萌妈讲中国艺术故事》《小鹿萌妈讲四大名著》《小鹿萌妈讲戏曲故事》等。

(2) 儿童童话:《小鹿萌妈讲的100个公主故事》《小鹿萌妈讲的100个王子故事》等。

(3) 少年文学:面向少年儿童的原创小说《童话公主》《鹿小萌奇遇记》。

(4) 动漫:漫画《二娃日记》,筹备开发《鹿小萌奇遇记》动画(已有前期脚本)。

(5) 文创产品:小鹿萌妈项目目前已经申请了“鹿小萌”“二娃日记”的商标,并进行了相关作品登记,在此基础上开发多种文创产品,包括表情包、文具笔记本、帆布袋等实体文创产品,深受孩子喜爱,自有小程序上销售火爆,获得“粉丝”追捧。

(6) 定制故事与服务:在广告合作方面,2018—2019年,小鹿萌妈与李宁Young多次合作定制故事,为其童鞋、童装进行定制故事创作。2019年,联合广州长隆一起举办新品发布会,取得了良好的销售效果。

2020年年初,新冠肺炎疫情暴发,小鹿萌妈项目用两周时间为钟南山团队编写、广东教育出版社出版的《不一样的春节日记——钟南山爷爷给学生的新冠肺炎防护手册》录制全书音频并上线,书籍封底印有“本书音频由小鹿萌妈创意工作室制作”的字样。

(7) 线下活动与课程。小鹿萌妈项目除了是一个满足孩子们精神需求的故事电台以外,还为家长和孩子们提供了一个以文化为内核的社群,还开展多种线下活动。目前,小鹿萌妈项目已开展多次付费的线下诗词分享活动,如“敦煌诗歌艺术之旅等。在这些线下活动中,小朋友们不仅收获了关于诗歌艺术方面的知识,并且提升了自己的能力,这些线下活动也备受孩子喜爱。

(8) 未来计划:纸质版书籍。目前,《中国少年》已经与广州出版社签约,即将出版;《小鹿萌妈讲的一百个诗词故事》已进入出版流程;《陈爷爷讲论语故事》也在洽谈当中。

4. 生产管理

由IP产品研发流程图可知,小鹿萌妈所上线的有声书产品、IP孵化形象,都经过了一系列严谨、细致的前期准备工作和后期市场评估工作。

前期由合作教授、小鹿萌妈创始人、团队创作成员或签约创作团队上报创意选题,进行多维度的评估,再通过试稿、修改、投放市场等措施,确保孵化的产品、IP形象的创意性、文学性、专业性、市场性、传播性、市场实际接受度都在较高水平。

通过严格遵守严密、专业、审慎的产品研发流程,保证小鹿萌妈旗下孵化产品、IP形象的优质性、专业性、文学性以及较高的市场传播流行度。

目前,根据创意选题选报的主体不同,小鹿萌妈上线产品及原创IP孵化主要有以下三大途径。

(1) 著名教授、教学名师撰写、讲述国学故事。如现阶段邀请陈*生教授讲授《论语》,以及未来将上线的陈*生教授讲授《孟子》《诗经》等内容。这部分内容作为小鹿萌妈项目的名牌节目，以及承载着传播国学文化重任的主流节目，委托著名学者、教授指导、审核，保证节目的专业性、文学性、可读性。

(2) 古代文学研究生、故事讲述者小鹿萌妈创始人汪*原创并讲解精彩的童话故事。小鹿萌妈创始人汪*作为广东知名高校古代文学专业的研究生，有着过硬的专业写作能力和深厚的知识储备，其原创的一系列童话故事是小鹿萌妈项目的主力产品，也是“粉丝”受众最多的王牌节目。

(3) 小鹿萌妈旗下的内容创作团队，均为中文专业的研究生及以上学历，拥有较高的文化素养和较强的创作能力，可以优质、大量地产出有趣、有料的故事专辑。而这部分的孵化，既有利于为中文专业同学提供投稿平台，同时又可以就近、高效沟通，交流并修改文稿，获得更好的故事产品。

三线孵化同时进行，确保了小鹿萌妈项目内容的丰富、优质和专业。小鹿萌妈上线的所有专辑，都会经过专业中文研究生团队的初审并由教授、名师组成的智囊团复审，保证产品的专业性、文学性。

(四) 商业模式

小鹿萌妈项目目前的商业模式(见附图 5)是依托高校名师资源、创作者资源，孵化创造优质 IP 形象，生产优质、有趣的以国学为核心的 IP 内容产品。

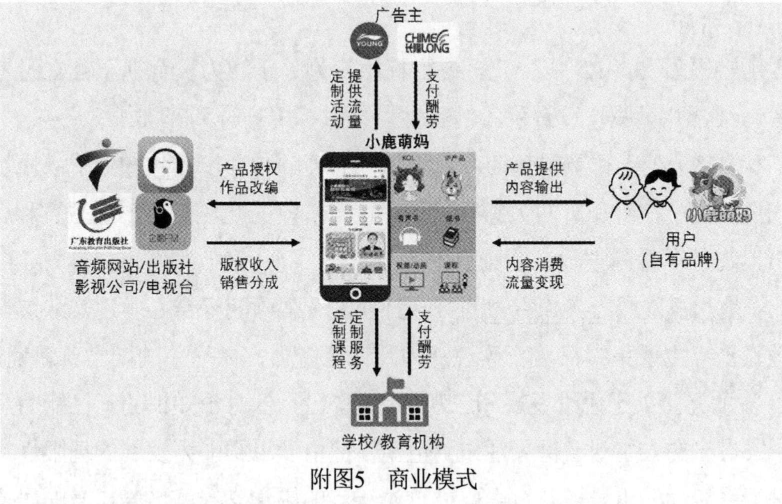

附图5　商业模式

通过自有品牌“小鹿萌妈的奇妙故事会”面对 C 端“粉丝”上线 IP 有声书故事产品，获得流量、销售收入。同时，向音频平台、出版社、电视台等进行 IP 产品的内容授权，获得版权收入和书籍出版的销售收入等。

此外，小鹿萌妈项目还将为学校、机构、企业提供各式服务，如课程定制、活动定制、广告定制、品牌联名活动等，获得酬劳，提高盈利能力。

(五) 产品定价

第一年主打有声书、纸质书产品，根据成本加成法定出价格(具体内容略)。

(六) 盈利模式

针对B端和C端，小鹿萌妈项目分别开发出了实际可行的盈利模式。

1. C端用户

针对C端，小鹿萌妈项目开发出了多种产品销售模式，以多样的销售模式、多层次的定价、多样的选择性促进“粉丝”流量变现和盈利的增长。

2. B端客户

针对B端的主要客户——学校和企业单位，小鹿萌妈项目分别开发出了相应的推广和销售模式。

四、市场分析

(一) 目标市场

1. 目标用户/客户

(1) 目标用户画像：3～12岁少儿。该目标用户为处于智力发育期至独立思考期之间的教育培训消费者，结合儿童成长发育阶段的特性，将目标用户分为三类。

① 3～5岁的孩子处于智慧孕育期，对于知识的理解和环境的认知处于懵懂阶段，并且学习的主要方式主要集中在听和看两大感官途径。这一阶段的儿童需要感观教育和认知教育，如收听国学有声读物、观看国学教育视频等。

② 6～8岁是儿童发展语言和智力的黄金时期，有强烈的好奇心驱使其从被动学习转化为主动学习。教育重点主要集中在培育读说能力及记忆能力，如简单的国学典籍诵读。

③ 9～12岁的儿童处于思维发展和三观塑造期，已具备对于知识的记忆能力及一定的思辨能力，开始形成自己的人生观、世界观与价值观，但由于思维能力发展的局限性，需要在知识与精神方面进行系统性的引导。儿童需要通过进一步的国学学习，培养自身的思辨能力，塑造正确的三观。

(2) 目标客户画像。

① 家长：

- 重视少儿的德育培养和素质培养，以及由于文言文等国学内容在教材及考试中比重增大，在竞争激烈的育儿环境中寻找多种学习途径，提升孩子应试能力。

- 虽然对孩子教育较为重视，但是由于工作繁忙，且自身对国学教育的了解不足，无法给孩子讲好中国故事，同时对知识付费接受程度较高。
- 担心孩子在浮躁的网络时代难以进行深度学习，并且对深奥、枯燥的国学内容没有兴趣，需要多形式、创新、有趣的教育形式，如有声读物、动漫、童话、线下活动等，让孩子容易接受知识、对国学产生兴趣、爱上学习国学。
- 目前市面上形式单一、同质化严重、内容低质的国学教育产品较多，无法满足家长的需要，家长亟需优质、科学、全面、容易接受的国学教育产品。
- 寻找温暖、益智，有质量可靠的内容及舒适音色的有声读物，用于满足哄睡需求。

② 老师：帮助学生寻找补充课外知识的途径。

③ 学校：有意开展课后国学第二课堂，向学生普及优秀传统文化知识。

④ 教育机构：有意丰富课程内容、开设国学相关课程。

2. 区域市场

(1) “粉丝”多集中在经济发达地区，覆盖一、二、三线城市。小鹿萌妈项目的“粉丝”多集中在经济发达城市，其中排名前五的城市为北京、上海、广州、深圳、杭州。由于经济发达城市的经济水平较高，家庭对儿童教育的重视程度较高，家长接受新事物的能力较强，因此较容易进行国学教育市场开拓。

(2) 粤港澳大湾区国学教育市场前景广阔。近年来粤港澳大湾区建设框架协议中对文化产业发展相当重视，小鹿萌妈项目关注政策发展，充分利用粤港澳大湾区的政策及“粉丝”优势，立志于打造能引起文化共鸣的国学优质品牌。

粤港澳大湾区儿童人口数量较多，教育付费意愿较高，并且国学教育符合地区政策需求和地区消费者文化需求。粤港澳大湾区的文化认同政策不断出台，中国优秀传统文化作为文化根基在增强粤港澳地区文化认同感中发挥着重要作用。国学文化拥有先天的文化优势和市场优势，容易被消费者接受和认可，可见，粤港澳大湾区的少儿国学市场前景十分可观。

(3) 潜在客户群体分析。小鹿萌妈项目立足南粤，因此核心客户群也集中在广州、深圳、佛山、珠海等一、二线城市，该区域也集中了未来粤语故事专辑的主要听众、线下活动的主要客户群。重要客户群集中在北京、上海和长三角地区的城市，潜在客户群集中在中部经济发达城市。

(二) 竞争分析

1. 竞品差异分析

在数字技术迅速发展和文化产业不断升级的背景下，针对数字出版产业，国家出台了相关的扶植政策，客观上为自媒体儿童有声阅读的发展提供了宽松的产业环境和政策支持。儿童有声读物作为兼具市场属性和精神属性的文化产品，在国家政策的支持下获得了广阔的市场空间与发展支持。已获 C+轮 6600 万美元投资的凯叔讲故事，已获 A 轮 5000 万元投资的婷婷唱古文，足以证明该产业的发展潜力巨大。

下面以凯叔讲故事、婷婷唱古文、泡泡堡为例，比较同类项目的特点与弱点(见附表 2)。

附表2　同类项目的特点与弱点

项目名称	凯叔讲故事	婷婷唱古文	泡泡堡
特点	1. 有声书市场的“大 V”，已经获得 C+轮 6600 万美元投资，已实现 1 年内累计获得超过 1.2 亿元投资； 2. 凯叔是原央视主持人，资源丰富，名人效应强； 3. 品牌定位是儿童非课堂教育，因此打造孩子知识付费内容是其主要特色	1. 定位是传统文化幼儿教育平台； 2. 婷婷姐姐以唱诗的形式，将古诗与音乐结合在一起，迅速打开市场； 3. 亲和力强	1. 定位是中国原创儿童 IP 国际化，用少儿绘本传播中国故事； 2. 出品 2 个 IP 形象，获得海外市场认可； 3. 有丰富多样的线下创意体验活动
弱点	1. 产品的大部分内容都是付费的，免费的内容相对少，选择受限； 2. 凯叔的男声局限了他对那些针对女孩的故事的演绎效果，故事效果受限，欠缺亲和力； 3. 没有专业的国学背景	1. 解说不够专业，只能局限于百度百科式的泛泛之讲，声音也带有口音； 2. 形式比较单一，没有故事输出，无法形成多 IP 的形态； 3. 定位是幼儿市场，内容受限	1. 主要内容为二十四节气，国学内容仅为辅助内容，国学教育内容少、知识浅，不足以满足儿童国学学习的需要； 2. IP 形象设计没有充分体现中国传统文化特色，无法给消费者留下记忆点； 3. 主要通过绘本和线下活动进行教育，线上教育较为薄弱，无法解决家长没时间陪伴孩子的痛点，且教育形式不够有趣

2. 市场规模预测

2019 年，我国文化产业营业收入达 86 624 亿元，预计少儿国学教育市场规模超 500 亿元。综合小鹿萌妈项目的主要竞争对手凯叔讲故事、婷婷唱古文、泡泡堡在各平台的“粉丝”总数、付费项目价格、年销售收入、3～12 岁少儿人口数量等数据，预计小鹿萌妈项目在听书类教育平台市场的占比约为 5.93%，三大主要竞争对手占比分别约为 41.46%、25.26%、8.53%。

小鹿萌妈项目作为新起之秀，已在市场上拥有一定影响力，其发展势头迅猛，内容优质且具可持续性，未来预计受众将达 1400 万人，市场规模达千万级。

(三) SWOT分析

1. 优势分析

(1) 优质、原创，知名高校教授作为项目顾问。目前，小鹿萌妈项目特邀陈*生教授、王*明教授、钱*副教授等多位高校学术大咖作为团队名师顾问，指导 IP 内容产出。其中核心内容创作成员均为重点高校的中文系研究生以上学历，经历过专业的中文教育，有丰富的文字创作功底，多名队员考取了教师资格证，有专业育人的知识背景，专注产出有趣又有料的高质量内容。

(2) 与你同行，内容、年龄全覆盖。小鹿萌妈项目根据孩子年龄及身心发展特性，针对性地推出了不同类型的故事专辑(或内容)。内容优质的专辑还吸引了很多“妈妈粉”，为亲子“悦读”创造了良好条件。

此外，小鹿萌妈项目团队依据国内目前专业、前沿的科研成果，首创国学五级体系(年龄仅供参考)，为不同学习能力的孩子开发相应的产品，定位精准，让孩子有兴趣、能听懂、终学会。

(3) 品牌 IP，形式多样辨识强。小鹿萌妈项目在国学故事之外，也重视原创故事的内容创作。如今已经创作出了针对少女的幻想类原创童话系列《童话公主》《小鹿萌妈讲的公主王子故事》等原创故事(30 万字已完成)，这两部书稿如今已经在和出版社接洽出版。

在产品形式上，小鹿萌妈的原创内容以有声书+纸质书+动画视频等形式体现，打通线上与线下，让不同年龄段的孩子有更多选择，也能够互相促进推广，形成组合拳，让内容价值和推广最大化。

在推广优质的国学内容的同时，小鹿萌妈项目也创作出多种故事性强的 IP 形象，如《二娃日记》讲述二娃家庭的各种有趣故事。《鹿小萌奇遇记》则讲述吉祥物鹿小萌(已经申请商标和著作权)的种种神奇故事。

(4) 亲近孩子，客户认知价值高。小鹿萌妈创始人汪*女士是一位二娃妈妈，从给自己的两个孩子讲故事到给千万孩子讲故事，一直秉承着一位母亲的责任感。她理解孩子的心理发展过程，作为广东著名高校古代中文专业的研究生，擅长为各年龄段的孩子量身定做适合的内容并且能按部就班地推动项目的落地实施。如“100 个公主故事”“100 个王子故事”针对 6 岁以下的儿童，专注哄睡功能；“100 个诗词故事”则专注学龄孩子对国学知识的课外拓展。“陈爷爷讲国学系列”照顾对国学知识有更高要求的小学至初中的高年级学生。此外，项目团队在节假日期间多次策划、开展线下亲子活动，如敦煌诗歌之旅、长隆李宁联名款新装发布活动等，增加与“粉丝”的互动，熟悉“粉丝”特点。

2. 劣势分析

公司发展初期，品牌形象仍在建设中，市场竞争难度加大。同时，小鹿萌妈的“粉丝”散落全网不同的平台，在构筑自有平台，提升私域流量，维护“粉丝”社群效益，更好地打造知名品牌方面仍是任重而道远。目前，小鹿萌妈项目团队已经开始着手将全网各平台的“粉丝”引流、聚合到自有微信公众号和小程序，同时建立“粉丝”群“小鹿童萌会”和“小鹿萌妈家长群”，效果显著。

3. 机会分析

(1) 以国学为内核的优质内容迎合了时代发展需要。2017 年 10 月 18 日，习近平在中共第十九次全国代表大会的报告中指出：“深入挖掘中华优秀传统文化蕴含的思想观念、人文精神、道德规范，结合时代要求继承创新，让中华文化展现出永久魅力和时代风采”。

小鹿萌妈的发展重点在于将优秀的传统文化继承并发展。小鹿萌妈将作为出品人，联合学校名师，结合新时代精神，推出经典国学有声书、纸质书及视频节目系列产品，期待为中国少儿输出更好的“中国故事”。

(2) 技术发展促进文化 IP 产业发展。区块链技术为近几年的新兴技术，其去中心化的信任机制、可信的时间戳、不可篡改、可溯源等特性能有效保障文化 IP 版权确权，解决传统版权保护体系流程烦琐、成本高昂等难题，可有效实现对知识成果的全面保护与授权变现，推动文化 IP 产业体系的完善

(3) 粤港澳大湾区文化建设催生文化 IP 产业发展。粤港澳大湾区建设重视文化产业发展，岭南文化对于促进两岸文化共鸣具有独特的历史、地域优势。文化 IP 产业作为“科技+文化”的新兴产业，在促进两岸文化交流中具有经济价值和文化价值，兼具了盈利性和社会效益正外部性。政策的鼓励支持成为行业发展的最佳助推剂。基于这些政策支持，小鹿萌妈将充分利用粤港澳大湾区的历史、语言、文化同一性，发挥岭南文化的特色优势，打造具有时代性和潮流性、更能引起粤港澳大湾区文化共鸣的优质国学 IP 品牌。

4. 威胁分析

(1) 行业内抄袭以及盗版行为肆虐。小鹿萌妈作为业内小有名气的品牌，各大平台上时有出现抄袭、盗版小鹿萌妈的故事音频的现象，也存在各种软件在没有签约的情况下上线小鹿萌妈节目的现象。这种现象只能靠自己向平台举报，但是日积月累也造成了一定的损失。好在国家政策更加重视版权保护，相信随着保护力度的加大，此类侵权行为会越来越少。

(2) 行业竞争激烈。少儿有声书平台目前市场已经有很多知名品牌如“凯叔讲故事”“酷学多纳”“婷婷唱古文”等，而更大的娱乐 IP 市场也存在行业巨头如奥飞娱乐、瓦力动画等。这些知名品牌或行业巨头分割了大部分市场份额，“粉丝”效应也比较强，一般情况下消费者要更换产品比较难。小鹿萌妈品牌作为新生力量，虽然靠优秀的内容和运营能获得一定的市场，但挑战也是巨大的。

5. 结论

由以上分析知，小鹿萌妈项目以“国学内容+IP 孵化”为输出形式，依托重点高校中文学院的优秀学生以及教授的支持，将数字内容进行多元化、细分垂直化，并通过内容丰富的产品，与大量亲子家庭建立高频、高密度的连接，获取用户信任。同时，小鹿萌妈项目充分利用粤港澳大湾区历史、语言、文化的同一性，发挥岭南文化的特色优势，打造具有时代性和潮流性，更能引起粤港澳大湾区文化共鸣的优质国学 IP 品牌，以在粤港澳大湾区文化建设中获得重要的经济价值和社会价值。小鹿萌妈项目重视优秀传统文化的再创新和再开发，有望成为国学文化入门级少儿创意文学平台型企业，从而进一步打开公司成长空间。

五、市场营销

(一) 营销目标

小鹿萌妈项目的营销目的是创作优秀的少儿国学 IP 品牌，传播中华优秀传统文化，同时也提高少儿对中华优秀文化的喜爱与认同感；成为传播承载着永不褪色的时代价值、鲜明的民族特色的思想和理念的文化作品的少儿国学 IP 内容创造者，其营销目标如附表 3 所示。

附表3 营销目标

年份	2019—2020 年	2020—2021 年	2021—2022 年	2022—2023 年
时期	内容研发期与品牌塑造期	产品推广期	原创平台搭建期	内容及 IP 形象稳定输出期
目标	专注内容生产，在国学经典等中国传统文化领域深入研发内容，输出优质产品	加大广告投入，进行产品推广及 IP 形象的打造	丰富产品形式，聚焦更多专业内容创作团队及个人，吸收用户优质内容	冠名活动，重视国学等中国传统文化的普及推广，以及打造亲子陪伴天地

(二) 产品策略

1. 产品定位

公司产品承担着传承中华优秀传统文化，提高少儿对中华优秀传统文化的喜爱与认同感的使命。所以，公司的 IP 系列产品定位为：满足中国少年儿童的知识需求的少儿国学文化 IP 内容创造者。

2. 产品特色

产品特色定位于以下几个方面。

(1) 以国学为内核，联合学校名师，结合新时代精神，推出经典国学有声书、纸质书及视频节目。

(2) 重视原创故事的内容创作，内容由名师把关，原创有深度。

(3) 有声书+传统书籍+分享会及户外游学活动，形成知识的线上和线下传播。

(4) 通过富有亲和力的声音、高效的内容创作能力，以及 IP 和 KOL 打造等方式提高用户黏性。

(三) 价格策略

1. 定价目标

公司将遵循以下四个原则进行定价。

(1) 维持企业生存。当面临激烈的市场竞争，小鹿萌妈项目的首要任务是在市场上生存下来。因此，至少要将价格提高到能弥补大部分固定成本和变动成本的水平。

(2) 利润最大化。公司强调当前财务经营状况，同时也不忽视长期发展效益，以达到公司利润的最大化。

(3) 提高市场占有率。公司在维持生存的前提条件下，通过对部分利润的让渡，以提高市场占有率。

(4) 产品质量最优化。公司追求高质量的产品输出，有较高价格的系列产品，以提高品牌的市场价值。

2. 定价方法及导向

综合上述分析，为了确保公司盈利，各目标用户群接受，同时也为了最大程度拓展市场，提高市场占有率，公司决定将成本导向、需求导向和竞争导向三种方法相结合来确定专辑价格及文创产品价格，并分类别进行定价。

公司在一些偏公益性的产品上采取成本导向定价法，以产品成本作为定价依据；在面向广大消费市场的产品上则采用竞争导向和需求导向定价法，参考市场上同类竞品的价格水平随竞争状况的变化而变，并通过分析消费者市场的需求价格弹性和价格承受能力做出最终定价。

(四) 渠道策略

1. 广播电视、媒体报道

小鹿萌妈项目凭借自身定位的优势以及发展潜力，受到广大媒体青睐，并被广大媒体报道推荐。小鹿萌妈品牌于 2020 年被广东广播电视台旗下所属粤听 App 授予“岭南文化推广大使”称号，同年上线中宣部“学习强国”平台，获得广东省广播电视局推荐。

公司计划通过深化与媒体的合作，更多地掌握广播电视等媒体报道的渠道主动权，提高品牌的市场知名度。

2. 音频平台

小鹿萌妈与懒人听书、喜马拉雅、QQ 音乐等十多个音频服务网站达成专辑合作并授权服务，节目上线各大音频网站，“粉丝”数量剧增。

在现有合作基础上，小鹿萌妈与各大音频网站持续深入合作，获得网站内引流，在粉丝和用户数量上达到共赢。

3. 微信小程序、社群运营等

(1) 微信小程序。2020 年开通了微信小程序，除了小鹿萌妈目前“粉丝”集中的有声书平台，微信小程序也是一个获取用户的好方法，目前已逐渐将各个平台的内容转移到微信小程序。微信小程序有许多功能，如积分商城、拼团、砍价、抽奖等，都是可以吸引流量的。微信小程序也可以自动回复，因此也是社群引流的有效途径。

① 积分商城的运营。小鹿萌妈微信小程序可以提示用户每日签到，到达一定积分的时候，便可免费收听付费专辑，这样可以增加用户点击小程序的频率，增加用户黏性。

② 启动拼团和砍价活动。拼团和砍价实际上是对公司微信小程序的宣传，用户把链接发到微信群里或者将微信小程序的二维码发到朋友圈保存两天，可以得到一定的费用减免。虽然对于单个用户的收费是减免的，但是用户在发送给他人的时候，实际上也是对我们微信小程序的一个宣传。

③ 通过节日优惠活动增加销售量和粉丝数量。在一些重要节日，如母亲节、儿童节时，在微信小程序上发起一些付费专辑减免活动。

④ 通过微信小程序设置有奖问答。在微信小程序内设置一些简单的题目与小朋友互动，答对了题目便可以获得相应的奖励，可以激励小朋友听故事，家长也会更加认可这个小程序。

⑤ 定期举办抽奖活动等，赠送一系列小鹿萌妈周边产品作为福利，如小鹿萌妈童装、小鹿萌妈雨伞等，以此获取流量，同时也会起到品牌传播效果。

(2) 社群运营。

① 社群的创建与初始化。基于“小鹿萌妈的奇妙故事分享会”的调性与需求，全方位引流，招募种子用户，我们将不定时在公众号发布小鹿萌妈举办免费线上活动的消息，只要将该消息转发至朋友圈并保留两天，加小助手验证身份后，回复每次活动的特定关键词，即获取入群资格，与此同时也可以获得线下热销“小鹿”故事实体书籍的抽奖资格；微信小程序也有自动回复消息的功能，可以借此建立社群，用户只需回复每次活动的特定关键词，即可获取入群资格。

② 社群用户的留存与活跃。用户入群后，小助手时刻关注社群的内部信息，了解用户意向，提供解决方法。为更好地引导用户、避免用户发广告，小助手会发布群规，对社群进行管理。

小鹿萌妈会举办线上给小朋友讲故事等活动。同时，在活动结束后也会与小朋友进行互动，给小朋友布置简单任务，若在每场活动中小朋友都能认真顺利完成任务，便可联系小助手获取相应的“小鹿”礼品，增强“粉丝”黏性。

③ 社群用户的转存。每场直播结束后，小助手将告知群里的家长日后将会不定期举办小鹿萌妈的特定活动，如学习社区的打卡活动、奇妙故事的读后感分享会等，吸引家长留存。该群也将成为家长之间交流育儿问题的联系群，提升用户的社群参与感，增强用户黏性，从而更深入地接触用户，并推动用户完成购买行为，达到最终的付费用户转化。

(3) 微信公众号运营。

小鹿萌妈公司主推的官方公众号为“小鹿萌妈的奇妙故事会”。该公众号包含“听国学”“讲故事”两大模块。“听国学”有会员专辑、论语故事、诗词上集、诗词下集、幼学琼林五大项目，“讲故事”有奇妙故事会、童话公主、二娃日记三大项目，同时内置了微信小程序的入口。

公众号日常会推送一些小鹿萌妈品牌活动策划和限时特惠活动的预告和宣传，还有一些相关性较高的社会或政治热点。

小鹿萌妈的奇妙故事会共有156篇优质原创内容，2020年年初“粉丝”数量已过万并出现部分爆款推文。公众号日常的粉丝活跃度也较为可观。

(4) 微信KOL助力营销。

微信KOL们在行业中凭借自己的“粉丝”、资源及知名度，引领着行业的发展方向。无论是每条公众号推文的阅读量还是点赞量，都达到了令人震撼的效果，企业为了使自身品牌获得快速发展，会选择同KOL们进行合作，助力品牌传播。

小鹿萌妈未来的发展将针对此方向，凭借自己的优势，实现自己的独特价值，向凯叔讲故事负责人王凯、吴晓波频道主编李雪虎等微信大咖发出合作邀请。在微信大咖公众号的文章下面添加小鹿萌妈广告链接，或者将小鹿萌妈广告软文植入推文中，借助合伙人光环，增加品牌曝光。在利用内容传播价值同时，也在塑造自身的品牌形象，从而打下后期粉丝量增长以及付费用户转化的基础。在利润与宣传效果上，微信KOL们的利润收益与小鹿萌妈的品牌宣传各取所需。

4. 学校、教学机构合作

(1) **针对校园**：小鹿萌妈将给小朋友们开办各类免费的国学和外语讲座，推广小鹿萌妈付费的国学和外语有声书；同时开设国学或者外语相关竞赛活动，奖品为小鹿萌妈周边产品，吸引小朋友们的参加。

(2) **针对机构**：可开发一些类似“文化之旅”等的产品。

5. 知名企业合作

小鹿萌妈品牌提供免费专辑的冠名赞助以及单条故事定制或者KOL活动定制的模式。服务对象涵盖社会各个领域。出于品牌自身的优越形象和价值观，能吸引到较多优质的企业进行深入合作。服务的企业通过与公司合作，获得良好的社会效益和品牌形象，同时吸引小鹿萌妈品牌所影响的消费者群体，精准地投放宣传广告。例如，小鹿萌妈品牌与广州**野生动物公园进行合作的活动推广，即 2019 熊猫新装故事定制与发布活动；还有给李宁 YOUNG 系列球鞋定制品牌故事，进行定制和宣传计划，达成共赢局面。

6. 其他自媒体渠道

小鹿萌妈在微博、知乎、抖音、快手等知名的自媒体平台进行推广。

(1) 微博端。

① 自身定位。小鹿萌妈做好品牌的自身定位：微博端功能与微信朋友圈类似，是品牌增加用户数量的一个重要平台。小鹿萌妈品牌在微博上明确自身定位，突出自身特色，将自身的基础情况广而告之，精准定位需求市场。制作宣传视频，让消费市场逐渐了解并接受小鹿萌妈。

② 抽奖模式。借鉴微博上的很多大 V、KOL 的营销模式，采取抽奖形式，借助微博抽奖平台吸引“粉丝”。小鹿萌妈以此获得流量且提高了品牌的知名度。赠送的奖品可以是小鹿萌妈的周边产品。

③ 参与话题。维持小鹿萌妈品牌官方微博的活跃度。微博内容可以是自己相关的或者是实时热点，吸引他人参与讨论，避免太多“僵尸粉”，让自己的活跃度变高了，同样也可以“涨粉”。如果有用户对该话题有兴趣，可以邀请他们一起讨论，建立社群，同时作为与“粉丝”的互动平台。

④ 合作互赢。和微博的一些热门 KOL 合作，从而获取流量。

(2) 知乎端。

知乎是一个供大众讨论的公共社区，用户可以发布关于教育孩子等话题，或者参与这些话题。小鹿萌妈的公众号可以有一定文学素养的宝妈的身份，在文末放上推荐学习的公众号，比如小鹿萌妈奇妙故事会，或者推荐自己的书籍，亦或是相关的群聊二维码，让有兴趣的宝爸宝妈进群咨询。用户的积累是一个长期的过程。

(3) 抖音、快手端。

抖音、快手主要是以短视频为主，市场份额在不断扩大。2020 年，小鹿萌妈项目已经针对抖音、快手的视频发布规则与特性，研发出新视频“萌妈趣讲古”节目。在每个视频末端都会加上引导语“想听小鹿萌妈更多有趣的国学故事，就请关注我们吧！”以及公众号二维码图片。逐渐在抖音上获取新“粉丝”，并吸引他们关注公司的微信公众号和微信小程序，为进一步的购买行为夯实基础。

(五) 推广策略

小鹿萌妈目前已经有了比较成熟的内容体系，现阶段公司推广策略以社会公益推广和广告合作推广为主。

1. 社会公益推广(文化扶贫)

小鹿萌妈在成为网络故事主播后，曾经参与云南山区的支教项目，某些山区的小朋友甚至连《灰姑娘》这样的经典童话都没有听说过。小鹿萌妈项目立志打造一个有爱心、有社会责任感的品牌。为此，小鹿萌妈与滇西北支教团保持良好的合作关系，为他们的志愿者进行故事方面的相关培训，并且筹措赞助物资，启动了针对山区孩子的“睡前故事”项目。未来，小鹿萌妈品牌将继续支教项目，期待为山区的小朋友们带去更多奇妙的故事和知识。

2. 广告合作推广

远度广告公司是一家有着多年广告经验的公司，拥有成熟的创意执行经验和丰富的资源，无论品牌策划、品牌传播、视觉设计还是公关活动、互动营销、线上传播，都能帮助客户有效落地。小鹿萌妈创始人汪*女士看中了远度广告公司的商业价值，与之达成协议，进行小鹿萌妈项目的广告宣传推广。比如原创故事栏目植入合作，语音录制合作、原创故事动画视频制作等，策划线下品牌活动合作以及品牌游学等，为小鹿萌妈的“粉丝”维系提供极大帮助，增强了用户黏性，大幅度提高了小鹿萌妈项目的“粉丝”占有率。

六、财务分析

(一) 成立初期资金结构与规模

鹿小萌文化创意(广州)有限责任公司属于有限责任公司，注册资本为50万元。考虑到公司的投资额不大，发起人有足够的自有资金创建公司，故不需要向金融机构贷款或者采取风险投资基金的方式进行融资。

(二) 资金来源与运用

公司成立初期(第一年)共筹集资金50万元。资金主要用于购建生产性固定资产、开办费和流动资金。初始投资的明细见附表4。

附表4 投资明细

项目	明细项目	金额/元	折旧与摊销年限
固定资产	办公用电脑(5998元/台)	11 996	5
	录音设备(1000元/台)	1000	5
	打印机(3000元/台)	3000	5
小计		15 996	—

(续表)

项目	明细项目	金额/元	折旧与摊销年限
开办费	国内域名注册	6000	—
	办公室装修费	20 000	—
小计		26 000	—
流动资金	广告宣传费	5976	—
	水电费	1157	—
	办公室租金	—	—
	固定资产维修费	500	—
	人工成本	360 000	—
	平台自营费	2000	—
	差旅费	4990	—
小计		374 623	—
合计		416 619	—

(三) 销售(劳务)收入预测

1. 销售产品定价

根据成本加成法定出价格，如附表 5 所示。

附表5　价格记录

产品名		单价/元
付费专辑	小鹿萌妈讲 100 个诗词故事(上、下集)	196
	陈爷爷讲论语故事	68.5
	小鹿萌妈讲幼学琼林(上、下集)	39.6
	童话公主	暂时免费
	增广贤文(上、下集)	39.6
	三字经(上、下集)	39.6
	陈爷爷讲庄子故事	68.5
	《不一样的春节日记——钟南山爷爷给学生的新冠肺炎防护手册》/本	7

(续表)

产品名		单价/元
文创产品	《童话公主》B5 笔记本/本	13.8
	《童话公主》A5 笔记本/本	8.8
	鹿小萌玩偶	30
	鹿鹿大顺轻便出行帆布包/只	26.8
纸质书籍	中国少年(上、下集)	96
	小鹿萌妈讲诗词故事(上、下集)	96

2. 销售量预测

第一年销售量预测的数据是根据公司的销售预测和市场情况分析得出(见附表 6)。

附表6　销售量预测

产品名		月销售量	单价/元	月销售额	年销售额
付费专辑	小鹿萌妈讲 100 个诗词故事(上、下集)	***	196.0	***	***
	陈爷爷讲论语故事	***	68.5	***	***
	小鹿萌妈讲幼学琼林(上、下集)	***	39.6	***	***
文创产品	《童话公主》B5 笔记本/本	***	13.8	***	***
	《童话公主》A5 笔记本/本	***	8.8	***	***
	鹿小萌玩偶	***	30.0	***	***
	鹿鹿大顺轻便出行帆布包/只	***	26.8	***	***

销量按每年 30%的比例增长，30%的预测值与每年“粉丝”增长率有关，每年“粉丝”的增长率为 30%～40%。

(四) 利润预测表

根据我国税法的规定，从 2008 年起企业所得税采用 25%的税率。鹿小萌文化创意(广州)有限公司属于大学生创业公司、文化教育服务公司。经调查了解到，针对此类公司，当地的税务机关会采用综合征税的方法，尽管目前无法取得现实当地税务机关制定的税率，但公司的税率应该是远低于 25%的，所以可暂时按照税法中规定的小型微利企业的 20%税率来计算。由于公司在第一年的下半年才正式注册成立，第一年的利润相对于后四年利润较低，从第二年开始以后各年逐年增长。

预测小鹿萌妈项目的利润增长率稳中求进，保持良好态势(见附图 6)。

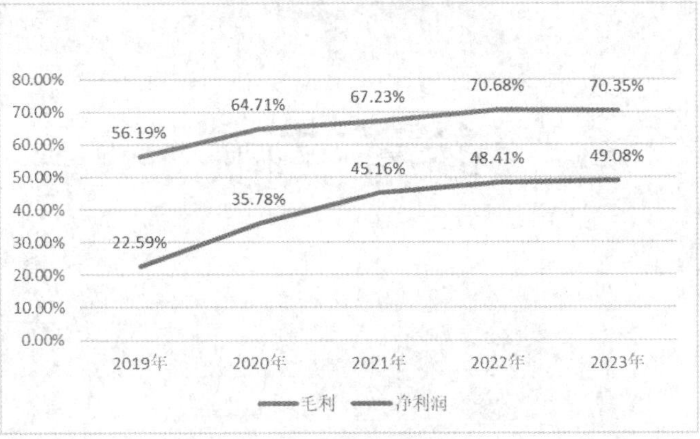

附图6　利润率预测

(五) 利润分配

公司的利润分配严格按照最新会计准则的规定，在分红前，首先提取10%左右的盈余公积，用于公司的正常运作，作为公司发展的后备资金。剩下的未分配利润，先提取任意盈余公积10%，其他的未分配利润则严格按照投资比例进行分红。由于第一年公司处于起步阶段，资金紧张，所以第一年年底按照投资比例进行一次分红。从第二年开始，预测公司的盈利状况会越来越好，净利润也保持增长的势头，将按照薪酬制度对于参与经营管理的团队成员进行分红。

参考文献

[1] 李时椿，常建坤. 创新与创业管理：理论·实战·技能[M]. 5 版. 南京：南京大学出版社，2017.

[2] 刘松博. 新公司治理：从控制到激活，从股东至上到“企业至上”[J]. 中外企业文化，2019(02).

[3] 钱思，等. 创业者如何提升企业创业绩效：靠人力资本还是社会资本?[J]. 中国人力资源开发，2018(7).

[4] 张玉利，等. 创业管理[M]. 4 版. 北京：机械工业出版社，2016.

[5] 叶竹馨，买忆媛. 创业团队的认知结构与创新注意力：基于 TMS 视角的多案例研究[J]. 管理评论，2016(04).

[6] 张慧玉，尹珏林. 企业社会责任前移：小企业和新创企业的社会角色[J]. 科学学与科学技术管理，2011(07).

[7] 段茹，李华晶. 善用拼凑，从网红到长红——以喜茶创业为例[J]. 清华管理评论，2018(05) .

[8] 刘志阳. 创业画布[M]. 北京：机械工业出版社，2018.

[9] 张玉利，等. 创业管理[M]. 4 版. 北京：机械工业出版社，2016.

[10] 王泽宇，严子淳. 社会网络强弱关系对互联网创业融资绩效影响研究[J]. 管理学报，2019(04).

[11] 王重鸣，吴挺. 互联网情境下的创业研究[J]. 浙江大学学报(人文社会科学版)，2016(01).

[12] 项坚，许悦. 创业企业如何构建社会网络[J]. 清华管理评论，2016(12).

[13] 吴晓义. 创业基础：理论、案例与实训[M]. 北京：中国人民大学出版社，2013.

[14] 杨芳. 创业设计与实务[M]. 北京：机械工业出版社，2017.

[15] 蔡剑，吴戈. 创业基础与创新实践[M]. 北京：北京大学出版社，2019.

[16] 黄远征，陈劲，张有明. 创新与创业基础教程[M]. 北京：清华大学出版社，2019.

[17] 张耀辉，张树义，朱锋. 创业学导论：原理、训练与应用[M]. 北京：机械工业出版社，2017.

[18] 赵连营，阮飞，潘强.创业基础[M]. 天津：南开大学出版社，2018.

[19] 孙洪义. 创新创业基础[M]. 北京：机械工业出版社，2016.

[20] 吴晓义. 创新思维[M]. 北京：清华大学出版社，2016.

[21] 克里斯坦森. 创新者的窘境[M]. 北京：清华大学出版社，2020.

[22] 斯坦福创新创业导师培训资料.